€ 22,50

D1996614

pfeiffer
bei Klett-Cotta

Zu diesem Buch

Es gibt kaum eine Person im Leben eines Menschen, die so sehr Objekt unterschiedlichsten Begehrens ist, wie der eigene Partner. Die Palette der an ihn gerichteten Bedürfnisse ist breit gefächert und reicht vom einfachen Wunsch bis hin zu umfangreichen Ansprüchen und komplizierten Liebesbedingungen. Können diese ausgesprochenen oder unausgesprochenen Sehnsüchte schon eine Beziehung zwischen seelisch stabilen Menschen zeitweise schwer irritieren, so liefern sie bei Partnern, auf deren Beziehungsbedürfnisse schon in der Kindheit nicht eingegangen wurde, meist Anlass für immer wiederkehrendes Scheitern und häufige Trennungen. Die »Sehnsuchtsprogramme« sind ein so prägendes Element einer Beziehung, dass ihre Analyse und die Veranschaulichung der vielen möglichen Spielarten durchaus Licht in verworrene Partnerschaftssituationen bringen kann. Der Band gibt eine in zahlreichen Fallgeschichten plastisch dargestellte Zusammenschau möglicher Partner-Sehnsüchte und versteht sich als Weiterführung und Spezifizierung des Buches »Was die Liebe scheitern lässt«.

Dietmar Stiemerling, Psychologischer Psychotherapeut, ist als Psychoanalytiker in eigener Praxis und als Lehranalytiker in Berlin tätig. Von ihm sind im Verlag Pfeiffer bei Klett-Cotta die Bücher erschienen: *Was die Liebe scheitern lässt; Gestörte Zweierbeziehung; 10 Wege aus der Depression.*

Dietmar Stiemerling

Sehnsuchtsprogramm Liebe

Zur Psychologie der zentralen Beziehungswünsche

Pfeiffer bei Klett-Cotta

Leben lernen 152

Pfeiffer bei Klett-Cotta

Printed in Germany
Umschlag: Michael Berwanger, München
Titelbild: Evi Fersterer: »Schwarz oder Weiß«

Satz: Filmsatz Schröter GmbH, München
Auf holz- und säurefreiem Werkdruckpapier gedruckt
und gebunden von Gutmann+Co., Talheim
ISBN 3-608-89705-4

Die Deutsche Bibliothek – CIP-Einheitsaufnahme
Ein Titeldatensatz für diese Publikation ist bei
Der Deutschen Bibliothek erhältlich.

Inhalt

Vorwort

Das vorliegende Werk möchte meine bisherigen Beiträge zur »Psychologie der schwer gestörten Zweierbeziehung« fortsetzen. Es beschreibt ganz wesentliche Bereiche aus dem Gefühlsleben von Paaren, aus ihren Bedürfniswelten und ihrem Verhaltensrepertoire und zeigt auf, warum viele immer wieder bei dem Versuch scheitern, eine befriedigende Partnerschaft zu verwirklichen. Im Einzelnen werden die partnerbezogenen Sehnsüchte und zentralen Beziehungswünsche dargestellt und die Gründe aufgezählt, weshalb es so selten gelingt, diese Glücksverheißungen in das reale Leben und Miteinander zu transformieren. Es folgt dann die Aufzählung und Erörterung all jener Mythen, Irrtümer und Halbwahrheiten in Bezug auf Liebe und Ehe, die einer befriedigenden Paarverbindung verhängnisvoll im Wege stehen können.
Großen Raum widme ich denjenigen Personen, die dazu neigen, ihren Partner häufig zu wechseln. Ein anderes Kapitel beschäftigt sich mit sexueller Untreue und Promiskuität, ein weiteres mit dem umfangreichen Thema der »Angst vor der Nähe«. Den Abschluss bildet die »Leidenschaft für aussichtslose Fälle«. Hier wird die Psychologie all jener Menschen beleuchtet, die von chronischem Liebeskummer geplagt sind, weil sie immer wieder einem »unerreichbaren« Liebesobjekt hinterherjagen.
So genannte Ehebücher haben immer wieder sektorhaft einzelne Krisenherde von schwierigen Ehen beleuchtet, aber selten das ganze Panorama der gestörten Zweierbeziehung in seiner Vielfältigkeit beschrieben. Ich starte den Versuch, die einzelnen Pusselteile zu einem Gesamtbild zusammenzufügen und der ganzen Komplexität des Themas gerecht zu werden. Im Grunde genommen stellen meine Ausführungen den Versuch dar, die moderne Neurosen- und Tiefenpsychologie auf das Gebiet der Paarbeziehung anzuwenden. Die Berechtigung für diesen Schritt ist leicht einzusehen: Wir Menschen werden in unserer Baby- und Kleinkindphase durch die Interaktion mit unseren primären Nestfiguren entscheidend geprägt und erwerben hier ein Beziehungsmuster, welches wir später als Erwachsene zwangsläufig in unsere Zweierbeziehung einbringen. Ein häufiges Scheitern im Raum von Part-

nerschaft und Liebe wiederholt nur immer wieder die Tragödie unserer Kindheit, denn: Die Versäumnisse und gesetzten Schäden von damals, die erlernten Gehemmtheiten und Fehlwahrnehmungen, die frühen Konflikte und erworbenen Abwehrmechanismen bestehen weiter fort und beeinflussen jede Interaktion und jedes intime Zusammenleben mit einer Person im späteren Erwachsenenleben ganz vehement.

Ich glaube, dass man schwere Beziehungsstörungen (und um diese geht es mir hier) weder durch Eheberatung noch durch irgendwelche Kurztherapien beheben oder wesentlich bessern kann. Ein erster, aber sehr wichtiger Schritt auf dem Wege zur Heilung solcher »Krankheiten« stellt das »Erkennen der vorliegenden desolaten Psychodynamik« dar. Nur wenn ich durchschaue, in welch kompliziertem Netzwerk neurotischer Dynamismen sich der Einzelne oder das Paar verstrickt hat, kann ich meine psychotherapeutischen Instrumente (sei es Psychoanalyse oder Verhaltenstherapie oder systemische Paar- bzw. Familientherapie) sinnvoll einsetzen.

Die richtige Diagnose der Störung erscheint mir hier von ausschlaggebender Bedeutung. Ich selber habe keine neue Therapieform für die Behandlung schwerer Fälle entwickelt. Mein Anliegen ist es vielmehr, die Vielfalt der vorhandenen »Krankheitsbilder« zu erfassen und zu beschreiben und so einen Weg durch den Dschungel möglicher Entgleisungen aufzuzeigen.

Letzte Analysen der gegenwärtigen menschlichen Sexualgewohnheiten und der in der westlichen Gesellschaft praktizierten neuartigen Beziehungsformen lassen den Schluss zu, dass sich auf dem Sektor menschlichen Paarverhaltens vieles geändert hat. Die üblichen Treue- und Ehemodelle werden zunehmend in Frage gestellt. Ehedem als abnorm geltende sexuelle Daseinsweisen gelten inzwischen als gesellschaftsfähig. Aber wie vielgestaltig differenziert, variantenreich und moralisch akzeptiert die neuen Beziehungsmuster auch sein mögen, die menschlichen Grundprobleme und Paarkonflikte im Bereich von Liebe und Partnerschaft sind dieselben geblieben, werden nur anders – und nicht immer besser – zu lösen versucht.

Egal, wen und wie jemand liebt, egal, wie durchschnittlich-normal oder selten und skurril seine gelebte Sexualität ist, jede Form einer

Beziehung muss sich an bestimmten Gütezeichen messen lassen. Eine Paarverbindung kann dann als befriedigend eingestuft werden:

- wenn sie als Bereicherung erlebt wird und das eigene Wohlbefinden mehr steigert als dämpft;
- wenn in ihr die elementaren partnerbezogenen Bedürfnisse (Sicherheit, Zärtlichkeit, Fürsorge, Sexualität) halbwegs befriedigt werden;
- wenn sie noch genügend Raum lässt zur Selbstentfaltung;
- wenn sie keine neurotische Funktion erfüllen muss, der jeweilige Partner also um seiner selbst willen geliebt wird;
- wenn Gleichrangigkeit und eine halbwegs gerechte Rollenverteilung vorliegen und
- wenn die Schwächen des Partners mit einer gewissen humorigen Nachsicht hingenommen werden können.

Ich werde in den folgenden Kapiteln eine Vielzahl von Menschen und von Charakteren beschreiben, die trotz intensiver Partnersehnsüchte die eben genannten Kriterien eben nicht erfüllen können und aus diesem Grund zeitlebens unglücklich sind und leiden. Der Leser möge sich den hier zusammengetragenen Stoff in kleineren Portionen zu Gemüte führen, um nicht von der Fakten-, Geschichten- und Erklärungsfülle erdrückt zu werden. Er kann es als Nachschlagewerk benutzen und ihn interessierende Stichworte aufschlagen. Nicht nur professionelle Helfer und Psychotherapeuten dürften das vorliegende Werk gewinnbringend verwenden können. Auch der psychologische Laie, der immer wieder an einer Beziehung leidet oder scheitert, wird sich vielleicht in einer von Hunderten von Partnerkonstellationen wiederfinden und kann auf diese Weise einen ersten Erkenntnisschimmer von der Struktur seiner bisherigen Beziehungen bekommen.

1. Kapitel

Bedürfnisse im Bereich von Partnerschaft und Liebe

Es gibt wohl kaum eine Person im Leben jedes Menschen, die so sehr das Objekt unterschiedlichster Begierden ist wie der eigene Partner. Die Palette der an ihn gerichteten Bedürfnisse ist breit gefächert und reicht vom einfachen Wunsch bis hin zu umfangreichen Ansprüchen und komplizierten Liebesbedingungen. Es ist »normal und natürlich«, dass vom Lebensgefährten relativ viel verlangt und erwartet wird. Allerdings zeichnen sich die partnerzentrierten Bedürfnisse gegenüber allen anderen menschlichen Strebungen durch eine folgenschwere Besonderheit aus: Sie setzen die Existenz und Geneigtheit einer anderen Person voraus. Liebe lässt sich nicht erzwingen und auch nur in begrenztem Umfang verdienen. Sie ist ein Geschenk, das dem Unwürdigen häufig zuteil wird und dem Würdigen nicht selten versagt bleibt. Man kann Zuneigung gewinnen, aber auch wieder verlieren. Das Liebesobjekt wird zur Stillung diverser Sehnsüchte gebraucht. Wir sind angewiesen auf sein Wohlwollen und seine Bereitschaft, unseren Mangelzustand zu beheben. Wir können lockenswerte Ziele durch intensive Arbeit und nimmermüdes Streben, durch Ausbildung spezieller Talente oder durch kreative Intelligenz erreichen. Aber es liegt oft nicht im Bereich unserer Möglichkeiten, von einem Menschen, den wir begehren, das zu erhalten, wonach wir uns sehnen: Liebe, Zärtlichkeit, Sexualität, eine Schulter zum Anlehnen, Akzeptanz – wenn er es nicht will! Manche Individuen finden es schier zum Verzweifeln, dass es dieses Abhängigsein gibt: dass sie warten, stillhalten, Verzicht leisten, Aggressionen zurückhalten, bitten oder betteln müssen, um die gewünschte Labsal vom Partner zu erhalten. Nicht wenige ziehen aus dieser Tatsache die bittere Konsequenz und verkriechen sich in der Trotzburg »Autonomie«. Sie verzichten halbherzig auf die Befriedigungen aus einer Zweierbeziehung und verschanzen sich hinter einer Mauer aus kühler Distanz. Trotzdem: Der Mensch ist ein »zoon politikon«. Wir kommen um die Tatsache nicht herum, dass wir einen Partner benötigen und dass unsere intensivsten Erlebnisse und tiefsten Glücksmomente oft aus der Kommunikation und Nähe mit dem geliebten anderen erwachsen. Letztlich lassen sich alle menschlichen Beziehungskrisen und Konflikte auf die scheiternde Bedürfnisbefriedigung im Raum von Partnerschaft und Liebe zurückführen. Ich will deshalb diesem Thema eine besonders ausführliche Beschreibung widmen.

1.1 Kleine Psychologie der partnerbezogenen Bedürfnisse

Folgender Abschnitt soll den Leser nicht nur mit dem breiten Spektrum der auf das Liebesobjekt gerichteten Wünsche bekannt machen, sondern mit weiteren 16 Aspekten zu diesem Thema. Wir betrachten Bedürfnisse im Raum der Partnerschaft unter anderem unter dem Gesichtspunkt der Quantität, der Äußerungsform, der Treffsicherheit, des Dringlichkeitsgrades, der Genussfähigkeit, der Geben-Nehmen-Balance und vieler anderer Blickwinkel.

1.1.1 Art der Bedürfnisse

Ich will an dieser Stelle einmal die wichtigsten partnerbezogenen Wünsche zusammenstellen.

Menschen haben:

- das Bedürfnis nach emotionaler Verbundenheit, nach Intimität und Nähe, nach Verschmelzungserlebnissen und Gelegenheiten, sich im Schutz einer auf Vertrauen gegründeten Beziehung fallen zu lassen;
- das Bedürfnis nach Geborgenheit und nach einer Schulter zum Anlehnen;
- den Wunsch nach Zuwendung, Wärme und Herzlichkeit;

- das Bedürfnis nach emotionaler Sicherheit, Treue und nach der Zuversicht, sich auf die Zusagen und Versprechungen des anderen verlassen zu können;
- das Bedürfnis nach Fürsorge, Pflege, Trost und spendender Mütterlichkeit (Bemutterung);
- den Wunsch nach Wertschätzung, Anerkennung und Akzeptanz; sie möchten geliebt werden, ihre Einmaligkeit bestätigt bekommen, Bewunderung erfahren, hören: wie stolz der Partner auf sie ist, wie sehr er sie braucht und wie wichtig sie für ihn sind;
- das Bedürfnis zu lieben und geliebt zu werden; der Partner soll sich als liebenswert erweisen und ihnen ermöglichen, ihre liebevollen Gefühle auf ihn zu richten; er soll aber auch seinerseits zu aktiver und schenkender Liebe in der Lage sein und sie praktizieren;
- das Bedürfnis nach Haut- und Körperkontakt, nach Zärtlichkeit und Sexualität; Menschen möchten umschlungen, in den Arm genommen und geküsst werden; sie möchten sich ankuscheln, leisen oder leidenschaftlichen Sex haben;
- das Bedürfnis nach Hilfe, Unterstützung, Parteinahme und Loyalität;
- den Wunsch nach Verständnis und Verstandenwerden;
- das Bedürfnis nach Bezogenheit, nach Spiegelung, Aufmerksamkeit und wacher Präsenz von Seiten ihres Partners; sie möchten angeblickt und so wahrgenommen werden, wie sie sich selbst sehen;
- den Wunsch, der andere möge geduldig und nachsichtig mit ihnen sein, Ausrutscher verzeihen, Schwächen großzügig tolerieren, aus Liebe vieles ertragen, sich mit Kritik zurückhalten;
- das Bedürfnis, versorgt zu werden, materielle Sicherheit geboten zu bekommen, wohlhabend oder reich zu sein;
- den Wunsch, durch die Beziehung mit einem Partner eine Bereicherung des eigenen Lebens zu erfahren und viele glückliche Stunden zu erleben; die Hoffnung, durch einen anderen gesünder, ruhiger, zufriedener und froher zu werden;
- den Wunsch nach Führung, Lenkung, Weltorientierung, das heißt nach einer Paarkonstellation, in der ein Stärkerer das Ruder sicher in der Hand hält und dem anderen sagt, »wo es

langgeht«, der aufpasst und kontrolliert, von Sorgen, Verantwortung und Lebensängsten entbindet;
- das Bedürfnis nach einem Partner, der gepflegt und sauber ist, gut riecht, appetitlich und gut gekleidet ist und durch seine ganze Erscheinungsweise erotisch und verführerisch wirkt;
- das Bedürfnis nach Distanz, Bewegungsfreiheit und Raum – auch innerhalb einer Beziehung, das heißt: nicht jeden Schritt begründen zu müssen, neben der Ehe noch andere Freundschaften und Aktionsfelder haben zu dürfen; sich zurückziehen dürfen, allein sein können;
- den Wunsch, ihr Partner möge halbwegs offen sein, Einblick gewähren, seine Gefühle zeigen, über seine Schwächen und Nöte sprechen und sein Liebesobjekt auf diese Weise an seinem Innenleben teilnehmen lassen;
- das Bedürfnis nach gerechter Aufgabenverteilung innerhalb der Ehegemeinschaft und die Hoffnung auf die Bereitschaft des anderen, in gleicher Weise Verantwortung für die Familie und das Wohl der Kinder zu übernehmen (er soll im Haushalt mithelfen, sich Gedanken machen, was ansteht und erledigt werden muss, zupacken, Verabredungen einhalten, zuverlässig sein);
- den Wunsch, Zeit füreinander zu haben, ausreichend lange beieinander zu sein, gemeinsame Aktivitäten und Veranstaltungsbesuche durchzuführen;
- das Bedürfnis, eine Familie und Kinder zu haben und sie gemeinsam mit einem Partner großzuziehen;
- der Wunsch nach einem Partner mit einem hohen sozialen Reizwert: Er soll auch von anderen gemocht und attraktiv gefunden werden und mit den Verwandten und Freunden des anderen gut auskommen;
- Wunsch nach sexueller Treue;
- Wunsch nach einem Partner, »der mir mein Recht auf die Entfaltung meiner Persönlichkeit« zugesteht, der meine Ausbildung, Fortbildung und Berufstätigkeit akzeptiert.

Zu Enttäuschungen, Konflikten und Beziehungskrisen kann es immer dann kommen, wenn die Person ein oder mehrere Bedürfnisse ihres Partners absichtlich oder ungewollt nicht absättigt, wenn sie selber Ausfälle, das heißt Leerstellen, im eigenen Bedürfnisspektrum aufweist oder Wünsche an den anderen hat, die aus dem Rahmen des Üblichen fallen.

1.1.2 Der Ausfall von einzelnen partnerbezogenen Bedürfnissen

Ein in psychotherapeutischen Sitzungen immer wieder aufspürbares Phänomen ist die Beobachtung, dass der Patient ein bestimmtes Bedürfnis nicht kennt und das dazugehörige Erleben dann auch in seinem Erlebnisspektrum nicht auffindbar ist. Wir müssen spätestens an dieser Stelle zur Kenntnis nehmen, dass nicht jedem Subjekt die ganze Palette menschlichen Strebens zur Verfügung steht. Es gibt Leerstellen in der Seele oder »Betonplatten«, die unter ihrem Gewicht und unter ihrem undurchdringlichen Panzer ein ursprünglich keimhaft angelegtes Bedürfnis nie haben zur Entfaltung kommen lassen. Den davon Betroffenen entgeht ganz schlicht und einfach eine Möglichkeit der Befriedigung und eine wiederkehrende Gelegenheit, sich im Lebensvollzug zu verwirklichen. Für den Partner hat das häufig böse Konsequenzen. Er stößt mit seinem Begehren nicht nur ins Leere, sondern findet für dessen Existenz und Befriedigungswunsch noch nicht einmal Verständnis bei dem anderen. Ich will ein Beispiel bringen:
Ein kleiner Junge wächst in einem extrem körperfeindlichen Milieu auf. Er wird von den Eltern so gut wie nie zärtlich berührt, gestreichelt oder geherzt. Umarmungen sind in dieser Familie absolut verpönt. Als er – inzwischen ein erwachsener Mann – die Ehe mit einer Frau eingeht, die als Kind gegen ihren Willen zu häufig und zu stürmisch abgeküsst, geknuddelt und übergriffig vereinnahmt wurde, scheint alles in Ordnung. Die Gattin schätzt die zurückhaltende Art ihres Mannes und findet es – angesichts ihres noch nicht verheilten Traumas – sogar als vorteilhaften Glücksfall, dass er so wenig Körperkontakt zu ihr sucht. Mit den Jahren regen sich aber immer heftigere Berührungswünsche bei ihr. Sie möchte nun immer häufiger in den Arm genommen, geküsst und liebevoll gestreichelt werden. Er steht dieser neuartigen Situation rat- und verständnislos gegenüber. Da er ähnliche Bedürfnisse nach wie vor nicht verspürt, ja eher abstoßend findet, kommt es zu einer schweren Ehekrise.

Eine recht häufige Klage von enttäuschten Ehefrauen bezieht sich auf die Verschlossenheit und mangelnde Transparenz ihrer Männer. Diesen fehle es an dem Bedürfnis und der Bereitschaft, die Lebensgefährtin an ihren Gedanken, Tageserlebnissen, an ihren Ängsten, ja überhaupt an ihrer inneren Gefühlswelt teilnehmen zu lassen. Sie bleiben eine Sphinx, stumm und zugesperrt, für das Bedürfnis ihrer Frau nach Teilhabe an ihrem Seelenleben taub und blind. »Ich habe einen Fremden im Bett«, klagt die Partnerin eines solchen Mannes und findet es zunehmend unerträglich, dass ihr der Zugang zu seiner Welt versperrt ist. Manchen Individuen fehlen die Bereitschaft und der Wunsch, dem eigenen Partner auch weiterhin ein appetitliches und begehrenswertes Liebesobjekt zu sein und zu bleiben. Sie vernachlässigen Körperpflege, stinken vor sich hin, essen sich Pfunde an, kleiden sich schlampig und lassen sich auf der ganzen Linie gehen. Wen wundert es da noch, wenn sie eines Tages verlassen werden, nachdem alle Bitten um Veränderung durch den anderen erfolglos geblieben sind.
Ein häufiger Gegenstand von Klagen ist die mangelnde Bezogenheit eines Partners. Dem Betreffenden fehlt das Bedürfnis, sein Gegenüber richtig wahrzunehmen, seine Worte zu hören und verstehend zu beantworten. Er reagiert nicht auf die unterschiedlichen Nuancen der Gestimmtheit des anderen, schaut ihn sich nicht an, bemerkt weder eine neue Frisur noch ein neues Kleidungsstück an ihm. Der auf diese Weise Übersehene fragt sich nach geraumer Zeit zu Recht, ob er seinem Partner überhaupt noch etwas bedeutet. Er erlebt sich als jemand, der in seiner einmaligen Individualität gar nicht gefragt und gemeint, sondern beliebig austauschbar ist.
Anderen Menschen wiederum fehlt das Bedürfnis nach Distanz und Alleinsein. Sie wollen permanent an ihrem Liebesobjekt festkleben, alles mit ihm teilen und alles gemeinsam machen, die gleiche Luft atmen, händchenhaltend im Partnerlook durch die Gegend spazieren und allnächtlich in einem viel zu schmalen Bett seine Nähe spüren. Wenn ein solchermaßen vereinnahmter Partner sich ab und an ein bißchen Freiraum verschaffen und ohne den anderen etwas tun oder unternehmen möchte, ist das Geschrei groß. Sein harmloses Distanzbedürfnis wird als Liebesverrat (»Du liebst mich nicht mehr!«) gedeutet oder löst schwere Trennungsängste aus. Theoretisch gesehen kann jedes nur mögliche (partnerbezoge-

ne) Bedürfnis ausfallen oder extrem schwach ausgebildet sein. Der Leidtragende ist in einer solchen Paarbeziehung in der Regel der andere, also der gerade auf diesem Sektor Bedürftige. Das defiziente Subjekt selbst spürt meistens gar nicht, dass ihm etwas fehlt. Es kann deshalb die Klagen seines Partners in Hinblick auf diesen Mangel nicht verstehen. Eine Enttäuschungs- und Entfremdungsspirale kommt in Gang.
Ich will auf die weitere Aufzählung von Leerstellen in der psychischen Struktur verzichten. Der Leser möge sich die Liste der partnerbezogenen Bedürfnisse noch einmal anschauen und sich dabei vorstellen, dass jedes hier aufgewiesene Bedürfnis bei einem Menschen nicht oder unterentwickelt sein kann. Eine Auffüllung dieser Lücke oder eine Freilegung eines bisher verschütteten Triebwunsches gelingt meines Wissens am besten nur in einer länger dauernden Psychoanalyse.

1.1.3 Aus der Norm fallende Bedürfnisse

Es liegt mir fern, bei vorliegender Thematik mit moralischen Kategorien zu operieren, obwohl Begriffe wie »normal oder abnorm« sehr schnell mit heikel, pervers oder abwegig und schlecht assoziiert werden. Ich möchte hier einfach auf die Tatsache hinweisen, dass manche Menschen Begierden haben, die – statistisch gesehen – nicht so häufig vorkommen und deshalb von Otto Normalverbraucher schief angesehen oder abgelehnt werden. Eine Person mit einer ausgefallenen Bedürfnisvariante kann es schwer haben, bei ihrem Partner Verständnis zu finden. Sie fürchtet deswegen vielleicht Ablehnung und Liebesverlust und verschweigt ihre Wünsche, wundert sich dann aber über zunehmende Unzufriedenheit und ein quälendes Unausgefülltsein. Sie kann und darf aber andererseits von ihrem Partner nicht erwarten, dass er wie selbstverständlich auf die Befriedigung ihrer Neigungen eingeht. Es ist häufig ein besonderer und unter Mühen vollzogener Liebesbeweis, wenn ihnen dennoch Erfüllung gewährt wird. Einige Beispiele sollen das Gemeinte illustrieren:

Armin C. duldet keinerlei Kritik. Er will in allen seinen Lebensäußerungen, also auch in seinem Fehlverhalten, bedingungslos akzeptiert und gutgeheißen werden.
Nora F. wünscht sich Analverkehr, sie kann normaler Sexualität kaum Lust abgewinnen.
Ulf M. bettelt seine Frau, ihre Vagina wochenlang ungewaschen zu lassen.
Sven Z. möchte bevorzugt nachts mit seiner Frau Geschlechtsverkehr, immer dann, wenn sie gerade im Tiefschlaf ist.
Birgitta S. treibt ihren Mann durch Drohungen und Vorwürfe zu einer schnellen und glanzvollen Karriere an. Sie will, dass er genauso erfolgreich wird wie ihr Vater.
Volker G. verlangt von seiner Frau, sie möge seine Geliebte nicht nur dulden, sondern auch nach Hause einladen und freundschaftlich mit ihr verkehren.
Larissa H. möchte beim Liebesakt kratzen und beißen, »dass das Blut spritzt«.
Sergej L. erwartet von seiner Frau, dass sie seine Sauftouren und Betrunkenheitszustände toleriert und ihm immer wieder verzeiht, wenn er sie schlägt.
Horst R. verlangt mit großer Selbstverständlichkeit, dass seine Frau ihm nicht nur mittags, sondern auch zum Abendbrot ein komplettes Menü vorsetzt.
Johanna O. ist extrem geizig. Sie rekrutiert die Familiengarderobe aus Kleiderspenden, versagt sich Kino- und Theaterbesuche, geht lieber zu Fuß als mit dem Bus oder der Straßenbahn zu fahren und weigert sich, in den Urlaub zu verreisen, weil ihr »das schöne Geld leid tut«. Sie pflegt einen äußerst kargen Lebensstil, obwohl die Familie finanziell gutgestellt ist, und verlangt, dass ihr Ehemann diesen Sparkurs ohne Murren mitfährt.

Diese Beispiele ließen sich beliebig vermehren. Aus der Norm fallende Bedürfnisse tragen häufig die Charakteristika von so genannten »neurotischen Tendenzen«. Letztere zeichnen sich dadurch aus, dass ihre Erfüllung keinen Aufschub duldet, dass sie zwanghaften Charakter haben, das heißt gebieterisch auftreten und bei Nichtbefriedigung ihrem Träger das seelische Gleichgewicht rauben. So dringend nötig der neurotisch bedürftige Mensch seine Befriedigung auch braucht – es ist nicht selbstverständlich, dass er sie bekommt. Nur auf der Basis einer sehr tragfähigen und liebevollen Beziehung kann sich der betreffende Partner jeweils bereit finden, ihm dieses Geschenk öfter zu machen.

1.1.4 Unerfüllbare Wünsche

Bedürfnisse können nicht nur aus der Norm fallen und deshalb schwer zu realisieren sein, sie können auch an der menschlichen Realität vorbeigehen und den Stempel der Unerfüllbarkeit tragen. Personen wünschen sich dann Dinge, die ihr Partner unmöglich zustande bringen kann, weil sie ihrem Wesen nach nicht machbar sind. Sie erwarten zu viel oder das Falsche, sind irgendwelchen Mythen über das Leben oder die Liebe aufgesessen und meinen nun, das Ersehnte in einer Zweierbeziehung erfüllt zu bekommen. Hier ist es gut, Realitätsprüfung vorzunehmen und die betreffende Person mit der Nichtmachbarkeit ihrer Wünsche zu konfrontieren. Ich bringe wieder einige Beispiele für das Gemeinte:

- Ich will, dass mein Partner immer Lust hat und mir sexuell jederzeit zur Verfügung steht.
- Mein Partner soll stets Fröhlichkeit und Lebensfreude ausstrahlen und damit mein chronisches Stimmungstief aufhellen.
- Mein Partner soll meine unausgesprochenen Wünsche erraten.
- Zusammen mit meinem Partner will ich den Rausch der Verliebtheit und die Wonnen des Anfangs konservieren und über viele Jahre hinweg erhalten.
- Mein Partner soll unzerstörbar sein: auch wenn ich mich noch so destruktiv, verletzend und gemein benehme und ihn ohne Rücksicht auf Verluste attackiere.
- In unserer Ehe müssen immer Harmonie und Einverständnis herrschen.

1.1.5 Die Quantität von Bedürfnissen

Ein Bedürfnis kann von seiner Wesensart her »stinknormal« und akzeptabel sein und trotzdem durch sein Ausmaß total aus dem Rahmen fallen. Dann nämlich, wenn es zur Sucht wird und ausufert. Sex kann zur sexuellen Besessenheit entarten, Zärtlichkeit zu einem unerträglich penetranten, fast unstillbaren Schmusebedürfnis. Der Wunsch nach Bestätigung kann sich in das Verlangen nach hymnischer Dauerbejubelung verwandeln und dem Partner permanente Begeisterungsstürme abverlangen. Konfliktanalyse oder Sprechen über die Beziehung kann in endloses Zerreden und intellektuelle Turnübungen münden und das Gegenteil von dem bewirken, was ursprünglich damit erreicht werden sollte. Wenn der Wunsch nach Bemutterung so überhand nimmt, dass die Person zum Kleinkind wird, dann hört der Spaß auf. Wer ständig hilflos ist und seinen Partner um Gehaltenwerden und Unterstützung anfleht, überzieht sein Liebeskonto. Wer aus Verlustangst heraus das zwingende Verlangen entwickelt, den Partner auf Schritt und Tritt zu kontrollieren und ihn in einen Käfig zu sperren, der darf sich nicht wundern, wenn der Gefangene ausbricht.

Fast jedes zur Begierde entartete Bedürfnis stellt für die Partnerschaft eine schwere Belastung dar. Andererseits kann auch ein zu kläglich fließender Bedürfnisstrom (einmal Sexwunsch im Monat) für den stärker Bedürftigen zum argen Problem werden. Wenn zum Beispiel Gesten der Zärtlichkeit oder der liebenden Verbundenheit gar zu rar werden, wenn der Gefühlsaustausch und wenn Nähe-Situationen nur noch Seltenheitswert haben, auch dann kann eine Beziehung ernstlich gefährdet sein. Wir stoßen hier auf einen sehr bedeutsamen Faktor in der Choreographie partnerschaftlicher Beziehungen, nämlich auf die unterschiedliche Bedürftigkeit der Beteiligten. Wer mehr liebt oder geliebt werden möchte, ist immer in der benachteiligten Position, weil seine Abhängigkeit vom anderen einfach größer ist.

Helmut K. benötigt offenbar weniger Schlaf als Evelin. Obwohl beide etwa zur gleichen Zeit morgens aufstehen müssen, um zur Arbeit zu fahren, geht Helmut fast jeden Abend später zu Bett als seine Ehefrau. Bevor Evelin im Badezimmer verschwindet, um sich abzuschminken und die Zähne zu putzen, haucht sie ihm einen

Kuss auf die Wange und lässt ihr obligatorisches »Kommst du auch?« vernehmen. Er rekelt sich im Sessel und guckt weiter unbeirrt fern. Kurz darauf liegt sie im Bett und sehnt sich nach seiner körperlichen Nähe, ohne die sie so schwer einschlafen kann. Ihre Stimmung schwankt zwischen Wut, Resignation und Hoffnung, aber auch Zweifel darüber, ob es ihr zustünde, jeden Abend die Wärme seiner Haut spüren zu können. Manchmal ist sie auch ärgerlich auf sich selbst und verwünscht diesen elenden Hunger nach Zärtlichkeit. Enttäuscht und ungeküsst schläft sie dann schließlich doch ein.

Für alle diejenigen, die ein Mehr an Umarmungen, Streichelgesten und Körperberührung benötigen als ihre Partner, ist diese Situation fatal. Sie sind oft in einer chronischen Mangelsituation und gespannten Erwartungshaltung. Sie möchten andererseits den anderen nicht dauernd bedrängen. Ihr Stolz verbietet es ihnen, als Bittsteller aufzutreten. Sie versuchen, ihre Sehnsüchte beiseite zu schieben, und spüren bald, dass sie sich nur umso stärker zu Wort melden. Immer derjenige zu sein, der was will – entsetzlich. Mit Argumenten ist dieser Unterschiedlichkeit nur für begrenzte Dauer beizukommen. Der Bedürftige muss den anderen durch Anpassung und Entgegenkommen bei guter Laune halten, um ihn zu dem gewünschten Verhalten zu motivieren. Das funktioniert nur so lange, wie die Beziehung ausgesprochen positiv erlebt wird. Treten dagegen Spannungen auf und ist sich das Paar nicht gut, so wird der weniger Bedürftige auf die dringlichen Wünsche des Partners eben nicht eingehen, sondern ihn schmoren lassen. Oft hat er allerdings überhaupt keine Vorstellung davon, in was für einer misslichen Lage sich der andere mit seiner ungestillten Sehnsucht befindet.

Die Psychologie der seelischen Störungen kennt und beschreibt seit Karen Horney unter der Bezeichnung »neurotische Tendenzen« menschliche Bedürfnisse, die mit quälenden Spannungen einhergehen, oft maßlos sind, zwanghaft auftreten und keinen Befriedigungsaufschub dulden. In jeder Suchterkrankung sind sie am Werk. Sie dienen nicht nur der Befriedigung, sondern auch der Aufrechterhaltung eines prekären seelischen Gleichgewichts.

Lieselotte W. zum Beispiel drängte darauf, jeden Abend Geschlechtsverkehr mit ihrem Mann zu haben. Sie tat es nicht aus

sexueller Bedürftigkeit heraus, sondern benötigte diese Form der Zuwendung als Liebesbeweis, der ihr schwaches Selbstwertgefühl stützen und stabilisieren musste. Ihr Mann teilte ihr auf diese Weise mit, »dass ich als Frau begehrenswert und als Mensch liebenswert bin!« Bei Nicht-Erfüllung dieses Begehrens drohte ihre ungefestigte Identität zu zerbrechen.
Wir erkennen: Auch ganz normale Wünsche, im Übermaß begehrt, können eine Paarverbindung ernstlich erschüttern.

1.1.6 Bedürfnisse und Realitätsbezug

Gedanken sind frei, Sehnsüchte sind erlaubt. Menschliche Wunschphantasien kennen keine Grenzen. Es ist legitim, sich in Tagträumen die tollsten und verrücktesten Dinge zu erfüllen. Aber es ist nicht legitim, die gleichen Dinge vom Schicksal oder einer Partnerschaft einzufordern. Ich kann vom anderen nur etwas Bestimmtes erwarten oder erbitten, wenn es die Umstände erlauben: die finanzielle Situation, Ort und Zeit, aber auch die Fähigkeiten und emotionalen Möglichkeiten des Partners. Der Begehrende muss den Realitäten seiner Lebenssituation Rechnung tragen und zum Beispiel nicht gerade dann etwas haben wollen, wenn es die zeitlichen Umstände nicht erlauben (richtiges Timing). Seine Wünsche müssen mit dem Persönlichkeitsprofil seines Liebesobjektes korrespondieren und dürfen nicht dessen Kräfte und Vorstellungsvermögen überschreiten. Der häufigste Verstoß gegen das Realitätsprinzip liegt in der Überschätzung der Änderungsmöglichkeiten des anderen. Bestimmte Verhaltenswünsche können den Partner total überfordern, weil sie in seinem bisherigen Verhaltensrepertoire nicht vorkommen. Soll er sich ändern, so geht das nur in kleinen, mühseligen Schritten, die stürmisch belobigt werden müssen und nicht als unzureichend bemäkelt werden dürfen. Ich will das Gemeinte durch Beispiele illustrieren:

- Von einer depressiven, durch drei kleine Kinder total erschöpften, chronisch unausgeschlafenen Frau kann der Ehegatte abends im Bett keine romantischen Schäferstündchen erwarten.
- Sabrina L. hat sich einen freundlich-weichen, anpassungsberei-

ten, bescheidenen und aggressiv-gehemmten Mann zum Gatten erwählt, den sie selber um den Finger wickeln kann. Nun erwartet und fordert sie von ihm, dass er draußen in der Welt selbstbewusst und forsch auftritt und sich kraftvoll durchsetzt.
- Hans Dieter M. ist ein erotisch einfältiger und unbeholfener Sexmuffel. Er wird kaum eines Tages zum leidenschaftlichen Frauenverführer mutieren, um den »Eisblock Ehegatten« zum Schmelzen zu bringen, wie seine Frau wünscht und erhofft.

Unglückliche, weil unbefriedigte Paare sollten sich immer auch die Frage stellen, ob ihre Wünsche in die Wirklichkeit passen und unter den gegebenen Bedingungen überhaupt erfüllbar sind.

1.1.7 Bewusstseinsgrad

Es ist das Verdienst von Siegmund Freud, die Psychologie der Motivation durch die Vorstellung bereichert zu haben, dass ein Teil der seelischen Wirkkräfte des Menschen unbewusst ist oder im Schattenbereich der Psyche existiert und nur gelegentlich und sehr diffus wahrgenommen wird. Auch wichtige menschliche Bedürfnisse können der Verdrängung zum Opfer fallen und als ungelebtes Leben die Stimmung und das Beziehungsverhalten einer Person stark beeinflussen.
Beispiel: René W. kann sich zu den glücksverwöhnten Zeitgenossen rechnen: Seine beiden kleinen Kinder gedeihen prächtig; seine lebendige, humorvolle und lebenspraktische Frau ist mit ihrer vorübergehenden Hausfrauenrolle voll identifiziert und bewältigt ihre Arbeit mit Bravour. Sie hält ihrem Mann den Rücken frei, damit er sich ganz seiner Karriere widmen kann. Die Eheleute haben gemeinsame Interessen und musizieren in demselben Orchester. Sie hat ein schönes Haus mit in die Verbindung gebracht. Von seinem hohen Gehalt kann die Familie gut leben und ein- bis zweimal im Jahr verreisen. René W., bisher recht gesund und ausgeglichen, fühlt sich seit einiger Zeit zunehmend unwohler in seiner Haut. Und obwohl beruflich und familiär alles wie geschmiert läuft, macht ihn eine wachsende Unzufriedenheit immer reizbarer. Er steckt voller Unruhe, kommt sich wie ein Tiger im Käfig vor,

der sich an den Gitterstäben wund reibt. Häufig überfällt ihn eine Art Sinnlosigkeitserleben. Er hat schon lange keine Lust mehr, mit seiner Frau zu schlafen. Es kommt deswegen zu Spannungen und eskalierendem Streit. René kann sich seinen desolaten Zustand nicht erklären. Eines Tages bringt er in die Psychotherapie (Psychoanalyse) einen Traum mit: »Ich irre durch einen langen Gang und stehe plötzlich vor einer Tür. Da überfällt mich eine furchtbare Angst. Ich wache auf.« Der Patient wird aufgefordert, den Traum im Wachen auf der Couch »weiterzuträumen« und die Tür zu öffnen. Nach anfänglichem Sträuben tut er es. Sein Herz klopft zum Zerspringen, er zittert, hat Angst. Er beschreibt sein Erstaunen, als im Raum hinter der Tür ein attraktiver Mann mit freiem Oberkörper steht, ihn warmherzig empfängt und zu sexuellen Handlungen einlädt. Meinem Patienten fällt es wie Schuppen von den Augen, er hat sein großes Aha-Erlebnis. Was er schon immer tief im Herzen gefühlsmäßig gewusst hatte, sich aber nie einzugestehen wagte, trat nun in den vollen Lichtkegel seines Bewusstseins. Zum erstenmal konnte er den Gedanken denken: »Ich bin homosexuell!« Er lag lange schweigend da, mit solcher Wucht hatte ihn diese Erkenntnis getroffen. Schlagartig wurde ihm klar, was es mit seiner namenlosen Sehnsucht, seinem verschwiegenen Schmerz, seiner Unruhe und drangvollen Unerfülltheit während der letzten Jahre auf sich hatte; wieso er sich immer schlechter gefühlt hatte und am Sinn des Lebens verzweifelt war. René hatte seine starken homosexuellen Neigungen verdrängt, die in seiner Jugend einige Male eruptiv durchgebrochen waren, aber dann unter den wütenden Schlägen seines Ich-Ideals (»Ich will ein normaler Mensch mit einer normalen Sexualität sein!«) in das Unbewusste abtauchen mussten. Nun bekam er schlagartig einen wichtigen Teil seiner Identität zurück, aber auch einen Berg von Problemen. Seine desolate Paarsituation hatte seinen Grund in dieser nicht-authentischen Lebensform.
Wir lernen daraus: Menschen können wichtige partnerbezogene Bedürfnisse verdrängen, dadurch ihre Beziehung gefährden und selber von einem Lebensquell und Energiezentrum abgeschnitten sein. Häufig sind es Triebwünsche, die ins Unbewusste verbannt werden: sado-masochistische Neigungen, verpönte Sexualpraktiken oder anal-erotische Ambitionen. Aber auch regressive Wünsche

(sich fallen lassen, kindlich sein, weiche Gefühle und Anlehnungsbedürftigkeit ausleben), das Verlangen nach Hilfe, Unterstützung und Verantwortungsabnahme, weiterhin: Bemächtigungstendenzen (»Du gehörst mir, ich verfüge über dich!«) können der Verdrängung anheim gefallen sein und aus dem Keller der Seele heraus ihr destruktives Werk betreiben. Nicht wenige Paare aus total zerstrittenen Ehen haben ihre liebevollen Gefühle füreinander vergraben und geraten in heillose Verwirrung, wenn angesichts einer beabsichtigten Scheidung starke Liebeswünsche an den anderen plötzlich wieder aufbrechen und eine Trennung dann als bedrohlich erscheinen lassen.

1.1.8 Das Bedürfnis und sein Ausdruck

Wünsche und Bedürfnisse im Rahmen von Partnerschaft und Liebe sind ja bekanntlich ohne die Mitwirkung des anderen nicht erfüllbar. Sie setzen sein Einverständnis oder seine Gebe-Bereitschaft voraus und können nur dann abgesättigt werden, wenn der Partner gewähren lässt oder im Gegenzug dabei eigene Bedürfnisse befriedigt. Paare, die Beziehungsschwierigkeiten haben, werden in der Beratung obligatorisch danach befragt, wie weit sie in der Lage sind, ihre Wünsche an den anderen angemessen zum Ausdruck zu bringen. Viele Verbindungen kranken nämlich daran, dass der eine nicht offen und deutlich aussprechen oder signalisieren kann, was er wann und wie viel vom anderen möchte. Nicht wenige Menschen sind gehemmt, Bedürfnisse anzumelden, zuzugreifen, zu bitten oder zu fordern. Sie können ihr Begehren nicht äußern oder tun es auf eine Weise, dass der andere dabei im Unklaren bleibt oder sich provoziert fühlt. Die ganz Schüchternen haben die Vorstellung, dass ihre Wünsche vom Partner erraten und dann gestillt werden müssten. Andere ergehen sich in indirekten Andeutungen, nennen das Kind nicht beim Namen (statt: »Ich möchte heute Abend mit dir kuscheln und vielleicht Sex haben!« fragen sie: »Gehen wir heute früher zu Bett?«). Manche formulieren einen Wunsch in Gedanken, antizipieren seine Ablehnung (»er/sie wird nein sagen«) und fallen daraufhin in eine unerträglich miese Laune, die sie dann als eine Art Strafe am anderen auslassen. Ich denke an dieser Stelle auch an jene Personen, die im Stillen eine bestimmte Handlungsweise von ihrem Partner erhoffen oder gar fordern (»Er müsste doch sehen, dass es mir schlecht geht, mich trösten und entlasten«), die dann lange Zeit zuwarten, immer unleidlicher werden aus Enttäuschung und ihre Wut endlich in Form von Vorwürfen entladen (»Mir kann noch so elend sein, du kämst gar nicht auf den Gedanken, mir mal was abzunehmen!«).

Nicht viel weniger unerträglich sind Menschen, die ihre Bedürfnisse in Form von schroffen Forderungen an den Mann bringen und auf deren Erfüllung wie selbstverständlich bestehen oder angebliche Rechte unnachsichtig einklagen. Auch in diesen Fällen wird der Angesprochene wenig Lust und Neigung verspüren, jenen Ansprüchen nachzukommen. Natürlich müssen Wünsche nicht immer auf sprachlichem Wege mitgeteilt werden. Es kann das ganz persönliche Geheimnis zweier Intimpartner sein, sich per Zeichen oder Symbol zu verständigen und dabei den Zauber des Verschwiegenen zu genießen. Ich denke zum Beispiel an eine Frau, die immer dann, wenn ihr nach Liebe war, ein bestimmtes Seidentuch um den Hals schlang. Ihr Mann wusste dann sofort Bescheid. Zu vorliegendem Thema gehört nicht nur das Was, sondern auch das Wie einer Befriedigung. Ein Paar sollte sich darüber verständigen, auf welche Art und Weise der andere diesen oder jenen Wunsch erfüllt bekommen möchte: Ich muss sagen, wie ich es haben will.

Besonders im sexuellen Bereich wird gegen diese nützliche Regel aus falscher Scham oder Sprechhemmung recht häufig verstoßen. Frauen teilen nicht mit, an welcher Stelle ihrer Scheide sie wie und wie intensiv berührt werden möchten. Sie machen ihrem Partner oft nicht deutlich, wie stark ihre sexuelle Bereitschaft von einem romantisch getönten Vorlauf (miteinander reden, schön essen bei Kerzenschein, sich nahe kommen) bestimmt wird, im günstigen Fall aber voll da ist und genossen werden kann.

Manche Männer packen ihre Partnerin während des Liebesspiels viel zu grob an oder absolvieren ein mechanisches Rein-Raus, ohne jemals eindringlich auf ihr Fehlverhalten hingewiesen worden zu sein. Andere Männer verschweigen ihren Frauen, dass sie den Beischlaf dann am genussvollsten erleben, wenn die Partnerin auf ihnen liegt und die aktive Rolle übernimmt.

Um es abschließend noch einmal zu betonen: Wir Menschen sind in der Regel kein aufgeschlagenes Buch, aus dem der andere unsere speziellen Wünsche ablesen kann. Wir sollten unserem Partner mitteilen, wann, wie viel und auf welche Art und Weise wir in den Genuss seiner Liebesdienste kommen möchten.

1.1.9 Treffsicherheit und Echtheit

Es gehört zu den Möglichkeiten tragischer Existenzverfehlung, dass Menschen nie zu ihren wahren Bedürfnissen finden. Sie jagen stattdessen irgendwelchen Pseudobefriedigungen oder falschen Zielen hinterher oder begnügen sich mit Surrogaten.

a) Jeder von uns kennt Personen, die kein ausgereiftes Bedürfnisprofil besitzen, die von vagen Sehnsuchtsspannungen erfüllt sind und nicht wissen, was sie wollen oder was ihnen gut tut. Ihr Begehren mutet chaotisch an: Was sie heute anzieht, lässt sie morgen kalt. Ihre Wunschbilder zerfließen in nebulöser Schwammigkeit und lassen sich nicht auf den Punkt bringen. Oft enthält die Palette ihrer Bedürfnisse nur wenige, obendrein schwer benennbare Zielvorstellungen. Sie sind weder Fisch noch Fleisch, schwankende Halme im Wind und Gift für jede Partnerschaft. Der Partner einer solchen zielblinden Person ist ständig desorientiert (»Was will er/sie eigentlich von mir?«), emotionalen Wechselbädern ausgesetzt oder fühlt sich zu Recht wenig begehrt oder als der, der er ist, nicht gemeint.
b) Menschen können falschen Zielen hinterherjagen, die ihnen ursprünglich von ehrgeizigen Eltern aufgezwungen wurden oder die sie sich als Kinder selbst ausgewählt haben. Sie taten das, um mit ihrer Hilfe eine unerträglich spannungsreiche oder liebesleere familiäre Situation aushalten oder besänftigen zu können. Als Erwachsene laufen sie auf der einmal ausgesuchten Schiene weiter und schaden damit sich und ihrer Partnerschaft. Die Stillung falscher Bedürfnisse schafft deshalb eine ausgedehnte Unzufriedenheit, weil das tiefe, die Seele nährende Befriedigungserlebnis ausbleibt und der Betroffene eben nicht jene wohlige Entspannung genießt, die mit einer echten Erfüllung und Sättigung einhergeht.

Auch im Raum von Partnerschaft und Liebe kann ein Weg beschritten werden, von dem sich später herausstellt, dass er der falsche war. Er ist es dann:

- wenn jemand unter Missachtung seiner eigenen Gemütslage den Partner immer nur anstrahlt, ihn bei guter Laune zu halten versucht und sich für dessen Lebensglück verantwortlich fühlt;
- wenn der Kult des Ästhetischen ein Paar dazu verführt, sich zu Modepuppen hoch zu stylen und ganz der Pflege ihrer Körperschönheit und Jugendlichkeit zu verfallen;
- wenn die mögliche Buntheit des Lebens – mit seinen Wechselfällen und Glückszuteilungen – einem streng abgesicherten, aber ungeliebten und tödlich langweiligen Beamtendasein geopfert wird;
- wenn sich Mann und Frau wie Ertrinkende aneinander klammern, sich gegenseitig keinen Entfaltungsspielraum zugestehen und das für »eine gute Ehe« halten;
- wenn beide pausenlos nur an ihrer Karriere basteln und Sozialprestige als den Gipfel von Paarglück halten, dabei aber fast nie Zeit füreinander haben.

Die angeführten Beispiele sind willkürlich gewählt und stellen auch nur einen winzigen, nicht repräsentativen Ausschnitt aus der Palette möglicher »falscher Ziele« dar.

c) Auch die so genannten »Ersatzbefriedigungen« gehören in die Rubrik der oben genannten Thematik. Hier tritt an die Stelle des Originals das Surrogat oder das Trostpflaster. Das Bübchen, das nicht auf Mutters Schoß darf, um ihr seinen Kummer mitzuteilen und Trost zu erhalten, bekommt stattdessen einen Bonbon. Wenn das ursprünglich Begehrte nicht zur Verfügung steht (oder aus eigener, innerer Behinderung nicht wahrgenommen werden kann), begnügt man sich mit etwas anderem. Dessen Sättigungs- und Genusswert ist zwar bei weitem geringer als die echte Labsal, aber lieber den Spatz in der Hand ... als gar nichts. Ersatzbefriedigungen können Abkömmlinge des ursprünglichen Bedürfnisses sein (statt Sex haben z. B. Pornographie konsumieren) oder aber aus einer anderen Kategorie des menschlichen Antriebsrepertoires stammen (statt Sex z. B. viel essen).

Unsere Zeit und Kultur hält einige klassische Ersatzbefriedigungsarten parat, die an die Stelle originärer Bedürfnisse treten können, häufig aber zu keinem echten Sättigungsergebnis führen und deshalb oft süchtig konsumiert werden. Zu ihnen gehören: Essen, Sex, Kaufen und Fernsehen.
Sexualität ist ein geradezu universeller Lückenbüßer, der »stattdessen« herangezogen wird.
Sex statt Nähe und Intimität; Sex statt Gehaltenwerden, Zärtlichkeit und Geborgenheit; Sex statt Bestätigung der männlichen Identität und des Selbstwertes; Sex statt Akzeptanz als liebenswerter und geliebter Mensch!
Ein anderes, unserer Spezies zutiefst eigenes Antriebserleben wird dagegen häufig in abgeschwächter Form durch getarnte Verhaltensweisen zum Ausdruck gebracht, das heißt ersatzbefriedigt. Gemeint ist das Bedürfnis, auf Ärger oder Frustration im Raum der Partnerschaft mit Aggression zu reagieren. Viele aggressiv gehemmte Menschen können ihre Wut nicht durch angemessene verbale Kundgebung ausdrücken. Sie greifen stattdessen zu: Schmollen und Rückzug; sexueller Verweigerung; emotionaler Indifferenz und Liebesentzug; Putzwut und dauerndem Schimpfen darüber, dass der andere schon wieder etwas schmutzig gemacht habe!

Andere Beispiele für Ersatzbefriedigungen:
Eine äußerlich starke Frau mit ausgedehnten, aber geheimen regressiven Wünschen, der Sehnsucht, sich fallen zu lassen, anzulehnen und Verantwortung abzugeben, wird vermehrt krank und lässt sich dann mit Wonne pflegen und umsorgen.
Mara W. kultiviert die ausgefallene Neigung – wo und wann immer möglich – splitternackt herumzulaufen. So empfängt sie ihren von der Arbeit heimkehrenden Gatten häufig im Evaskostüm. Wenn er aber ihren Aufzug als Einladung zu schnellem Sex missversteht, wehrt sie ab und ist beleidigt. Erst in ihrer Psychoanalyse wird deutlich, dass sie mit diesem ungewöhnlichen Verhalten auf eine »Bestätigung« ihrer weiblichen Identität aus ist. Sie sehnt sich danach, in ihren weiblichen Körperformen wahrgenommen und gutgeheißen zu werden. Sie möchte in all jenen Qualitäten lobende Bestätigung erfahren, die eine typische Frau ausmachen.
Annelore E. luchst ihrem Ehegatten geradezu süchtig irgendwel-

che Geschenke und Geldsummen für Kleidereinkäufe ab. Wonach sie sich aber eigentlich sehnt, ist »liebevolles Gefüttertwerden« im Rahmen einer nie ausreichend erfahrenen Bemutterung.
Norbert T. ist neuerdings chronisch missgestimmt und unzufrieden. Er nörgelt an allem herum, seine Ehefrau kann ihm nichts recht machen. Vorzeitig in den Ruhestand versetzt, fehlt ihm die gewohnte Bühne für seinen ausgeprägten Hang zum Dominieren- und Bestimmenwollen. Da er seine resolute Gattin aber nicht in die Knie zwingen und sich zum Herrscher aufschwingen kann, betätigt er sich als ständiger Miesmacher. Kritik als Surrogat für das Eigentliche.
Wer es nötig hat, auf Ersatzbefriedigungen zurückzugreifen, weil ihm der Ausdruck seiner wahren Bedürfnisse (aus neurotischen Gründen) misslingt oder weil ihm die Ungunst der Verhältnisse (zum Beispiel ein verständnisloser Partner) die eigentliche Speisung verwehrt, kann durch seine zunehmende Unausgefülltheit die Stabilität seiner Beziehung gefährden.

1.1.10 Selbsttäuschung

Menschen als phantasiebegabte Wesen machen sich häufig ein Bild davon, wie ihr eigenes Glück aussehen könnte. Aus der dumpfen Angst vor einer schicksalhaften Verfehlung der eigenen Daseinsmöglichkeiten heraus hoffen sie häufig mit Hilfe eines neuen Partners auf eine Lebenswende und sehnen sich nach bisher unbetretenen Pfaden und neuen emotionalen Horizonten. Wie die Erfahrung lehrt, kommt es dabei zu einem Übermaß an illusionären Vorstellungen. Individuen täuschen sich über vermeintliche Bedürfnisse und ihren Befriedigungswert und über vermeintlich geschätzte Qualitäten am Partner. Sie malen sich – manchmal in den lebhaftesten Farben – aus, welche ungestillten Bedürfnisse sie haben und wie eben jene Sehnsüchte im Rahmen einer Beziehung abgesättigt werden könnten. Visionen von Nähe und glückhafter Bezogenheit werden aus der Einsamkeit eines kontaktarmen Lebens phantasiert, die Refugien der Intimität als Glücksverheißung gegen die real existierende menschliche Ferne und Distanz beschworen. Der verlustängstliche und sexuell verklemmte Mann, der sich an seine

dröge, ungeliebte Freundin klammert, träumt von erotischer Abwechslung, Entdeckerfreude und wilder Sexualität. Der introvertierte Stubenhocker, der vor den Händeln der Welt flüchtet, vor Schüchternheit errötet, kontaktungeübt ist und sich nicht durchsetzen kann, wünscht sich die glückliche Leichtigkeit des Extrovertierten, dessen große Freundesschar und eine Alexis-Sorbas-Mentalität. Das Individuum mit einem Defizit an körperlicher Berührung träumt von Streichelorgien.
Häufig werden dem Partner in diesem Prozess einer lustvollen Selbstverwandlung in das erträumte Wunschbild Katalysatorfunktionen zugewiesen. Er soll die neue Glücksquelle erschließen helfen oder das Sprungbrett bieten zu neuen Ufern.
Ich habe in meiner Praxis als Psychoanalytiker gefunden, dass bei vielen Patienten die erhoffte Lebenswende nicht machbar war:

- Die Betroffenen unterschätzen die tiefe lebensgeschichtliche Verankerung ihrer vorhandenen Erlebnis- und Verhaltensstrukturen und deren Stabilität. Es fehlt ihnen an Talenten, vitaler Spannkraft oder entsprechender emotionaler Temperatur, um das Neue, Ungewohnte leben zu können.
- Sie lassen die Tatsache unberücksichtigt, dass es oft tiefreichende Angststrukturen, ausgedehnte Schuld- und Schamgefühle oder Selbstwertzweifel sind, die sie am Erproben neuer Lebensmöglichkeiten hindern (das gilt allerdings nur für Personen, die sich keiner Psychotherapie unterziehen).
- Sie täuschen sich – und das ist die wichtigste Ursache – über den Befriedigungswert ihres vermeintlichen, bisher unausgelebten Bedürfnisses. Ich werde nie die Aussage eines Mannes vergessen, der nach 35 Jahren praktizierter sexueller Selbstbefriedigung im Alter von 50 Jahren seine erste intime Freundin kennen lernte und mit ihr regelmäßigen Geschlechtsverkehr hatte. Es erfüllte ihn – unerwartet – mit zunehmender Bestürzung, wie wenig lustvoll der immer so heiß ersehnte sexuelle Akt für ihn in der Realität war und in welche Höhenflüge und Wonnen ihn dagegen die mit wilden Phantasien umrankte Onanie katapultierte.

Was Menschen ein halbes Leben lang oder länger nicht praktiziert haben, gewinnt für manche von ihnen in späteren Zeiten keine

emotionale Leuchtkraft mehr. Sie täuschen sich über den möglichen Befriedigungsgewinn des neu eroberten Terrains.
Menschen täuschen sich aber auch manchmal hinsichtlich der vermeintlich am Partner geschätzten Eigenschaften. Sie phantasieren sich beglückende Qualitäten an ihm, die ihnen später mehr Verdruss als Freude bringen, weil sie deren Konsequenzen nicht übersehen.
So sucht und wählt sich zum Beispiel eine Frau, die einen »Waschlappen« zum Vater hatte, der sich auf der Nase herumtanzen ließ, einen starken, selbstbewussten, ja herrischen Mann. Dabei bedenkt sie nicht, dass sie selbst – in Identifikation mit einer resoluten und bestimmenden Mutter – starke dominante Züge ausgebildet hat, die über kurz oder lang zum Kollisionskurs mit ihrem Mann führen müssen.
Eigenschaften, die zu Beginn einer Partnerschaft oder aus der Ferne besehen faszinierend oder sicherheitsgebend anmuten, entpuppen sich im Getriebe des Alltags als ungeahnte Nervensägen. So verwandelt sich Sparsamkeit in Geiz, Ordnungsliebe in Pedanterie und ein bedächtiges Wesen in quälende Langeweile.

1.1.11 Der Dringlichkeitsgrad

Partnerbezogene Bedürfnisse können einen sehr unterschiedlichen Dringlichkeitsgrad aufweisen: Sie umfassen sowohl zarte Sehnsüchte, handfeste Wünsche als auch triebhaft aufgeladene Ansprüche von elementarer Schubkraft. Wann immer er oder sie vom anderen einen Wunsch erfüllt haben möchte, ist es wichtig, dessen Stellenwert im personalen Ganzen zu kennzeichnen. Bedürfnisse von existenzieller Wichtigkeit sollen und müssen anders behandelt und beantwortet werden als jene, die auf der Bedeutsamkeitsskala ganz hinten stehen. Deshalb betone ich in Paargesprächen immer wieder, wie enorm wichtig es ist, nicht nur das eigene Begehren in Worte zu fassen, sondern dem Partner auch gleichzeitig mitzuteilen, welchen Dringlichkeitsgrad seine Erfüllung »hier und jetzt« hat. Der Wunsch nach einem gemeinsamen Kinobesuch kann in der Regel verschoben oder ganz aufgegeben werden, wenn der Partner signalisiert, dass er zu abgespannt, zu müde oder einfach auch nur zu lustlos dafür ist. Abschlägige Reaktionen auf Anliegen, die dem Betreffenden dagegen sehr wichtig sind, erzeugen große Enttäuschung, Kränkungen oder Aggressionen.

Fritz G. zum Beispiel erwartet von seiner Ehefrau, wenn er selber krank und bettlägerig ist, besondere Aufmerksamkeit, Pflege und Zuwendung. Sonst ein eher anspruchsloser und emotional zurückgenommener Mensch, bricht bei ihm die große Bedürftigkeit aus, sobald ihn eine Krankheit darnieder wirft. Er benötigt jetzt dringend die »liebevoll versorgende Mami«, die ihm jeden Wunsch von den Lippen abliest. Dieses Bedürfnis hat für ihn oberste Priorität. Träte seine Gattin an dieser Stelle und zu diesem Zeitpunkt abweisend oder versagend auf, geriete Fritz G. aus der seelischen Balance.

Veronika H.s vordringlichster Wunsch ist es, von ihrem Mann verstanden zu werden. Er soll sich in ihre Kümmernisse und Ängste einfühlen, sich Zeit nehmen und ihr zuhören und sich bemühen, die Dinge von ihrem Erlebnisstandort aus zu betrachten. Wenn er ihr das Verstandenhaben dann zurückspiegelt, ist sie total glücklich und spürt eine große Nähe zu ihm. Das Gefühl, verstanden und damit in der eigenen Wesensart vom anderen erkannt worden zu sein, ist für sie die Vorbedingung, dass sie sich ihm liebevoll zuwenden kann und Lust auf Sex hat.

Gabriele J. fühlt sich trotz Ehestand und einem Kreis brauchbarer Freunde häufig einsam und wie verloren in dieser Welt. Ihr biederer, dabei gutmütige Gatte kann kaum irgendwelche Zärtlichkeiten und verbindenden Worte äußern, gibt sich verschlossen und zeigt wenig von seiner Gefühlswelt. Wenn Gabriele spätabends – unberührt – neben ihm im Bett liegt und auf das Einsetzen seiner Schnarchzyklen wartet, überfällt sie das dringende Verlangen, in den Arm genommen, gedrückt und für eine Weile festgehalten zu werden. Sie hat den Eindruck, dass von der Erfüllung dieses Begehrens der Weiterbestand ihrer Beziehung abhängt – so notwendig erlebt sie die emotionale Erdung durch ihren Mann. Ob dieser das ganze Ausmaß und Gewicht dieses existenziell wichtigen Wunsches seiner Frau auch nur ahnt, bleibt fraglich. Wahrscheinlich hat sie ihm nie gesagt, wie viel für sie an dieser Stelle auf dem Spiel steht. Normal gutwillige Personen verweigern in der Regel ihrem

Partner einen Wunsch dann nicht, wenn sie von dessen Dringlichkeit Kenntnis haben.

1.1.12 Die Einstellung zum eigenen Bedürfnis

Tiere in freier Wildbahn haben dem Menschengeschlecht in einer Hinsicht etwas voraus: Ihre Triebe und Begierden sind von geradliniger Ungebrochenheit, nicht von des Gedankens Blässe angekränkelt und überhaupt zweifelsfrei okay.
Wir dagegen können uns zu unseren Bedürfnissen verhalten: sie bejahen oder ablehnen, begrüßen oder verdammen, ihretwegen Scham, Angst oder Schuldgefühle empfinden, in Konflikte oder ambivalente Gefühle gestürzt werden, auf sie verzichten, sie verleugnen, auf den Partner verschieben oder gar verdrängen. Es ist für eine Beziehung deshalb ganz und gar nicht gleichgültig, welches – gute oder schlechte – Verhältnis ein Individuum zu seinen eigenen Triebregungen oder Wünschen hat. Davon hängt nämlich ab, wie konfliktfrei und souverän er im Raum seiner Partnerschaft damit umgehen, welchen ungebrochenen Lustgewinn er sich und seinem Lebensgefährten damit verschaffen kann.
Wer zum Beispiel ständig zwischen Nähe- und Distanzverlangen hin- und herpendelt, wird die Intimitätswünsche des anderen manchmal abwehren und manchmal freudig erwidern und ihn damit ständig verunsichern. Wer Besitzwünsche und orales Zugreifen aus neurotischen Gründen (»Pfui, das macht man nicht!«) ablehnt, wird das unbekümmerte Konsumverhalten seines Partners verachten, sich aber in der Verbindung mit ihm bald zu kurz gekommen fühlen oder Mühe haben, seine Neidgefühle zu unterdrücken (»Der gönnt sich was – und ich?«). Wer Schuldgefühle wegen Sex hat (»Sexualität ist was Schweinisches«), wertet das gesunde sexuelle Begehren des anderen als »triebhaft und unnormal« ab und verletzt damit dessen natürlichen Stolz. Wer mit dem Charakterzug »Geiz« behaftet ist, aber gleichzeitig das Ich-Ideal »Ich will ein großzügiger Mensch sein« vertritt, gerät in die schlimmsten Verwicklungen. Wenn er nämlich seinem Partner in freigiebiger Manier größere persönliche Anschaffungen zubilligt (»Ich bin ja so spendabel!«), muss er zähneknirschend seine innere Rebellion da-

gegen unterdrücken. Wenn dann aber ab und an seine geizige Ader ungewollt durchbricht und er über die »Verschwendung von Klopapier« wettert, kommt er sich erbärmlich und wie der letzte Kleingeist vor. Oft neiden Menschen ihrem Partner gerade das, was sie selber auch gerne hätten, aber aus inneren Blockaden heraus nicht zu Wege bringen. Die Beziehungsschwierigkeiten sind dann vorprogrammiert.

1.1.13 Das Anspruchsniveau

Nur die wenigsten Menschen in einer Zweierbeziehung haben sich jemals klargemacht, wie stark das eheliche Wohlbefinden unter anderem vom Ausmaß des offen gezeigten oder verschwiegenen Anspruchsniveaus eines oder beider Partner abhängt. Mit Anspruchsniveau meine ich: das sichere, von keinem Zweifel getrübte Bewusstsein davon, was einer Person im Leben zusteht. Es bezeichnet gewissermaßen den Erwartungshorizont eines Menschen bezüglich dessen, was die Mitwelt (insbesondere sein Liebesobjekt) ihm an Glücksgütern schuldet. Je höher der Anspruch, desto größer der gelebte Egoismus.
Auf der einen Seite finden wir die bescheidenen, mit stiller Selbstgenügsamkeit ausgestatteten Individuen, die an sich selbst zuletzt denken, sehr sozial eingestellt sind und sich im Dienst an ihrem Lebensgefährten oft klaglos aufreiben. Den Gegenpart dazu verkörpert jenes »egomanische Miststück«, das ungeniert einen ganzen Forderungskatalog für seinen Partner bereithält und in anmaßender Ansprüchlichkeit den anderen materiell und emotional ausbeutet. Ich-Menschen dieses Kalibers bevölkern in immer größerer Zahl den Raum unserer westlichen Demokratien. Sie stammen häufig aus Ein-Kind-Familien und waren der verwöhnte Mittelpunkt ihrer Eltern, Großeltern, Tanten und Onkels. Hier haben sie nicht gelernt, dass außer ihnen auch noch andere Menschen Rechte und Bedürfnisse haben und dass es im menschlichen Zusammenleben auf eine gerechte Verteilung zwischen Geben und Nehmen ankommt.
Ein anderer Personenkreis mit erhöhtem Anspruchsniveau begegnet uns in der Gruppe der Zukurzgekommenen und jetzt neuro-

tisch gestörten Personen aus einem kinderfeindlichen oder zerrütteten Familienmilieu. Diese Menschen haben Riesenerwartungen an die Welt, ausgedehnte Nachholbedürfnisse und einen vermeintlichen Anspruch auf (einstmals vorenthaltene) Liebe, den sie nun ihrem Lebensgefährten präsentieren. Der andere wird wie selbstverständlich als obligate Glücksquelle angesehen und entsprechend angezapft, im Übermaß beansprucht oder zu Verzichten genötigt. Das alles schafft eine emotionale Schieflage und Unausgeglichenheit, die über kurz oder lang jede Beziehung aus der Balance bringt. Eheberater tun deshalb gut daran, sich immer auch ein Bild davon zu machen, was und wie viel der Einzelne vom anderen an Dienstleistungen, Liebesgaben und emotionalem Futter erwartet und einklagt. Je höher das Anspruchsniveau, desto gefährdeter die Ehe. Wir werden dem egoistischen Lebenspartner noch einmal begegnen, wenn es um das Thema der »Funktionalisierung des Liebesobjektes« geht.

1.1.14 Zufriedenheit/Unzufriedenheit

Der psychologische Begriff »Zufriedenheit« bezeichnet eine basale Gestimmtheit des Menschen, einen Seinsmodus. Als eine tragende Emotion durchstrahlt sie wie ein mildes Leuchten die gesamte Befindlichkeit des Individuums, macht es verträglich und meistens gut gelaunt. Zufriedenheit ist gleichzeitig ein Indikator für den gelungenen Befriedigungszustand elementarer Bedürfnisse. Die allgemeine Zufriedenheit-Unzufriedenheit-Relation des Einzelnen in einer Paargemeinschaft spielt für das Eheglück eine große Rolle. Denn nichts ist auf die Dauer so zermürbend und jede Lebensfreude erstickend wie ein chronisch unzufriedener Ehepartner. Jeder von uns kennt solche Exemplare: Sie haben die Tendenz zum Miesmachen und Abwerten, erschlagen durch ihr griesgrämiges Gesicht jeden Ansatz eines Lächelns, sind mürrisch oder von cholerischer Gereiztheit. Als personifizierter Vorwurf machen sie ihrem Partner – gewollt oder ungewollt – ständig Schuldgefühle, so, als stünde es in dessen Verantwortung, für ihr Lebensglück zu sorgen.
In der Regel ist der Unzufriedene schon vor der Aufnahme einer

Beziehung verdrießlich und unausgefüllt. Er bringt die Unzufriedenheit als Mitgift in die Ehe ein. Manchmal aber haben ihn die enttäuschten Glückserwartungen an den Partner so mürrisch gemacht. Dann lastet er unter Umständen dem anderen seinen schlechten Zustand an.
Ich möchte an dieser Stelle das Psychogramm des »zufriedenen Menschen« (der meistens gut beziehungsfähig und partnertauglich ist) entwerfen und es dem Leser überlassen, durch Umkehrung der Vorzeichen sich das konträre Bild für den unzufriedenen auszumalen.

Zufrieden ist, der:

- einigermaßen gesund ist;
- die Möglichkeit hat, seine elementaren Bedürfnisse zu befriedigen (z. B. Nähe, Körperkontakt, Sex, Familie, Kinder, Essen, Wohnen, berufliche Entfaltung, Freundschaften etc.);
- von Natur aus dem Pol der Frohheit auf der Stimmungsskala zuneigt;
- keine so hohen Ansprüche an das Leben und den Partner hat;
- sich an den kleinen Dingen des Daseins freuen kann;
- relativ frei ist von neurotischen Störungen, Gehemmtheiten und Konflikten;
- seine Befriedigung aus mehreren, voneinander unabhängigen Quellen schöpft; in seiner Partnerschaft eine schöne Bereicherung seines Lebens sieht, aber nicht die einzige Glücksquelle;
- nur nach realisierbaren Zielen strebt;
- keinem unerfüllbaren Ich-Ideal (zum Beispiel: »Ich muss in allen Dingen perfekt sein!«) nachjagt;
- die Gelegenheit hat, seine Talente und Fähigkeiten zu entwickeln und sie im Daseinsvollzug zu verwirklichen;
- genussfähig ist und sich wohlig berühren lassen kann von Sinnesreizen aller Art;
- eine gute Frustrationstoleranz hat und Entbehrungen wegstecken kann, ohne dass sein Wohlbefinden groß darunter leidet.

Noch eine kleine Anmerkung zum Thema »Sättigungserlebnis«:
Es gibt Menschen, für die die herkömmlichen Befriedigungsmöglichkeiten nur eine Art Scheinfütterung darstellen. Sie essen und

essen zum Beispiel, bekommen schließlich ein Völlegefühl, aber sind nicht echt satt. Andere praktizieren immer wieder Sex, ohne dabei ein die ganze Person berührendes Erfüllungserlebnis mit der Empfindung: »Nun ist es gut, nun ist es genug!« zu haben. Wenn für diese bedauernswerten Individuen die üblichen Genüsse schal und bedeutungslos bleiben, so ist leicht einzusehen, dass ihre Grundbefindlichkeit die einer chronischen Unzufriedenheit sein wird. Ihre Partner haben es dann auszubaden.

1.1.15 Reaktionen auf Nicht-Befriedigung

Wenn wir uns nun mit der Frustration von Bedürfnissen befassen, müssen drei Aspekte auseinander gehalten werden:

a) die Leichtigkeit, mit der sich eine Person in ihren Ansprüchen verletzt fühlt: hier geht es um den Tatbestand: hohe, normale oder geringe Enttäuschungsbereitschaft.
b) Wie wird eine Frustration erlebt?
c) Wie wird auf eine Frustration reagiert?

zu a)

Menschen unterscheiden sich hinsichtlich ihrer Enttäuschungsbereitschaft ganz erheblich voneinander: Manche haben eine sprichwörtlich dicke Haut und bleiben relativ gelassen, wenn ihnen der Partner einen konkreten Wunsch abschlägt (zum Beispiel: »Heute Abend möchte ich keinen Sex mehr!«); andere dagegen reagieren auf den gleichen Sachverhalt tief betroffen oder sind mimosenhaft empfindlich, wenn die Wirklichkeit der gelebten Beziehung nicht ihren Erwartungen entspricht. In der Regel existieren bei ihnen eine oder mehrere Angriffsflächen, das heißt besonders verwundbare Stellen, bei deren Berührung die betreffende Person frustriert zusammenzuckt.
Jörg M. zum Beispiel hat das überwertige Bedürfnis, von seinem Partner stets und ständig – egal, was er sagt und tut – kritiklose Bestätigung zu erfahren. Das Ausbleiben von Lob und überschwänglicher Zustimmung, ein skeptisches Räuspern oder ein abwartendes Bedenken lösen bei Jörg bereits schon innere Stürme der Empörung aus. Offene Kritik gar bringt ihn völlig aus der Balance.

Es bedarf hier also nur geringster Anlässe, um Jörgs Enttäuschungsbereitschaft zu mobilisieren. Es lässt sich ausmalen, dass diese seine Schwäche zu häufigen Paarkonflikten führen und die Beziehung insgesamt gefährden wird.
Menschen besitzen eine unterschiedliche Toleranz hinsichtlich der Verkraftbarkeit von Entbehrungen. Viele können Verzichte leisten oder ihre Bedürfnisbefriedigung vertagen, also auf einen günstigeren Zeitpunkt verschieben. Bei bestimmten, neurotisch schwer gestörten Personen treten allerdings einzelne Bedürfnisse mit so einer imperativen Wucht, sprich Gier, auf, dass es für die Betreffenden schier unaushaltbar erscheint, nicht auf ihrer sofortigen Befriedigung zu bestehen. Hierher gehören zum Beispiel viele derjenigen Perversionen, zu deren Vollzug der Partner von Nöten ist. Wer nicht warten kann, wird sich mit einer Absage nicht zufrieden geben. Er fühlt sich vielleicht in seiner Kampfbereitschaft angesprochen und beginnt nun, seinen Partner liebevoll zu umgarnen, um das Gewünschte vielleicht doch noch zu bekommen. Manche verstärken ihre Bitten, werden penetrant drängelich oder drohen gar mit Sanktionen. Die wenigsten aber teilen im Moment der Zurückweisung ihrem Partner mit, welche Gefühle sie bei ihnen auslöst und wie schmerzhaft sie unter Umständen ist.

zu b)

Wichtige Konsequenzen für eine Partnerschaft ergeben sich aus der Art und Weise, wie der frustrierte Partner die Versagung erlebt. Ein und dieselbe Situation – das wissen wir ja längst – kann bei unterschiedlich strukturierten Personen auch sehr unterschiedliche innere Erlebnismuster abrufen. Je nachdem, welche Gefühle auftauchen und wie stark diese Gefühle ausfallen, der Betroffenheitsgrad wird jeweils ein anderer sein.

Ich zähle jetzt verschiedene Erlebnismöglichkeiten in Reaktion auf Nicht-Befriedigung von partnerbezogenen Bedürfnissen auf. Frustrationen werden wahrgenommen:

- als Lieblosigkeit: »Du bist gemein, mich so hängen zu lassen!«
- als feindseliger Akt: »Er/Sie will mir wehtun, mir Böses zufügen, mich quälen!«
- als Missachtung: »Mit mir kann man so was ja machen!«

- als unverdiente Bestrafung: »Ich finde es ungerecht, wie du mich behandelst!«
- als Beweis dafür, dass er/sie mich nicht mehr liebt. Motto: »Früher hättest du dich darum gerissen, mir diesen Liebesdienst zu erweisen!«
- als Bestätigung des eigenen Unwertes: »Ich habe es ja schon immer gewusst: Einem Wurm wie mir steht nicht zu, was anderen zusteht!«
- als Kündigung der Freundschaft und als drohendes Ende: »Jetzt ist alles aus!«
- als gerechte Bestrafung: »Ich hab es nicht anders verdient!«
- als Verarschung: »Er/Sie macht sich einen Spaß daraus, mich auflaufen zu lassen, lächerlich zu machen!«
- als Bestätigung der eigenen paranoiden Position: »Alle Welt ist gegen mich und will mich fertig machen – auch mein Partner!«

zu c)

Sowohl der Grad der affektiven Betroffenheit als auch die erlernten, oft seit Jahrzehnten praktizierten Erlebnis- und Reaktionsmuster bestimmen nun, welche Gegenmaßnahmen eine frustrierte Person ergreift. Das Register der möglichen Antworten ist breit gefächert und reicht von einem flapsigen Achselzucken (»Na dann eben nicht!«) bis hin zu wilden Racheschwüren (»Dir werd ich es heimzahlen!«).

Hier einige Beispiele für Reaktionsmuster:

- offene Aggression: Der Zurückgewiesene protestiert, schimpft, macht Vorwürfe, bekommt einen Wutausbruch, wirft mit Gegenständen oder wird tätlich;
- Rache: der Zurückgewiesene schwört innerlich Rache und benutzt die nächste Gelegenheit, um Gleiches mit Gleichem zu vergelten. In der Regel fällt seine Verweigerung noch »einen Zacken schärfer« aus als die damalige Absage des Partners. Auf diese Weise kann sich ein Duell zwischen den Kontrahenten entwickeln und sich zu einer Kränkungs- und Vergeltungsspirale hochschaukeln, an deren Ende ein gegenseitiges Aushungern steht. Zum Schluss geht dann gar nichts mehr.

- Einschnappen: Der Betroffene wagt keine offene Auseinandersetzung, reagiert aber seine Wut und Verletzung in Form von tagelangem Schweigen oder eisiger Unnahbarkeit ab. Das »Gesicht zur Faust geballt« verkörpert er die Fleisch gewordene Vorwurfshaltung und tut so, als sei ihm etwas Ungeheuerliches widerfahren. Er antwortet nicht auf Fragen und weist Versöhnungsangebote brüsk zurück. Für den Partner stellt diese Art des Behandeltwerdens das reinste Martyrium dar, zumal, wenn er sich obendrein noch mit Schuldgefühlen herumplagen muss, die ihm der andere durch seine stummen Anklagen mit Erfolg eingetrichtert hat. Der verzweifelte Versuch des dergestalt Gestraften, nun seinerseits in eisiges Schweigen zu verfallen, scheitert in der Regel an seinem geringeren Durchhaltevermögen. Der Eingeschnappte hat den längeren Atem.
- Bunkern der Affekte: Der Zurückgewiesene nimmt die Nichterfüllung seines Begehrens scheinbar gelassen hin. Nach außen lässt er sich die Enttäuschung in keiner Weise anmerken. Im Stillen aber führt er ein heimliches Schuldkonto über die Lieblosigkeiten seines Partners. Wenn nun seine Empörung und sein Mangelerleben eine solche Affektgröße erreicht haben, dass sie aus den Nähten platzen, kann es schon aus einem geringen Anlass heraus zu einer Eruption kommen. Er zeigt dann – sehr zur Überraschung seines nichtsahnenden Partners, der bis dahin alles im Lot wähnte – eine totale Überreaktion.

Eine zweite Variante sieht so aus: Die Unzufriedenheit über den frustrierenden Partner wird nicht ausgedrückt, sondern gespeichert. Statt eines Affektausbruchs (zum Beispiel Wutanfall) werden an den anderen immer höhere, aber unausgesprochene Wiedergutmachungsansprüche gestellt. Um das bisher verursachte große Unrecht zu sühnen, müsste sich der Partner total ändern, das heißt ein anderer werden. Nun reicht es bei weitem nicht mehr aus, dass er sich Mühe gibt und kleine Änderungsschritte versucht (und nur dazu wäre er ja bestenfalls in der Lage), nein, er müsste Wunder vollbringen. Da dieser Lösungsversuch von vornherein zum Scheitern verurteilt ist, weil er die Möglichkeiten der menschlichen Natur total falsch einschätzt, steuert die Beziehung fast unausweichlich ihrem Ende zu.

Dritte Variante: Das subjektiv erlebte hohe Maß an Unbefriedigtsein in der Beziehung führt nach einer mehr oder weniger langen Durststrecke zu einer inneren Kündigung der Partnerschaft. Es kommt der Tag, an dem der »point of no return« erreicht ist. Der Frustrierte sagt sich innerlich von seinem Liebesobjekt los, ohne es aber sofort zu verlassen. Häufig geht dieser Kündigung ein plötzliches Absterben aller positiven Gefühle für den anderen voraus. Der bisher geschätzte Gefährte unterliegt einer totalen Entwertung, ohne dass er davon etwas ahnt. Wenn dann sein Partner eines Tages – aus heiterem Himmel – seine Koffer packt und relativ affektlos sagt: »Ich verlasse dich!«, fällt er aus allen Wolken. Das Verheimlichen einer anwachsenden Unzufriedenheit über die Ehe und den anderen stellt ein großes Gefährdungspotenzial für jede davon betroffene Beziehung dar.

– Verschiedene Arten des Rückzugs:
Die wohl häufigste Form, auf Zurückweisung zu reagieren, ist die des Rückzugs. Er kann sehr unterschiedliche Formen und Intensitätsgrade annehmen. Der Betroffene verschließt seine Gefühle vor dem anderen. Er reduziert seine emotionale Präsenz und Bezogenheit, lässt den Partner nicht mehr teilnehmen an dem, was ihn innerlich bewegt. Er geht auf Distanz, zieht sich zurück, zeigt wenig Interesse an den Nöten und Freuden des Gefährten, strahlt kühle Unverbindlichkeit aus oder verbirgt hinter einer scheinbar freundlichen Fassade einen Mangel an sozialer Resonanz. Er lässt den anderen auflaufen, weist seine Wünsche zurück oder brüskiert durch seine Gleichgültigkeit. Er verlässt das gemeinsame Ehebett und verzieht sich in sein Zimmer. Im Extremfall gerät er in eine psychische Kältestarre und ist nicht mehr ansprechbar.
Eine sehr bekannte Spielart dieses Reaktionsmodus stellt der so genannte depressive Rückzug dar. Der Betroffene verlässt resigniert den Schauplatz der Beziehung und verkriecht sich traurig in einem stillen Winkel. Er verstummt weitgehend und gibt sich die Schuld für sein Dilemma. Er macht sich Vorwürfe wegen eigener Mängel und zweifelt am Ende an seiner Beziehungsfähigkeit. Hier spielt Liebesentzug – im Gegensatz zur Mehrheit

der Fälle – keine Rolle; im Gegenteil: Er empfindet sich ja selber wenig liebenswürdig und deshalb zu Recht abgewiesen in seiner Bedürftigkeit. Er ist davon überzeugt, dass er es gar nicht anders verdient hat.

- Schuldgefühle machen: Die betreffende Person reagiert auf die Zurückweisung ihres Wunsches demonstrativ mit »Kranksein« und Leid. Sie wird von einem Unwohlsein überfallen (Herzstiche, Migräne, Übelkeit), fängt heftig und laut an zu weinen, macht ihrem Partner bittere Vorwürfe oder setzt ihn moralisch ins Unrecht. Sie will Mitleid erregen und den anderen zu einem Sinneswandel zwingen.
- Klagloses Sich-damit-Abfinden: Der Zurückgewiesene ist in diesem Fall und in der Regel ein bescheidener, bedürfnisarmer und vom Schicksal bisher arg gebeutelter Mensch, über den das Leben noch nie das Füllhorn ausgeschüttet hat. Im Grunde genommen erwartet er auch wenig von seinem Partner. Eine Absage nimmt er relativ gelassen hin.
- Verstärkte Bemühungen:
  Manche Menschen reagieren auf die Frustration ihrer Bedürfnisse – auch im Rahmen von Partnerschaft und Liebe – mit einer Verdoppelung ihrer Anstrengungen, das Erwünschte doch noch zu bekommen. Sie lassen sich nicht so schnell entmutigen, sondern fühlen sich im Gegenteil in ihrem Kampfeswillen herausgefordert, wenn sich ihnen Widerstände entgegenstellen. Sie hören nicht auf, ihren Partner zu bestürmen oder ihn so lange zu nerven, bis er schließlich nachgibt und ihren Wunsch erfüllt. Sie verstärken ihre Werbung um den anderen, umgarnen ihn oder ziehen alle Register der Verführung.
- Konstruktive Auseinandersetzung:
  Angenommen: Mein Partner ist nicht bereit oder in der Laune, mir einen bestimmten Wunsch zu erfüllen. Ich reagiere auf diese Zurückweisung gelassen, das heißt, ohne aggressiv zu werden. Ich beruhige mich mit der Vorstellung, dass er vielleicht einen triftigen Grund hat, sich mir zu verweigern. Ich beginne damit, über die subjektive Wichtigkeit meines Begehrens zu reden. Und welche Gefühle der Enttäuschung und des Mangels in mir aufsteigen, wenn ich auf die gewünschte Befriedigung verzichten muss. Ich frage den anderen: »Warum fällt es dir schwer, meine

Bitte zu erfüllen? Was sind die Gründe dafür? Ich würde gerne verstehen wollen, weshalb du an dieser Stelle ›nein‹ sagst.« Und wenn mir dann seine mitgeteilten Motive irgendwie plausibel und nachvollziehbar erscheinen, könnte ich ihm die Frage stellen, unter welchen Bedingungen er bereit wäre, mir meinen Wunsch doch noch zu erfüllen. An einem Beispiel demonstriert, sähe diese vorgeschlagene Vorgehensweise dann vielleicht so aus: Lutz K. liebt die Gemütlichkeit und ganz besonders ein in behaglicher Ruhe zelebriertes Sonntags-Frühstück. Den Duft eines aromatischen Kaffees in der geruchsverwöhnten Nase, die englische Orangenmarmelade dick gehäuft auf einem knackigen Toast, frische Brötchen, diverse Käsesorten, ein Ei: Lutz strahlt wie ein Pfannkuchen. Zu seinem großen Kummer kommen solche vormittäglichen Feste aber deshalb nicht sehr oft zustande, weil seine Frau morgens nicht aus dem Bett findet und Lutz keinen Spaß daran hat, alleine mit seinen beiden quirligen Kindern, die immer so schnell fertig sind und dann vom Tisch wegstreben, zu frühstücken. Als seine bessere Hälfte wieder einmal drauf und dran ist, ein gemeinsames Frühstück zu verunmöglichen, entspinnt sich folgender Dialog:

Er: »Komm lass uns aufstehen und schön Kaffee trinken!«
Sie: (mattes Stöhnen)
Er: »Du weißt doch, wie viel mir daran liegt. Sonntag ist der einzige Tag in der Woche, an dem wir uns so richtig breitmachen und in Ruhe essen und miteinander reden können. Eine Absage deinerseits würde mir richtig wehtun.«
Sie: »Muss das sein!«
Er: »Ja, ich bitte dich darum!«
Sie: »Ach, ich bin doch so kaputt und müde!«
Er: »Ist das der wirkliche Grund? Irgendwie habe ich das Gefühl, dass da noch was anderes dahintersteckt!«
Sie: (richtet sich plötzlich hellwach auf) »Du kannst schon Recht haben mit deiner Vermutung!«
Er: »Dann sag's doch! Wenn ich die Ursachen kenne, kann ich dich vielleicht besser verstehen.«
Sie: »Das ist schwer zu erklären. Irgendetwas wehrt sich in mir aufzustehen, den Tisch zu decken, Kaffee zu kochen … Und

dann, kaum dass wir fertig sind, hetze ich los, um das Mittagessen zu machen.«
Er: »Du bist überarbeitet, dir ist alles zu viel.«
Sie: »Das trifft nur zum Teil zu. Weißt du, ich habe schon seit langem das Gefühl, dass die Arbeit zwischen uns nicht gerecht verteilt ist. Ich gebe immer mehr, als ich bekomme. Jeder will was von mir, du … die Kinder. Mutter hier, Mutter da! Du hast deinen Beruf, der dich befriedigt. Du bekommst Anerkennung und Geld. Und um fünf ist Feierabend. Ich bin jeden Tag zwölf bis vierzehn Stunden auf den Beinen, und am Abend sehe ich nichts von dem, was ich gemacht habe. Das ist so unbefriedigend.«
Er: »Du meinst, da stimmt was mit der Balance nicht zwischen uns beiden?«
Sie: »Genau! Du bist einfach besser dran. Auf die Dauer fühle ich mich wie leergepumpt und ausgenutzt obendrein.«
Er: »Jetzt wird mir die Sache mit dem Frühstück langsam klar. Was schlägst du vor, um es zu ändern?«
Sie: »Immer ich! Lass du dir doch was einfallen!«
Er: »Wie wär's, wenn ich alle 14 Tage morgens den Tische decke und alles vorbereite, wir uns abwechseln?«
Sie: »Das wäre ein guter Anfang. Aber da wir schon bei unseren Wünschen sind, ich habe auch einen. Ich wünsche mir von dir, dass wir alle 14 Tage mittags essen gehen, in ein schönes Restaurant, vielleicht zu dem Italiener, der gerade aufgemacht hat. Da kann ich auch mal alle Viere von mir strecken.«
Er: »Ich bin einverstanden!«

Der eben dargestellte simple Dialog ist ein Beispiel dafür, wie man Wünsche anmeldet, aushandelt, Kompromisse schließt und etwas über die Hintergründe eines Verhaltens in Erfahrung bringt. Er weist darüber hinaus auf ein wichtiges Bedingungsmoment ehelicher Zufriedenheit hin, nämlich auf eine stimmige Geben-Nehmen-Balance. Letztere ist deshalb ein wichtiger Indikator für die Qualität und Lebensfähigkeit einer Paargemeinschaft. Die Summe der in eine Beziehung eingebrachten Leistungen inklusive Gefühle und Beziehungsarbeit sollte sich auf beiden Seiten annähernd die Waage halten.

2. Kapitel

Die individuellen Bedürfnissysteme im Raum von Partnerschaft und Liebe

Mit individuellem Bedürfnissystem soll das Insgesamt der auf den Partner gerichteten Bedürfnisse und Strebungen bezeichnet werden. Es stellt einen Komplex dar, der nicht nur Wünsche, Ansprüche und Forderungen, Liebesbedingungen und Rollenerwartungen umfasst, sondern der auch insbesondere die zentralen Beziehungswünsche an den anderen mit einschließt. Dieses »Bündel an Begehrlichkeiten« kann hinsichtlich seiner Qualitäten mit Hilfe typischer Parameter näher beschrieben werden. Das partnerbezogene Bedürfnissystem (oder -profil) hat einen bestimmten:

2.1 Umfang,

der angibt, wie groß und vielfältig die auf den anderen gerichteten Wünsche sind. Der eine will sehr viel von seinem Liebesobjekt und hat einen »großen Hunger«, andere wiederum sind moderat oder gar bescheiden in dem, was sie von ihrem Partner erwarten. Ein Beispiel für Genügsamkeit demonstriert ein beliebter Ausspruch aus der Zeit unserer Großmütter: »Ein guter Mann ist ein Mann, der nicht trinkt und regelmäßig Geld nach Hause bringt!« Als ob mit diesen beiden positiven Eigenschaften schon ein Höchstmaß an zu erwartenden ehelichen Liebesbedingungen erfüllt sein würde. Wie anders dagegen nimmt sich folgendes Bedürfnis-Inventar aus: »Mein Mann soll mir Geliebter, Vater, Bruder und Kumpel sein. Er soll die materiellen Voraussetzungen schaffen, dass wir gut leben können. Er soll mich in meiner beruflichen Entwicklung fördern, mir im Haushalt helfen und mit seiner stets guten Laune meine

melancholischen Stimmungen vertreiben. Ich sehne mich nach Geborgenheit und nach einer Schulter zum Anlehnen. Ich wünsche mir, dass er mich in meiner sexuellen Erlebnisfähigkeit weckt, mir häufig sagt, wie toll und attraktiv und begehrenswert er mich findet, und dass ich ›das Beste bin, was ihm passieren konnte‹. Über meine Fehler und Schwächen soll er mit humoriger Nachsicht hinwegsehen, meine Launen lächelnd ertragen. Manchmal möchte ich Kind sein dürfen und von ihm gehätschelt und verwöhnt werden.«
Bei diagnostischen Überlegungen angesichts des Scheiterns einer Zweierbeziehung kann es wichtig sein, etwas über die »Größe der Gefräßigkeit« des einen oder anderen in Erfahrung zu bringen. Denn je mehr einer haben will und braucht, desto eher treten Störungen der ehelichen Geben-Bekommen-Balance und einseitige Überforderungen auf.

2.2 Grad der Ansprüchlichkeit

Damit ist die Selbstverständlichkeit gemeint, mit der jemand annimmt, dass ihm dies oder jenes fraglos zustehe; der Partner gewissermaßen eine Bringeschuld hat. Der Durchschnittsbürger präsentiert seinem Liebesobjekt einen Wunschzettel, der Ansprüchliche dagegen einen Forderungskatalog. Ich erinnere mich in diesem Zusammenhang an eine Patientin, die gegenüber Liebespartnern einen selbstverständlichen Verwöhnungsanspruch hatte und diesen auch für rechtens hielt. Ihr Motto: »Wenn einer von diesen Männern schon das große Glück hat, mich zu bekommen, dann muss er sich dafür mächtig anstrengen und mir auf der ganzen Linie toll was bieten!« Ihre bloße Existenz genüge also schon, um sie auf Händen zu tragen. Dass die Ehe mit einer solchen Frau erheblichen Zerreißproben ausgesetzt ist, lässt sich denken. Hier wird das Empfinden für partnerschaftliche Gerechtigkeit verletzt. Der Partner wird den Eindruck haben, zu kurz zu kommen und ungerechtfertigterweise die überwiegende Last der in der Gemeinschaft anfallenden Arbeit auf seinen Schultern tragen zu müssen.

2.3 Stellenwert im Ganzen der Person

In der Analyse von Paarkonflikten versäume ich es selten, die Betreffenden ein kleines Diagramm zeichnen zu lassen. Auf einem Blatt Papier befindet sich ein aufgemalter Kreis. Mann und Frau sollen nun – ohne Sichtkontakt mit der Zeichnung des Partners – ein mehr oder weniger großes Segment dieses Kreises dunkel schraffieren. Die Größe dieses »Tortenstücks« soll den »Stellenwert der Beziehung im Ganzen der Person« symbolisieren. Je nachdem, welche Bedeutung und Wichtigkeit sie ihrer Beziehung im eigenen Leben beimessen, wird die markierte Fläche größer oder kleiner ausfallen: 25 Prozent, 50 Prozent, 75 Prozent oder gar mehr des gesamten Kreises bedecken.

Das Liebesobjekt kann »mein Ein und Alles« sein, das Zentralgestirn, um das ich kreise; es kann eins von mehreren Standbeinen sein und gleichwertig neben Beruf, Kindern, Hobby stehen. Manche empfinden ihre Beziehung als eine Bereicherung ihres Lebens, nicht aber als existenziell bedeutsame und sinngebende Angelegenheit. Es gibt nicht wenige Menschen, die ihre Beziehungswünsche auf ein Minimum reduziert haben oder die sich nur deshalb nicht trennen, weil sie »Gewohnheitstiere« sind oder den Stress einer Scheidung scheuen. Es ist jedesmal spannend und für Überraschungen gut, die zwei Kreise eines Paares miteinander zu vergleichen. Die in den Kreisen markierten Segmente sind häufig von unterschiedlicher Größe. Übersteigt die Differenz ein bestimmtes Maß (zum Beispiel: sie 75 Prozent, er 25 Prozent), dann ist Alarm angesagt. Die Gemeinschaft dieser beiden Menschen baut sich dann auf sehr unterschiedlichen Voraussetzungen auf, die äußerst konfliktträchtig sind.

2.4 Grad der Gegenseitigkeit

Eine weitere Dimension von Bedürfnissystemen ist die »gerechte Ausgewogenheit der wechselseitigen Bedürfnisbefriedigung«. Liegt ein ausgeglichenes Geben und Nehmen vor oder aber eine Einbahnstraße, bei der die Ströme nur in einer Richtung fließen? Wir

werden im Verlauf meiner weiteren Ausführungen eheliche Szenarien kennen lernen, bei denen jeweils ein Partner »seiner Funktion wegen« erwählt wurde und »Lieferant für Triebbefriedigung« zu sein hat. In allen krass egoistischen Beziehungen wird der andere ausgebeutet, und es wird wenig Rücksicht genommen auf dessen eigene Anliegen.
Ich erinnere an dieser Stelle daran, was ich über »die Theorie der Gleichwertigkeit« im ersten Kapitel referiert habe. Dort war davon die Rede, dass Liebe in einer Partnerschaft unter der Voraussetzung und unausgesprochenen Erwartung gewährt wird, dafür eine gleichwertige Gegenleistung zu erhalten nach dem Motto: Man muss etwas geben, um etwas zu bekommen. Der Zufriedenheitsgrad der Beteiligten in einer Ehe ist dann am größten, wenn ein Gleichgewicht von Leistung und Gegenleistung vorhanden ist. Sobald sich aber bei einem der Partner der Eindruck festsetzt, zu kurz zu kommen, wird die Beziehung konfliktreich und instabil. Das Ungleichgewicht kann auf unterschiedliche Weise zustande kommen, hier vier Beispiele:

- Nach dem Abflauen der Anfangsverliebtheit und dem Zusammenbruch der Idealisierung des Partners stellt sich heraus, dass er nicht gleichrangig, sondern insgesamt »eine Klasse schlechter« ist (weniger Bildung, geringere Lebenstüchtigkeit, weniger Beliebtheit, Erfolg, weniger Ressourcen usw.).
- Ein Partner verliert an Attraktivität: Er wird fett, lässt sich gehen, ist dauernd krank, wird arbeitslos.
- Der Leistungsaufwand des Partners für die Familie entpuppt sich langfristig als deutlich geringer: Der Benachteiligte trägt mehr Verantwortung, rackert sich mehr ab, muss mehr entscheiden, aufpassen, regeln.
- Die Bereitschaft der Frau zu leidenschaftlicher Sexualität nimmt ab. Oder: Der Gatte ist nicht mehr so zärtlich, aufmerksam und verwöhnend wie in den ersten Ehejahren.

Der wegen seiner Minderleistung oder reduzierten Qualität angegriffene Partner kann auf die Vorwürfe des anderen wie folgt reagieren:

- Er gibt sich Mühe, den Wünschen seines Liebesobjektes mehr zu entsprechen.

- Er bezweifelt die Tatsache der Ungleichwertigkeit vor sich und dem anderen und führt Argumente ins Feld, wonach er genauso attraktiv oder defizitär, genauso tüchtig, genauso belastet oder liebenswert wie ehedem ist.
- Er geht zum Gegenangriff über und dreht den Spieß einfach um. Er verleugnet nicht nur die tatsächlich existierende Ungleichheit im Geben und Nehmen, sondern beschuldigt den Partner seinerseits der nachlassenden Mühewaltung, beschimpft ihn als lieblos und als jemanden, der ihn demütigt und ihm Schuldgefühle macht. Eine Verständigung ist fast aussichtslos.

Nach meiner Meinung spielt das Gefühl, unterbegünstigt zu sein, bei der Zufriedenheit über eine Partnerbeziehung eine bedeutende Rolle. In den allermeisten Fällen handelt es sich dann um den Eindruck, den größeren Arbeitsaufwand und Stress für die anfallenden Aufgaben und Verpflichtungen innerhalb der Familiengemeinschaft tragen zu müssen. Der Betreffende ist der Überzeugung, dass er es ist, der mehr Lebenskraft und Energie – und damit auch mehr Zeit – in Berufsarbeit, Haushalt und Kindererziehung investiert als sein vergleichsweise bequemer lebende Partner. Dieses Ungleichgewicht wurmt ihn. Es führt zu aggressiver Gereiztheit und zur Rücknahme der emotionalen Zuwendungen an den begünstigten Partner. Eine destruktive Abwärtsspirale kann in Gang kommen. Die beiden häufigsten Konstellationen der Ungleichheit sehen so aus:

- Mann und Frau sind beide berufstätig und haben Kinder. Die ursprünglich getroffene Verabredung, die anfallenden häuslichen Pflichten und die Versorgung der Kinder gemeinsam und in gerechter Verteilung zu tragen, wird nicht eingehalten. Die Ehefrau ist durch Haushalt und Kinderpflege mehr belastet und zeitlich in Anspruch genommen als ihr Mann.
- Er ist Alleinverdiener und versorgt seine Familie dauerhaft krisenfrei und großzügig mit den materiellen Glücksgütern dieser Erde. Er muss allerdings hart und lange arbeiten, um diesen Wohlstand zu gewährleisten. Seine Gattin hat neben der Kinder- und Putzfrau noch diverse andere Erleichterungen. Sie fährt natürlich ihren eigenen Wagen. Sie geht häufig »shoppen«, zum Tennis oder trifft sich mit Freundinnen. Als die Kinder selbst-

ständig ihr Frühstück bereiten können, steht sie morgens nicht mehr vor neun Uhr auf, ihr Ehemann um halb sechs.

In beiden Fällen ist das Gleichgewicht zwischen den Partnern hinsichtlich ihres mühevollen Existenzsicherungsaufwandes und der verfügbaren Genuss- und Freizeit erheblich gestört.

2.5 Grad der Gleichrangigkeit

Ich hatte bereits an anderer Stelle darauf hingewiesen, wie wichtig es ist, dass Mann und Frau in einer Paargemeinschaft von ihrer Persönlichkeitsstruktur her gesehen das »gleiche Format« besitzen: sich gleich gut, wertvoll, attraktiv und kompetent fühlen oder weder eine Position der Über- noch der Unterlegenheit in Bezug auf den anderen einnehmen. Es ist also auch nicht gleichgültig, in welchem Rahmen die Befriedigung der Bedürfnisse eines Paares stattfindet. Denn es macht einen Unterschied aus, ob sich zwei erwachsene Menschen gegenüberstehen, die etwas voneinander wollen, oder ob ein kindlicher Ehepartner nach »Mami« oder »Papi« ruft, ob ein »Königssohn« ein Aschenputtel zur Frau oder eine »Prinzessin« einen »hässlichen Frosch« zum Mann hat. Ungleichrangigkeit hat immer Konsequenzen für die Modalitäten des gegenseitigen Austauschs. Der Niederrangige ist in der Regel das Objekt von Ausbeutung, er muss zurückstecken und darf froh sein, unter der Gnadensonne des viel Besseren wandeln zu dürfen.

2.6 Die »normale« Wunschpalette

Die Zeitschrift PM druckte das Ergebnis einer großen Umfrage unter 4358 deutschen Frauen und Männern ab, und zwar hinsichtlich dessen, was sie sich jeweils von ihren Partnern wünschten. Es hat den Anschein, dass wir es hier mit den geäußerten Bedürfnissen von »Otto Normalverbrauchern« zu tun haben, und stellen überrascht fest, wie klein und unvollständig der verbalisierbare Erwartungshorizont an das andere Geschlecht jeweils ist. Das Resultat dieser Frageaktion macht meiner Meinung nach wieder einmal sehr deutlich, wie wenig bewusstseinsfähig die tiefen Sehnsüchte und elementaren Wünsche für viele Menschen sind und wie sehr die erhaltenen Antworten an der Oberfläche bleiben. Erst in der schweren Partnerkrise werden häufig all jene »Erwartungen« an den anderen deutlich, die infolge ihrer ausbleibenden Stillung den davon Betroffenen so unzufrieden und so unbefriedigt sein lässt.

Umfrage der Zeitschrift »PM«, veröffentlicht am 25. 10. 98 in Hamburg
Umfrage unter 4358 deutschen Männern und Frauen im Alter zwischen 18–45 bezüglich des Wunschpartners

Frauen wünschen sich vom Partner
94% Zärtlichkeit
92% Zuverlässigkeit
88% männliche tiefe Stimme
86% Einfühlungsvermögen
85% Selbstbewusstsein
84% stattliche Figur
80% Gefühlsstärke
79% Treue
70% kleinen Po
64% großen Penis

Männer wünschen sich von der Partnerin
90% Treue
85% Zärtlichkeit
84% reine weiche Haut
81% sinnlichen Mund
80% typischen weiblichen Geruch
77% volle Brüste
75% lange Haare
74% schlanke Taille

3. KAPITEL

Problematische Beziehungswünsche

3.1 Eine Liste schwieriger Beziehungswünsche

Im Folgenden sollen partnerbezogene Bedürfnissysteme vorgestellt werden, die aufgrund ihrer spezifischen Qualität eine Beziehung erheblich erschweren oder gar zum Scheitern bringen können. Diese zentralen Beziehungswünsche umfassen manchmal nur eine Liebesbedingung oder einen Anspruch an den Partner; in den meisten Fällen stellen sie jedoch hoch komplexe Gebilde dar, die ein ganzes Bündel von Wünschen und Forderungen, von Ge- und Verboten enthalten und in eine jeweils ganz eigene Weltanschauung und Weltorientierung eingebettet sind. Diese problematischen Bedürfnissysteme kommen hier in einer »idealtypischen Version« zur Darstellung, das heißt, sie stellen eine auf das Wesentliche beschränkte Abstraktion dar, die in dieser Reinheit und pointierten Ausprägung in der Realität selten angetroffen wird. Zum besseren Verständnis erscheint es mir aber angezeigt, eine klare Typologie und keine Mischformen oder Verwässerungen zu beschreiben.
Die zentralen Beziehungswünsche sind häufig unbewusst oder nicht reflektiert. Es ist in der Regel nicht so, dass jemand einen Programmzettel in seinem Kopf mit sich herumträgt und nun gezielt bestimmte Wünsche und Forderungen anmahnt. Die hier zur Darstellung gebrachten Liebesbedingungen wurden erst durch eine intensive Analyse der Beziehungsschwierigkeiten der betreffenden Personen oder im Rückblick auf das Scheitern der Paarverbindung herausgefunden. Sie sind für den Einzelnen meist nicht ohne weiteres fassbar und in Worten ausdrückbar. Es sollen an dieser Stelle allerdings nur solche Bedürfnisprofile beschrieben werden, die eine beziehungssprengende Kraft in sich bergen, egal, ob sie ihren Trägern bewusst sind oder ob sie ihre destruktive Macht im Untergrund entfalten.

3.1.1 Das Altvorderen-Modell

»Liebe ist ... wenn drinnen die züchtige Hausfrau waltet!«
Es gibt sie auch heute noch, die traditionelle Ehe unserer Großeltern: Der Mann verdient das Geld, sorgt für die materielle Absicherung der Familie und geht zu diesem Zweck hinaus ins feindliche Leben. Seine Frau betreut den Haushalt und kümmert sich freudigen Herzens um die Kinder und die Angelegenheiten des Heimes. Ein Hausherr beschreibt seinen diesbezüglichen Beziehungswunsch wie folgt:

- »Ich arbeite den ganzen Tag und verdiene viel Geld. Ich bin der große Zampano, beglücke meine Familie finanziell und werde dafür bewundert und geliebt. Mein Frauchen sorgt für das Haus, die Kinder und gutes Essen. Da ich wenig Zeit habe, kümmert sie sich auch um die Geselligkeit. Sie lädt oft Gäste ein und bewirtet sie stilvoll. Sie guckt bewundernd zu mir auf und heißt alles gut, was ich sage und tue. Sie ist mein liebes Schmeichel- und Streichelkätzchen.«

Die traditionelle Beziehungsform – so wie sie das Abendland jahrhundertelang praktizierte – weist der Frau eine ganz bestimmte Rolle zu: Sie soll und darf ein gefühlsbetontes Wesen sein und danach handeln, dabei voller Selbstaufopferung und Hingabe für die Familie sein, sich unterordnen und ihren Wirkungsradius »auf den Binnenraum der Familie beschränken« (Lehr, 1975). Sie ist für die Gefühlserziehung der Kinder und die »Pflege des Emotionellen und der Gemütswerde« (Lehr, 1975) zuständig, darf dabei ruhig ängstlich sein und ein geringes Durchsetzungsvermögen haben. Als Trägerin hoher Weiblichkeitswerte verkörpert sie einen Typ Frau, der süß, zurückhaltend, zärtlich, besorgt, anlehnungsbedürftig und nachgiebig ist, eine feine Antenne für die Wünsche anderer hat und viel gemüthafte Wärme ausstrahlt. Der Mann hingegen ist der Fels in der Brandung und bietet seinem Weibchen die starke Schulter zum Anlehnen. Er besitzt Urteilskraft, trifft die wichtigsten Entscheidungen und trägt die Verantwortung für die »Keimzelle der Gesellschaft«. Viele Männer dieses Zuschnitts erwarten außerdem von der Gattin, dass sie ihnen männliche Bestätigung liefert und ihre Qualitäten als Mann bewundernd anerkennt.

Wenn beide Parteien mit der hier aufgezeigten Aufgabenverteilung und dem damit verbundenen gesellschaftlichen Status voll einverstanden sind und die Frau die »natürliche Stärke« des Mannes neidlos akzeptiert, kann eine derartige Beziehungsform auch heute noch stabil sein und ein Leben lang halten. Kritisch wird es allerdings immer dann, wenn eine ursprünglich eingeschüchterte und deshalb unterordnungsbereite Frau sich weiterentwickelt, sprich emanzipiert, die eingangs festgeschriebenen Rollen in Frage stellt und auf Gleichwertigkeit in der Partnerschaft besteht. Dann kann eine derartige Verbindung zerbrechen.
Eine häufig anzutreffende Variante im Bereich des »Altvorderen-Modells« zeichnet sich durch eine auffallende Diskrepanz zwischen Wunsch und Wirklichkeit aus. Es sind in erster Linie Männer, sprich getarnte Patriarchen, die dieses konfliktreiche Ehemodell konstellieren. Sie bringen der Familie und dem Familienleben verbal eine hohe Wertschätzung entgegen und vermitteln ihrer Partnerin in tief empfundenen Worten die Botschaft, wie sehr ihnen an dem gemeinsamen Heim, der geliebten Frau und den lieben Kinderchen gelegen sei. Offizielle Feste wie Kindstaufe und Konfirmation, Geburtstage, Ostern und Weihnachten werden aufwändig vorbereitet und mit zeremoniellem Pomp gefeiert. An den Sonntagen sitzt die »heilige Familie« mit geputzten Fingernägeln und im Sonntagsstaat am Mittagstisch und lässt sich ein von der Hausfrau liebevoll zubereitetes Mahl schmecken. Zu besonderen Anlässen sagen die Kinder Gedichte auf oder spielen auf der Flöte. Der Hausherr blickt gerührt und breit lächelnd auf die Seinen. Die Kehrseite der Medaille dagegen sieht ganz anders aus. Trotz der verbal immer wieder zugesicherten Hochschätzung der Familie kümmert sich der Ehegatte und Vater herzlich wenig um Frau und Kinder. Er geht häufig einem sehr attraktiven Beruf nach und ist täglich zehn bis zwölf Stunden außer Haus. Er lebt eigentlich das Leben eines Singles, macht Geschäftsreisen, hat Sitzungen bis spät in die Nacht und muss Einladungen folgen, die er seinem Ruf und seiner Profession schuldig ist. Sein Dasein ist die Welt da draußen mit all ihren Wechselfällen und Glanzlichtern. Aber ab und zu braucht er das warme Bad im Kreise seiner Lieben: das traute Heim als emotionales Hintergrundrauschen, als Ort, wo er auftanken oder seinen Kopf auf ein weiches Polster legen kann. Seine

Frau mahnt verzweifelt an, dass er mehr Zeit haben soll für sie und die Kinder. Er soll die die Familie betreffenden Käufe und Entscheidungen mitbedenken und mittragen. Vergebens! Er will mit diesem Kram nicht belästigt werden. Schließlich muss er das Geld verdienen, damit sie alle so gut und sorgenfrei wie bisher leben können. Seine Ehegattin und seine Kinder haben herzlich wenig von ihm, meistens sehen sie ihn nur an den Wochenenden. Seine wortreichen und durchaus ernst gemeinten Versprechen vor der Eheschließung, wie wichtig auch ihm ein schönes Familienleben sei und wie sehr er sich bemühen wolle, seinen Beitrag dazu zu leisten, erweisen sich als Seifenblasen. Wunsch und Wirklichkeit klaffen meilenweit auseinander. Zunehmend häufiger brechen Frauen dann aus solch einer Idylle aus.

3.1.2 Der Fluchtwunsch

»Liebe ist … Hilfe zur Befreiung aus elterlichen Bindungen!«
Eine Paarbeziehung, die schnell zu einer Heirat führt, kann als Chance verstanden werden, alte Loyalitätsbindungen abzuschütteln und den nicht beendeten Prozess der Individuation erneut in Gang zu setzen und abzuschließen. Günter Reich schreibt: »Sie (die neue Beziehung) soll die räumliche Trennung vom Elternhaus möglich machen, aus familiären Machtstrukturen, …, Über-Ich- und Ich-Ideal-Orientierungen befreien, Auftragskonflikte lösen und einen eigenen Lebensstil verwirklichen helfen.« (Reich, 1987)
Der junge Mensch, der Hals über Kopf, oft schon in sehr jugendlichen Jahren, in eine Ehe flüchtet, tut es, um eine bisher nicht gelungene Ablösung vom Elternhaus mit Hilfe eines Gewaltstreiches zu überspringen und so zu tun, als entbinde ihn die räumliche Trennung von seiner Primärfamilie aller Verpflichtungen, die er bisher zu tragen hatte. Die Mehrgenerationen-Familientherapie spricht in diesem Zusammenhang von dem »gebundenen Delegierten«. Das inzwischen erwachsene Kind soll auch weiterhin an seine Herkunftsfamilie gekettet bleiben und die Aufträge seiner Eltern erfüllen. Von ihm wird zum Beispiel erwartet, dass er wie bisher der Familie Ehre macht und eine glänzende Karriere startet, die Mutter stützt, spiegelt und tröstet, dem Vater Ratgeber ist und

sofort zur Verfügung steht, wenn bestimmte häusliche Arbeiten notwendig werden. Die Heirat soll das schlechte Gewissen des Ausreißers beschwichtigen und den nahen Angehörigen die Botschaft vermitteln: »Da ich nun eine eigene Familie gegründet habe, kann ich mich nicht mehr wie bisher um euch kümmern. Das müsst ihr doch einsehen!«
Wir finden die eben beschriebene Konstellation häufig bei all jenen jungen Paaren, bei denen es zu einer überstürzten Heirat ohne zwingenden äußeren Anlass gekommen ist. Dass eine solche Verbindung vielfach zum Scheitern verurteilt ist, liegt an drei möglichen Gründen:

a) Der vom Ausreißer geheiratete Partner wurde öfter nicht aus Liebe gewählt, sondern seiner Funktion wegen. Er diente als Fluchthelfer, als Sprungbrett in ein ersehntes neues Leben. Bei näherem Besehen stellte sich heraus, dass er in vielen Eigenschaften gar nicht den Wünschen und Erwartungen des anderen entsprach und deshalb auf der ganzen Linie enttäuschte.
b) Häufig erweisen sich die alten Verpflichtungen und Loyalitätsbindungen des Ausreißers an seine Herkunftsfamilie stärker als gedacht. Unsichtbare Bande ziehen sie/ihn in sein altes Zuhause zurück. Er hält sich auffallend oft im Elternhaus auf und beginnt wieder, seine Eltern wichtiger zu nehmen als seinen Partner.
c) Manchmal verschiebt der Ausreißer seine Befreiungswünsche in Elternübertragung auf sein neues Liebesobjekt und behandelt es so, als sei es Vater oder Mutter. Nun übt er hier das Loskommen.

3.1.3 Der Machtanspruch in der Paarbeziehung

»Liebe ist … wenn ich das Sagen habe und du dich mir unterwirfst!«
Es gibt eine Kategorie von Menschen, die aufgrund ihrer Geburt oder ihrer hohen gesellschaftlichen und später beruflichen Position geradezu zwangsläufig in die Rolle einer Führernatur hineinwachsen und diesen Anspruch in allen Lebensbereichen – natürlich auch in der Familie – zur Geltung bringen. Herrenmenschen werden erzogen, indem ihnen die Umwelt diesen Status unhinterfragt

zuweist. Ebenfalls machtbewusst und wie selbstverständlich auf Selbstdurchsetzung ausgerichtet sind jene Personen, die schon als Kinder in positiver Identifizierung mit einem dominanten Elternteil, in der Schulklasse und in der Peergroup das Sagen haben und diese Vorrangstellung ein Leben lang nicht mehr aufgeben. Auch in der Ehe werden sie das Geschehen kontrollieren, die Spielregeln des Zusammenlebens bestimmen und den Partner nach ihren Vorstellungen zu formen versuchen. Sie gelten als »starke Persönlichkeiten«, denen sich die anderen unterzuordnen haben.
Häufig aber werden Machtansprüche von Menschen in eine Paarbeziehung hineingetragen, die gar nicht das Format zu einer echten Überlegenheit und Autorität besitzen, sondern die aus neurotischen Gründen vorpreschen und »Hammer und nicht Amboss« sein müssen. So mancher Haustyrann ist außerhalb seiner Familie und am Arbeitsplatz eine wohlgelittene oder unauffällige, keineswegs aber dominierende Figur. Nur gegenüber Frau und Kindern verlangt er eine bedingungslose Fügsamkeit und veranstaltet diverse Einschüchterungskampagnen und Aktionen, um dieses Ziel zu erreichen.
Heigl-Ewers/Heigl (1963) schreiben in diesem Zusammenhang: »Der andere soll sich total nach mir richten, sich von mir ganz und gar bestimmen und formen lassen. Er soll mir ergeben und allzeit dienstwillig sein.« (S. 82)
Nach den Ursachen des neurotischen Machtanspruchs in der Zweierbeziehung gefragt, stoßen wir auf sechs Motivlagen. Jemand strebt nach Macht:

- um Ohnmachtserfahrungen und Demütigungen aus der Kindheit als Erwachsener nie mehr erleben zu müssen. Er will jetzt derjenige sein, der austeilt und andere unter seine Knute bringt.
- um Distanz zu halten und nicht in die Gefahr zu kommen, von eigenen Nähe- und Hingabewünschen überflutet zu werden.
- um ein brüchiges Selbstwertgefühl zu stützen und Ängste vor der eigenen Nichtigkeit abzuwehren.
- um den anderen klein und abhängig zu machen, damit er ihm nicht fortläuft (Verlustangst). Er zwingt den anderen quasi dazu, ihn »zu lieben«.
- um Nahrung für die eigenen Grandiositätsvorstellungen zu be-

kommen. Mächtig sein, den anderen untertan zu halten und bedingungslos über ihn verfügen zu können, bringt ihm große Befriedigung.
- um die Furcht vor dem Chaos zu bannen nach dem Motto: »Wenn ich die Zügel lockerlasse oder nachgebe, dann bricht das Chaos aus. Dann tanzt mir der andere auf der Nase herum und macht, was er will.«

Hier wird wieder einmal deutlich, wie grobschlächtig und einseitig die Weltsicht des Machtbesessenen ist. Er praktiziert eine Art Schwarz-Weiß-Denken, wonach er die Menschen in nur zwei Kategorien, nämlich in Schwache und Starke, einteilt und damit suggeriert, als ob es nur eine einzige Alternative gäbe: entweder zu den Machtausübenden oder zu den Unterworfenen zu gehören.
Bei den bisherigen Ausführungen ging es, obwohl nicht explizit ausgesprochen, in erster Linie um den machthungrigen Mann. Aber es gibt natürlich auch fraudominierte Partnerschaften, die von kompetenten, starken, beruflich erfolgreichen Frauen geführt werden. (Ich folge jetzt Gedankengängen von Augustus Y. Napier: »Ich dachte immer, meine Ehe sei gut, bis meine Frau mir sagte, wie sie sich fühlt.«, 1990.) Diese Frauen arbeiten oft schwer, haben perfektionistische Ambitionen, helfen und unterstützen, wo sie nur können, geben mehr, als sie bekommen, und fühlen sich im Endeffekt überlastet und ausgelaugt. Die Beziehungen dieser ausgesprochen tüchtigen Frauen sind häufig unglücklich, ihre Einstellung zu ihren Ehemännern ist ambivalent. Einerseits fördern sie die Abhängigkeit und Unterlegenheit des Partners, weil sie ihm zu viel abnehmen, andererseits lehnen sie ihre eigene Vormachtstellung ab. Sie sind wütend auf den abhängigen Teil in sich selbst, der entlastet werden möchte und Anlehnung sucht. Sie sind wütend auf einen Elternteil, der von ihnen abhing und für den sie sich verantwortlich fühlten. Sie sind wütend auf ihre eheliche Situation, weil sich hier das Drama ihrer Kindheit, nämlich die Ungerechtigkeit, wiederholt (so weit die Gedankengänge von Napier).
Einseitige Machtkonstellationen in einer Paarbeziehung führen in der Regel zu unglücklichen Ehen. Der Mächtige bleibt einsam, ihm entgeht die Erfahrung vertrauter Nähe und Intimität, er trägt oft die ganze Last der Verantwortung für die Familie und muss Ent-

scheidungen alleine treffen. Sein Partner ist ihm kein echtes Gegenüber, an dessen Widerständen er wachsen und durch dessen Anregungen er sich bereichert fühlen kann. Der unterwürfige Teil fühlt sich schwach und nutzlos. Sein sowieso schon desolates Selbstwertgefühl verringert sich immer mehr. Er hat Angst vor dem Alleinsein und traut sich immer weniger zu, eine notwendige Entscheidung zu treffen. Obwohl er sich in der Ehe unglücklich fühlt, getraut er sich nicht auszubrechen, weil ihm eine selbstständige Lebensführung inzwischen unmöglich erscheint. Resignation und Mutlosigkeit sind die Folge.

Eine weniger offensichtliche Ausdrucksform für das Machtstreben eines Individuums ist dessen Begehren, sich einen maßgeschneiderten Partner heranzuziehen. Der Protagonist erklärt in diesem Fall seine eigene Persönlichkeitsstruktur mit ihrer ganz individuellen Wunschwelt für die gültige Norm im Sinn von Normalität. Was er möchte und anstrebt, denkt und fühlt, wie er Welt und Menschen einschätzt, so ist es richtig und damit für alle verbindlich. Solange sein Partner davon abweichende Interessen und Sehnsüchte, eine unterschiedliche Daseinsplanung oder Tageseinteilung hat, andere Vorstellungen vom Leben und von dem, was glücklich macht, hegt, befindet er sich im Zustand der Selbsttäuschung und »der Sünde«. Ihm diesen Irrtum und diese falsche Einstellung auszutreiben, wird nun seine vordringlichste Aufgabe. Er argumentiert und rechtet, setzt den anderen unter moralischen Druck und wird nicht müde aufzuzählen, wie der andere zu sein hätte und wie nicht. Er glaubt, mit der Art und Weise seines Benehmens und Reagierens hundert Prozent im Recht zu sein. Bei seinem Partner überschreitet er jedoch permanent dessen Ich-Grenzen, indem er den anderen nicht so sein lässt, wie er ist. Der in einem fort Getadelte steht ständig unter dem Druck, sich für das, was er tut, rechtfertigen zu müssen. Er gerät in einen anhaltenden Spannungszustand, weil er sich immer wieder und bei jeder Gelegenheit die bange Frage vorlegen muss, ob er jetzt nicht schon wieder etwas Unrichtiges oder Unpassendes getan hat, worüber sein Partner tadelnd die Nase rümpft und mit neuen Erziehungsbestrebungen vorprescht. Besonders schwierig wird die Situation immer dann, wenn die an das Liebesobjekt gestellten Forderungen charakterliche Unvereinbarkeiten enthalten. So wünscht sich zum Beispiel eine resolute junge Frau, dass ihr Partner ein anschmiegsamer, rücksichtsvoller, allzeit verständiger, gefühlsweicher, nachgiebiger und sie verwöhnender Liebhaber ist, der aber anderen Menschen und Berufskollegen gegenüber sehr ziel- und selbstbewusst, durchsetzungsfähig und männlich-hart auftreten möge. Zu Hause soll er ein Softie und draußen ein Macho sein. Auch hier haben wir es mit dem Versuch zu tun, einem anderen Menschen sein Eigensein zu verbieten und ihn in eine Form zu nötigen, in die er gar nicht passt.

3.1.4 Die Zwillingsphantasie

»Liebe ist … wenn man hundertprozentig übereinstimmt.«
»Ich wünsche mir einen Zwillingspartner. Er sollte genauso fühlen und denken wie ich, dieselben Vorlieben und Abneigungen, die gleichen Interessen und Wünsche haben wie ich. Er sollte mein Spiegelbild sein, die Doppelausgabe meiner Person. Ich spüre die quälende Sehnsucht in mir, mit jemandem total übereinzustimmen.«
Der Traum von der weitgehenden Kongruenz mit einem geliebten Menschen erscheint nicht wenigen Personen als eine Art Paradies und als glücklicher Ausweg aus eigenen, sich wiederholenden Beziehungskrisen. Die Zwillingsseele als exakte Kopie des eigenen Selbst verspricht ein ganzes Bündel an Befriedigungsmöglichkeiten und heilenden Balsam für seelische Wunden. Für all diejenigen, die der Wahrnehmung und der wohlwollenden Resonanz ihrer Person und ihrer einmaligen Eigenart bedürfen, stellt der Zwillingspartner den idealen Spiegel dar. In seinen Augen sehen sie das eigene Sein bestätigt und freudig bejaht. Die Tatsache, dass es eine Zweitausgabe ihrer eigenen Wesensart gibt, begründet deren Existenzberechtigung. Mögen sie selber auch noch so kompliziert gebaut und von der Norm abweichend sein, es existiert ein Mensch mit der gleichen Schwingungsamplitude und dem gleichen Gefühlskosmos. Sie sind aus ihrer Einsamkeit erlöst. Auf wunderbare Weise erfüllt sich damit auch ihr lang gehegter Wunsch nach totalem Verständnis und Verstandenwerden. Nun bedarf es keiner vielen Worte und Erklärungen mehr. Es entfällt die Notwendigkeit, alles das, was man selber fühlt, aber so schwer in Worte fassen kann,

einem anderen mitzuteilen und plausibel machen zu müssen. Der Partner weiß es ja schon immer. Der Gleichklang der Seelen garantiert ferner eine weitgehende Konfliktfreiheit. Wenn zwei Menschen das Gleiche empfinden, fühlen, denken und wollen, dann gibt es auch keine sich widerstreitenden Interessenslagen. Weitgehende Harmonie ist garantiert. Nun fällt auch nicht mehr ins Gewicht, dass er oder sie oder beide gehemmt sind, Bitten und Wünsche auszusprechen. Der andere errät und erfüllt sie und tut sich damit selber den größten Gefallen.

Menschen mit Zwillingsphantasien sind häufig sehr sensibel, empfindsam und von einer hohen Verletzlichkeit. Es bereitet ihnen große Pein, die täglichen Unbedachtheiten ihrer Mitmenschen, kränkende Bemerkungen, Anwürfe und Meinungsverschiedenheiten zu verkraften. Sie selber sind auf eine sehr schonende Umgangsweise angewiesen. Jede ihrer Gefühlsregungen, die nicht auf Zustimmung und Akzeptanz stößt, wird sofort als schlecht und verwerflich erlebt und löst ein starkes Schamgefühl aus. Deshalb benötigen sie die gleichgestimmte Seele, die all ihre Lebensäußerungen – wie verquer sie auch sein mögen – freudig begrüßt und gutheißt. Die Zwillingsexistenz räumt alle Hindernisse aus dem Weg, die sonst einer glücklichen Zweierbeziehung im Wege stehen. Am Ende winken dem gleichgepolten Pärchen ein sehr intensives Vertrautsein und eine große Nähe in Harmonie.

So schön das eben gezeichnete Bild von der totalen Übereinstimmung auch anmuten mag, in der Wirklichkeit ist es kaum anzutreffen. Es gibt die exakte Kopie des eigenen Selbst nicht. Es gibt höchstens den per Idealisierung passend gemachten Partner. Oder zwei Personen, die versuchen, sich wechselseitig in starren Idealbildern festzuhalten, bis der Käfig so einengend wird, dass einer ausbricht. Über kurz oder lang entpuppt sich der vermeintliche Zwilling als nicht kongruent, und damit platzt der Traum, »mein Ich im anderen wiederzufinden«.

Neben der eben aufgezeigten, voll ausgebildeten Zwillingsphantasie existiert allerdings noch eine recht unscheinbare Alltagsvariante, die weit verbreitet ist und der wir alle schon einmal begegnet sind. Ich meine das »mangelnde Verständnis für das Anderssein« des Partners. In diesem Fall wird die eigene Erlebniswelt zur Norm erhoben und eben als das Normale und Übliche angesehen.

Der Betreffende hat – ohne es zu wissen – ein ganz bestimmtes Menschen- und Weltbild, in das sich seine eigene Wesensart als die eines normalen Individuums zwanglos einfügt. Offenbart nun sein Partner von ihm abweichende, ganz andere Erlebens- und Verhaltensmuster, so ist er, der anscheinend Normale, aufgebracht und sehr bald von der Forderung beseelt, sein Liebesobjekt müsse sich schnellstens ändern. Er ist unbewusst von der Vorstellung erfüllt, sein Partner müsse weitgehend mit ihm übereinstimmen und genau so fühlen wie er, um akzeptabel zu sein.

Ein Beispiel: Sie ist in der Filmbranche tätig und während der Dreharbeiten täglich bis zu 16 Stunden im Beruf unterwegs. Wenn sie nach einem alles fordernden Arbeitstag nach Hause kommt, fühlt sie sich leer, ausgebrannt, aggressiv-gereizt und zu keiner liebevollen Gefühlsregung mehr fähig. Sie möchte beim Betreten der ehelichen Wohnung ein kurzes »Hallo« ausstoßen, sofort im Badezimmer verschwinden und in die Wanne steigen. Ihre Devise: »Jetzt nichts hören, nichts sehen, nur daliegen und abspannen!« Ihr Ehegatte wird mit dieser unpersönlichen Begrüßungsform nicht fertig. Er findet sie brüskierend, seine Frau gefühlskalt und verletzend. Er erwartet eine warme Umarmung, den Austausch von Zärtlichkeiten und ein aufstrahlendes Gesicht aus Freude über das Wiedersehen. Dass sie im Moment des Nachhausekommens keine liebevollen Gefühle für ihn empfindet, deutet er als Anzeichen für fehlende Zuneigung. Er gerät in hellste Aufregung und macht ihr die bittersten Vorwürfe. Und obwohl sie nach »halbstündiger Schonzeit« wieder lebendig, zugewandt und zu zärtlichen Gesten aufgelegt ist, kann er sich nicht beruhigen. Es droht ein ernstes Zerwürfnis. Ihm ist nicht klarzumachen, dass seine Frau nicht sein gleichgepolter Zwilling ist, aber dass sie trotzdem genauso normal ist wie er, aber anders als er reagiert und fühlt.

3.1.5 Riesenangebot und Dankbarkeitserwartung

»Liebe ist ... den anderen zu verwöhnen« oder »Gutsein zahlt sich aus«.

Ungeliebte oder lieblos behandelte Kinder greifen häufig instinktiv zu einer lebensrettenden Notwehrreaktion, um einem kalten oder

gleichgültigen Elternpaar ein wenig lebensspendende Wärme abzuringen: Sie passen sich nahtlos an, verhalten sich pflegeleicht und verdienen sich ihre Daseinsberechtigung durch eine erhöhte Leistungsbereitschaft. Später, als erwachsene Menschen, wiederholen sie denselben Vorgang mit ihrem Partner. Sie hoffen auf eine zweite Chance, indem sie der – ihnen in trostlosen Kinderjahren vorenthaltenen – Liebe in einem zweiten Anlauf doch noch habhaft zu werden versuchen. Sie greifen zu diesem Zweck auf ein bewährtes Verhaltensmuster zurück, indem sie den anderen nach Kräften verwöhnen. Sie unternehmen große Anstrengungen, um seine Zuneigung zu verdienen. Sie müssen Vorleistungen erbringen und ihre Grunderfahrung wiederholen, wonach man Liebe nur dann bekommt, wenn man sich von morgens bis abends dafür anstrengt.
Die Tragik – ihrer Existenz auf der Leistungsschiene – liegt häufig darin, dass sie ihrem Liebesobjekt oft das Falsche oder »das Richtige im Übermaß« anbieten oder ihm Tätigkeiten abnehmen wollen an Stellen, wo gar keine Entlastung erwünscht ist. Der mit Zuwendungen Überschüttete kriegt dann kaum noch Luft. Er fühlt sich bedrängt, in seiner Bewegungsfreiheit eingeschränkt und in einem Maße umsorgt, dass ihm fast schlecht wird. Im Ehebett findet er dann zum Beispiel eine völlig erschöpfte Frau vor, die sich von den Strapazen des Tages erholen muss und zu keinen Späßen mehr aufgelegt ist. Hinter der Erlösungsphantasie: »Gutsein zahlt sich aus!« steckt eine handfeste Dankbarkeitserwartung. Die betreffende Person möchte für ihre pausenlosen Angebotsofferten und Dienstleistungen königlich entlohnt und letzten Endes die gleiche Verwöhnung erfahren, wie sie sie ihrem Partner angedeihen lässt. Sie bedenkt dabei oft nicht, dass ihre Art, den anderen mit Wohltätigkeiten zu überschwemmen, gar nicht in dessen Interesse liegt und häufig nicht als Wohltat empfunden wird. Dass er im Gegenteil den ständigen Wirbel um seine Person satt hat oder der täglichen Tüchtigkeitsmeldungen (»Schau, wie viel ich heute wieder geschafft und gearbeitet habe!«) überdrüssig ist. Er zieht sich von ihr zurück und verstärkt damit fatalerweise ihre Bemühungen um ihn nur noch mehr. Letzten Endes erreicht sie ihr gestecktes Ziel nicht – und ist wahnsinnig enttäuscht. Die Beziehung ist gefährdet.
Ich will an dieser Stelle noch auf eine zweite Variante des gleichen Themas zu sprechen kommen, nämlich auf das so genannte »ini-

tiale Überangebot«. Es geschieht häufig, dass Personen mit einem stark geminderten Selbstwertgefühl in der Phase des Kennenlernens oder in den ersten Ehejahren das »Christkind« spielen und ihrem Partner einen stets gedeckten, köstlichen Gabentisch bescheren. Sie glauben, ihr Liebesobjekt verwöhnen zu müssen, um vor seinen Augen Gnade zu finden. Sie »reißen sich ein Bein aus«, überbieten sich in puncto Hilfsbereitschaft, Toleranz und Entgegenkommen und sind bereit, ihre verfügbare Zeit für den anderen zu opfern. In der Regel ist es allerdings so, dass die Verwöhnung häufig nur in einem Lebensbereich stattfindet, je nachdem, über welche Ressourcen der Spendende verfügt. Manche sind oral sehr freigiebig und beköstigen ihren Schatz mit den schönsten Leckerbissen. Klar, dass sie ihm auch das Frühstück ans Bett bringen. Nicht wenige Frauen spielen die heißblütige Geliebte und entfalten, wann immer er will, die ganze Spielbreite ihrer verführerischen Weiblichkeit. Andere beten ihren Partner an und hängen bewundernd an seinen Lippen. Sie verwöhnen ihn emotional mit einem Überangebot an Wärme, Herzlichkeit und aufmerksamer Zuwendung. Es kommt auch nicht selten zu einer »freiwilligen Übernahme der Gegenposition«, indem sie dem anderen gerade das geben und anbieten, was sie selber dringend haben möchten und benötigen. Ihre Anpassung geht so weit, dass sie entscheidende eigene Wesenszüge unterdrücken und sich ganz den Bedürfnissen und Vorstellungen des Partners unterordnen.
Eine Frau berichtet: »Ich muss in jeder Partnerschaft Vorleistungen erbringen, sonst werde ich erst gar nicht geliebt. Ich spiele die Tolerante, die alles Verstehende, die Gutgelaunte, die Zuhörende und bin ganz die auf den anderen und dessen Wünsche zentrierte Frau. Meine eigenen Probleme stelle ich zurück, natürlich auch meinen Ärger und den Umstand, dass es mir manchmal echt schlecht geht. Ich halte diese Rolle lange durch. Aber die Treffen mit meinem Freund werden von Mal zu Mal immer anstrengender und unbefriedigender. Meine Selbstverleugnung artet in Schwerarbeit aus. Und eines Tages mag ich den Mann gar nicht mehr, den ich bis dahin hofiert habe. Ich trenne mich.«
In dem kurzen Bericht dieser Frau kommen die Fallstricke und möglichen Konsequenzen des »initialen Überangebots« schon gut zum Ausdruck. Die einseitige Verausgabung lässt sich nur eine

begrenzte Zeit durchhalten. Wenn die »Batterie« leer ist, fällt der Überforderte in sich zusammen und tritt in den Streik. Meine Patientin löste die Situation so, indem sie das Gefühl für ihren Freund verlor und die Beziehung abbrach. Häufig steuert diese Beziehungskonstellation aber auf einen anderen Ausgang zu. Der Viel-Anbieter kann seine ursprüngliche Rolle nicht mehr durchhalten, weil er ausgebrannt ist. Er enttäuscht damit aber seinen Partner, der sich an die orale Verwöhnung, die sexuelle Heißblütigkeit, die Bewunderung und Herzlichkeit seines Liebesobjektes gewöhnt hat und jetzt plötzlich ernüchtert ist und merkt, dass der andere gar nicht der ist, der er vorgegeben hat zu sein. Er fühlt sich getäuscht und betrogen. Der unbewusste Ehevertrag (»Ich verwöhne dich«) ist damit geplatzt. Der Enttäuschte verlässt die Arena.

3.1.6 Der Treue- und Ewigkeitsanspruch

»Liebe ist ... schicksalhafte Einmaligkeit!«
Zur Illustration oben genannter Liebesbedingung möchte ich ein klassisches Künstlerehepaar vorstellen, das nicht nur wegen seiner Gemälde, sondern auch wegen seiner Lebens- und Liebesgeschichte berühmt geworden ist. Es handelt sich um Frida Kahlo und Diego Rivera.
Diego Rivera (1886–1957) gilt als der bekannteste Volkskunst- und Freskenmaler des nachrevolutionären Mexiko. Er dokumentierte und verherrlichte in seinen riesigen Wandgemälden die indianische Vergangenheit seines Volkes und lebte selber im Glauben an eine neue Epoche und kommunistische Weltrevolution.
Frida Kahlo (1907–1954), seine Gattin und ihm wahlverwandte Malerin, litt infolge eines tragischen Unfalls mit 18 Jahren ständig unter quälenden Schmerzen und Behinderungen. In ihren sehr persönlich gefärbten Bildmotiven – ein Tagebuch in Bildern – drückt sie die Leidensgeschichte und blutige Bestandsaufnahme ihres kurzen Lebens aus. Für Frida ist die Liebe und Ehe eine Art Religion der Zweisamkeit, etwas Ausschließliches und genauso stark und unzerbrechlich, wie es Blutsbande sind. Sie liebt Diego mehr als ihre eigene Haut. »Sie sieht mit seinen Augen, sie fühlt mit seinen Sinnen, sie ahnt mit seinem Geist, sie ist Diego und Diego ist in ihr,

als trüge sie ihn in sich.« (Die folgenden Zitate über Frida Kahlo bzw. Diego Rivera sind alle dem Buch von J. M. G. Clezio [1993]: Diego und Frida, hier S. 174, entnommen.)
1941 schreibt sie in ihr Tagebuch: »Diego Anfang, Diego Erbauer, Diego mein Kind, Diego mein Bräutigam, Diego Maler, Diego mein Liebhaber, Diego mein Ehemann, Diego mein Freund, Diego meine Mutter, Diego mein Vater, Diego mein Sohn, Diego ich, Diego Universum, Verschiedenheit in der Einheit ... etc.« (In: Raquel Tibol, op. cit., S. 230)
Frida betrachtet den Gatten als ihren einzigen und wahren Lebensgrund, die Quelle ihrer Existenz. Ihre schicksalhafte Verbundenheit ist für immer und ewig angelegt, als stünde sie mit ehernen Lettern im Plan der Weltgeschichte. Die übrige Welt ist gegenüber Diego – ihrem Universum – ohne Bedeutung. Als sie 1934 die gemeinsame eheliche Wohnung verlässt, weil Diego ein Verhältnis mit ihrer Lieblingsschwester Christina angefangen hat und unterhält, klagt Frida, »dass sie fern von ihrer Sonne nur erkalten kann und in die Hölle des Nichts hinabsteigt«. (Clezio, S. 150) Sie weiß mit ihrer neu gewonnenen Freiheit nichts anzufangen, sondern antwortet mit »grausigen, blutigen, von Selbstmord und Tod erfüllten Bildern« (Clezio, S. 167). Sie kann ohne Diegos Liebe nicht leben, mit »dieser furchtbaren Leere, die sie empfindet, wenn sie fern von ihm ist«. (ebd., S. 160) Am 8. Dezember 1938, es ist Diego Riveras Geburtstag, schreibt sie in ihr Tagebuch:

»Nie im Leben
werde ich deine Gegenwart vergessen,
du hast mich aufgehoben, als ich zerbrochen war,
und du hast mich wieder ganz gemacht.
Wohin auf dieser zu kleinen Welt
soll ich meine Blicke richten?
So ungeheuer, so tief!
Es gibt keine Zeit mehr, es gibt überhaupt nichts mehr.
Entfernung. Nur die Wirklichkeit zählt.
Was einmal geschah, ist für immer geschehen!«

Es folgen Scheidung (1939) und Wiederverheiratung mit Diego ein Jahr später.

Noch kurz vor ihrem viel zu frühen Tod beschwört Frida die existenzielle Wichtigkeit ihres Mannes für das eigene Dasein: »Ohne Diego will und kann ich nicht leben. Für mich ist er mein Sohn, meine Mutter, mein Vater, mein Geliebter, mein Mann, mein Alles.« (In: Martha Zamora, op. cit., S. 134) Diego als Zentralgestirn, um das Fridas ganzes Denken und Fühlen kreist; die wärmende Sonne, die Leben überhaupt erst möglich macht. Ihre Äußerungen und Tagebuchaufzeichnungen machen außerdem deutlich, wie unausgesprochen selbstverständlich dieses Konzept von Liebe und Ehe einen Treue- und Ewigkeitsanspruch einschließt. Nur auf dem Hintergrund dieser Sicherheit gebenden Plattform (»Dein auf ewig!«) kann sich das schicksalhafte Drama der Einmaligkeit »Diego und Frida« entfalten.

Mir sind in meinem Bekanntenkreis, meiner Klientel als auch in Romanfiguren der Weltliteratur immer wieder Menschen begegnet, für die eine Liebesbeziehung den »Bund fürs Leben« bedeutete. Für sie gelten ohne Einschränkung die bei christlichen Trauungen bedeutungsschwer zelebrierten Sätze: »Was Gott zusammengefügt hat, soll der Mensch nicht trennen« und »bis dass der Tod euch scheidet«.

Der Wunsch nach Dauer und Beständigkeit ist – anthropologisch gesehen – ein menschliches Elementarbedürfnis. Der Partner soll die dunkle und tiefe Sehnsucht einlösen, dass es etwas in dieser sonst unberechenbaren Welt und Zeit geben möge, auf das man bauen und sich verlassen kann – in guten wie in schlechten Tagen. Unausgesprochen leuchtet hier die Gefühlsgewissheit auf, dass man nur einmal im Leben wirklich lieben und sich mit einem anderen Menschen auf Gedeih und Verderb verbinden kann. Der andere ist Heimat, die Ehe eine Schicksalsgemeinschaft und das einzigste Refugium für Intimität. Sich körperlich und seelisch auszuliefern bedarf es der Sicherheitsgarantie ewigen Bestandes. Die gemeinsam erlebte und erlittene Geschichte der Zweisamkeit besitzt eine identitätsstiftende Kraft und macht den Partner zum Teil des eigenen Selbst. Für manche Personen sind die inneren Bindungskräfte an ein Liebesobjekt daher so stark, dass sie es nur um den Preis des eigenen Selbstverlustes wieder hergeben können. Ich glaube, es gibt eine sehr tiefe und auf Einmaligkeit hin angelegte Gefühlsverbundenheit zwischen zwei Menschen, die jenseits aller neurotischen Mechanismen angesiedelt ist. Allerdings können sich hinter dem brennenden Verlangen nach Dauer und Beständigkeit auch mannigfache neurotische Sehnsüchte und Ängste verbergen, nämlich:

- lebensgeschichtlich bedingte Trennungserfahrungen in der Kindheit und die damit verbundenen traumatischen Gefühle von totaler Verlassenheit;
- krankhaftes Beharrungsvermögen und Angst vor jeder Form von Veränderung;
- Besitzanspruch und Furcht, nie wieder einen entsprechenden Lebensgefährten abzubekommen;
- allgemeine Lebensangst, verbunden mit der fehlenden Zuversicht, ohne das Hilfs-Ich »Partner« zurechtzukommen;
- Gefahren für die eigene narzisstische Balance durch das nicht zu beschwichtigende Gefühl, als der »verlassene Teil« nichts mehr wert zu sein.

Der Ewigkeitsanspruch im Partnerbereich ist gerade in heutiger Zeit ein oft in Frage gestelltes Zweisamkeitsideal. Aber aus Interviews und aus Umfragen mit Heiratswilligen geht immer wieder hervor, dass der Wunsch nach Dauer ein tief verwurzeltes menschliches Bedürfnis ausdrückt. In der von Frida Kahlo beschworenen Radikalität allerdings lässt es sich schwer oder kaum verwirklichen.

3.1.7 Der individuelle Freiheitsanspruch

»Liebe ist ... wenn du mich nicht einengst!«
Wir werden hier mit einer Liebesbedingung konfrontiert, deren Spielarten breit gefächert sind. Denn: Wovon jemand befreit werden und wozu er eine bestimmte Form von Freiheit für sich reklamiert, das unterscheidet sich von Person zu Person erheblich. Der eine möchte frei sein von der Verantwortung für den anderen: Er will sich nicht um dessen Gesundheit, das Wohlergehen und die Lebensführung seines Partners kümmern müssen, sich nicht seinen Kopf zerbrechen, wenn der andere Probleme hat. Ein Zweiter möchte nicht in die Pflicht genommen werden und lehnt es ab,

bestimmten Erwartungen nachzukommen, die Menschen in einer Paarbeziehung gemeinhin entwickeln. Ein Dritter sagt: »Rechne nicht mit mir, ich will und kann nicht immer für dich da sein. Du sollst selbst für dich sorgen und dein Leben aus eigener Kraft gestalten. Ich denke nicht daran, dir etwas Besonderes zu bieten, den braven Ehemann (die brave Ehefrau) zu spielen und meine verfügbare freie Zeit hauptsächlich mit dir zu teilen.« Ein Vierter weigert sich, über sein Tun und Handeln Rechenschaft abzulegen. Er möchte die Freiheit haben, sich mit anderen Personen verabreden zu können und aktiv zu sein, ohne vorher um Erlaubnis nachzusuchen. Überhaupt will er sein Leben so einrichten, wie er es für richtig hält, und sich nicht durch ängstliche Rücksichtnahme dauernd in seinem Handlungsspielraum eingeschnürt fühlen. Manche wollen und können die sexuelle Treueverpflichtung, die mit einer Ehe oder Partnerschaft als unausgesprochene Norm verbunden ist, nicht akzeptieren und beanspruchen sexuelle Freizügigkeit für sich.

Sie alle, sie wollen zwar den anderen haben – aber nicht die mit einer Beziehung automatisch auf sie zukommenden Konsequenzen und Verbindlichkeiten tragen. Sie zum Beispiel will den Status einer verheirateten Frau und trotzdem weiter wie ein Single leben. Er möchte die Vorteile einer Paargemeinschaft genießen, aber weiterhin wie ein ungebundener Student agieren. In seiner krassesten Form lässt sich der individuelle Freiheitsanspruch auf die Formel bringen: »Ich will tun und lassen können, was ich will. Ich lasse mir von niemandem Vorschriften machen!«

Als Illustration zu dem eben Gesagten möchte ich am vorangegangenen Abschnitt anknüpfen und auf Frida Kahlos Lebensgefährten, Diego Rivera, und dessen Einstellung zu Ehe und Partnerschaft eingehen. (Als Quelle dient mir wieder das Buch von J. M. G. Clezio [1993]: Diego und Frida.) Diego nimmt nämlich für sich – trotz Ehe – sexuelle Freizügigkeit in Anspruch und stellt somit einen Gegentyp zu Frida dar. Er fängt unter anderem ein Verhältnis mit Fridas jüngerer Schwester, Christina, an und ist dabei »von einer geradezu ungeheuren Gleichgültigkeit gegenüber Konvention und Schicklichkeit« (Clezio, S. 149). Er will »sich von der Sklaverei der ausschließlichen Liebe befreien« (ebd., S. 160), kennt keine Beständigkeit und lässt sich »von seinen Sinnen, seiner Genusssucht und seiner unersättlichen Begierde mitreißen«. (ebd., S. 173). Man kann jede menschliche Verhaltensweise unter anderem danach befragen, ob sie aus einem Überschuss an Energie und Daseinsfreude oder aber einer emotionalen Not- und Mangelsituation entspringt. Le Clezio ist der Ansicht, dass Diegos »unersättliche fleischliche Begierde, seine unbändige Jagd nach Wollust und Sinnenrausch« (ebd., S. 146), die ihm bei seinen Freunden den Spitznamen »Stier« eingebracht haben, Ausdruck eines dionysischen Lebensgefühls und seiner kreativen Potenz sind. »Für Diego ist diese sexuelle Freiheit notwendig, sie liefert seiner Kunst Nahrung und ist für ihn eine der Ausdrucksformen der Revolution.« (ebd., S. 145)

»Die Schönheit des weiblichen Körpers, die Schönheit seiner Modelle ist das Symbol der schöpferischen Macht des Lebens, der Lebenswirklichkeit, gegenüber all den ohnmächtigen Ideen des Intellekts. Seine ganze Malerei drückt dieses absolute Vertrauen in die Sinneslust, in die Lebenskraft, in die strahlende weibliche Schönheit aus ...« (ebd., S. 146) Diego gehört also zu jenen Menschen, die aus einer vitalen Fülle heraus sich den Genussmöglichkeiten des Daseins, insbesondere den sexuellen, ohne moralische Skrupel freudig hingeben. Für sie ist die Ehe ein Gefängnis und die Treueverpflichtung auf eine Person eine nicht ertragbare Beschneidung. Sie möchten das unerschöpfliche Potenzial an Erregungsmomenten, das der sexuelle Taumel bereithält, auch bis zur Neige auskosten. Fremdgehen heißt für sie, die Feier des Lebens in immer neuen Spielarten zu zelebrieren. Ihr Verhalten entspringt dem Überfluss an emotionaler Potenz und ist häufig an eine starke Vitalität und Genussfähigkeit geknüpft, die sie dazu bringen, diesen reichlich sprudelnden Lebensquell immer wieder anzuzapfen. Der Wunsch, im eigenen Handlungsspielraum durch den Partner nicht eingeengt zu werden, entspringt häufig rein egoistischen Motiven und der Weigerung, sich in die dadurch verursachten Seelenqualen des anderen mitleidend einzufühlen.

Es gibt außerdem mannigfache neurotische Gründe, die eine Person dazu bringen, sich auch in einer Paarbeziehung so zu benehmen, als sei man eben nicht gebunden und zu Kooperation und Rücksichtnahme verpflichtet. Einige Hintergründe:

- ein chronifizierter pubertärer Freiheitsdrang, der seinen Träger sich so gebärden lässt, als müsse er sich immer noch – wie damals im Elternhaus – gegen die einengende und kontrollierende Strenge einer väterlichen oder mütterlichen Autorität anstemmen;
- alles haben wollen: Die betreffende Person möchte auf nichts verzichten. Ein fast unstillbarer Lebenshunger treibt sie dazu, alle nur denkbaren Glücksquellen anzuzapfen;
- ein ständig gefährdeter Selbstbehauptungsanspruch bringt eine Person dazu, sich permanent übergangen, gegängelt und manipuliert zu fühlen. Sie erlebt deshalb die notwendige Anpassung an das Gemeinschaftsleben in der Ehe bereits als Selbstaufgabe und muss gegen jegliche Art von Verpflichtung, Auftrag und Anforderung rebellieren;
- Furcht und Unfähigkeit, sich festzulegen: Das Verhältnis zum Partner entbehrt jeglicher Verbindlichkeit und wird in der Schwebe gehalten;
- Abwehr von intimer Verbundenheit aus Angst vor erneuter Enttäuschung, vor Nähe und möglichem Verlassenwerden (Verlustangst);
- mangelnde Erwachsenenreife: Weigerung, Verantwortung zu übernehmen und den Verpflichtungen aus einer Beziehung nachzukommen.

Der individuelle Freiheitsanspruch – ob aus überquellender Lebensfreude, schöpferischer Potenz oder aus neurotischen Gründen heraus – ist immer dazu angetan, eine einmal eingegangene Beziehung zu gefährden. Er steht als programmatische Aussage ja geradezu im Gegensatz zu der Idee einer auf Dauer gegründeten Paarverbindung.

3.1.8 Das Bedürfnis nach Daseins- oder Selbstwertbestätigung

»Liebe ist … wenn du mir stets und zu jeder Zeit vermittelst, dass ich liebenswert und wertvoll bin!«
Im Rahmen einer Selbsterfahrungsübung ging es darum, nur mit Hilfe einer intensiven Blickaufnahme sein Gegenüber zu echtem

Kontakt einzuladen. Der eine übernahm die Rolle des Werbenden, der andere verhielt sich den Kontaktangeboten gegenüber passiv, sollte sich aber emotional anrühren lassen.
Meine Patientin Doris F. fühlte sich während dieses Experimentes (das sie während eines Wochenendworkshops machte) extrem unwohl. Sie verkrampfte sich am ganzen Körper und spürte mit Bestürzung, dass sie auf die Einladung ihrer Mitspielerin nicht eingehen wollte und konnte. Als sie an der Reihe war, den aktiven Part zu übernehmen, versprühte sie aus ihren Augen ganze Energieströme von Blicksalven, um den anderen damit auf Distanz zu halten. Ihr wurde im Augenblick des Berührtwerdens durch die warmen Blicke ihrer Spielpartnerin das »abgrundtiefe Wissen« um die eigene Liebensunwertheit bewusst.
»Wie kann mich der andere als Mensch mögen«, schoss es ihr durch den Kopf, »spätestens in diesem Moment muss er doch merken, dass ihm an mir nichts gelegen sein kann – und sich desinteressiert abwenden.«
Um dem Trauma dieser schrecklichen Wahrheit nicht begegnen zu müssen, hatte sich meine Patientin bisher tieferen Kontakten entzogen. Indem sie Abstand signalisierte und hielt und erst gar nicht den Versuch machte, intime Nähe aufkommen zu lassen, vermied sie es, ihrer emotionalen Störung zu begegnen.
Nicht wenige Menschen leiden an einem derartigen existenziellen Defizit. Ihnen fehlt die beruhigende und selbstverständliche Gewissheit, ein akzeptabler Mitbürger zu sein und eine – durch keine Zweifel getrübte – Existenzberechtigung zu besitzen. Viele machen den Versuch – im Gegensatz zu meiner Patientin –, die Wunde des vermeintlichen Unerwünschtseins in einer Liebesbeziehung zu heilen. Sie entwickeln dann ein ausgeprägtes Bedürfnis nach Daseinsbestätigung. Sie möchten wahrgenommen, geachtet und gespiegelt werden, billigende Resonanz erfahren, Widerhall finden und als Individuum in ihrer Einmaligkeit erkannt und gutgeheißen werden. Der Partner soll ihnen endlich die lebenslang vermisste Gewissheit verschaffen, als Mensch ein liebenswertes Geschöpf zu sein. Sie benötigen einen dauernd fließenden Strom an bejahendem Zuspruch, um das eigene, stark ausgeprägte Defizit an Selbstachtung und Selbstliebe, das Gefühl: klein, hässlich und bedeutungslos zu sein, einigermaßen in Schach halten zu können. Ihre Uner-

wünschtsein-Befürchtung kann den Partner allerdings zur Verzweiflung treiben, da alle seine Verhaltensweisen im Kontext der Partnerschaft daraufhin abgeklopft werden, ob sie Wertschätzung ausdrücken oder vermissen lassen. Einige Beispiele aus dem Leben einer Betroffenen:

Er geht aus dem Haus, um einige Einkäufe zu tätigen. Sie denkt: »Er will mich nicht dabeihaben!«

Er fragt sie: »Was hast du heute vor?« Sie denkt: »Er kann mich nicht schnell genug loswerden!«

Er und sie sehen auf einem gemeinsamen Spaziergang auf der anderen Straßenseite ihren alten, netten Nachbarn. Sie denkt: »Mit ihm wäre er jetzt sicherlich lieber zusammen!«

Eine gesellige Runde sitzt plaudernd am Tisch. Sie zählt im Stillen, wie oft und wie lange ihr Ehegatte wen anschaut. Sie hat den Eindruck, von ihm weniger beachtet zu werden als die anderen. Sie fühlt sich übergangen und als »nichtsnutziger Putzlappen« in die Ecke gefeuert. Eigentlich ist sie ein kleines Kind, das gefallen möchte und nach der freundlichen Reaktion eines Erwachsenen lechzt.

Das Gefühl, unerwünscht zu sein, besitzt für derart beeinträchtigte Personen eine fast unerschütterliche Realität. Es steht da, wie in Granit gemeißelt. Deshalb ist der Versuch, durch einen – Wertschätzung ausdrückenden – Partner von der eigenen Selbstverachtung erlöst zu werden, oft zum Scheitern verurteilt. Ich habe die Erfahrung gemacht, dass zehn Streicheleinheiten für die Seele häufig nicht eine einzige kleine Unfreundlichkeit oder kritische Bemerkung aufwiegen. Die betreffenden Menschen sind von einem tiefen Misstrauen hinsichtlich der eigenen Liebenswürdigkeit erfasst und begegnen ihrem Partner ebenfalls ungläubig. Sie liegen geradezu auf der Lauer, ihr negatives Weltbild bestätigt zu bekommen, um dann fast triumphierend sagen zu können: »Ich hab es ja immer schon gewusst, dass er (sie) mich gering schätzt. Ich bin ein Nichts und verdiene es nicht, gut behandelt zu werden!« An dieser eben skizzierten Schwachstelle sind die betroffenen Personen sehr schwer lernfähig.

Ich will hier noch ein anderes Beispiel zu dem »Bedürfnis nach Daseinsbestätigung« anführen.

Es geht in diesem Fall um eine junge attraktive Frau, Julia P., die als unehelich geborenes Kind von der sie hauptsächlich erziehenden Großmutter innerlich abgelehnt wurde. Auch der spätere Stiefvater des Mädchens nahm seiner Ehefrau, der Mutter des unehelichen Kindes, »diesen Bastard« total übel. Er behandelte das Mädchen sehr streng und trieb es exzessiv zu guten Leistungen an. Julia musste sich ihre Existenzberechtigung durch hervorragende Schulnoten und mustergültiges Betragen buchstäblich erst verdienen. Die Kinder des kleinen Dorfes lehnten das Mädchen teilweise auch ab, weil sie von ihren Eltern gegen »dieses unmoralische Subjekt« aufgehetzt worden waren. So wuchs das Kind ohne das nötige Urvertrauen in seine eigene Liebenswertheit heran und vertraute auch als junge Frau natürlich nicht den Liebesschwüren ihrer Verehrer. Ihre spätere Liebesbedingung bezog sich auf die Forderung an den Ehegatten, »immer gleichbleibend in eine ungetrübte Zuneigung seinerseits eingebettet zu sein«. Er sollte und musste durch seine liebend-zugewandte Haltung und seine stets weit geöffneten Arme signalisieren, dass sie immer und zu jeder Zeit bei ihm willkommen war. Jede Kritik und kleine Unaufmerksamkeit, jede Hinwendung des Ehegatten zu einer anderen dringlichen Beschäftigung empfand sie als Zurückweisung und Weggeschicktwerden (Er: »Du siehst sehr abgespannt aus, geh doch ins Bett.« Sie: »Er will mich los sein!«). Sie reagierte dann – wie vom Blitz getroffen – mit Rückzug und erlebte all die verzweifelten Gefühle des Ausgestoßenseins aus ihrer Kindheit aufs Neue. Sie bot dann ihrerseits dem Partner an, wegzugehen oder die Beziehung zu beenden – so als erfülle sich in einem schmerzlichen Triumph die immer schon geahnte, böse Gewissheit, dass es für sie auf dieser Welt keine verlässliche Liebe gab. Ihr Partner reagierte meist fassungslos auf diese unverständliche Trennungsdrohung und fühlte sich hilflos und zu Unrecht zum Bösen gemacht. Diese Situation kann, wenn sie sich häufig wiederholt – und meist tut sie das –, zum Anfang einer unaufhaltsamen Entfremdung werden. Hier sollte der weniger beeinträchtigte Ehegatte eingreifen, die Not seiner Partnerin erkennen und sie festhalten. Er darf ihr den verhängnisvollen Rückzug nicht gestatten, sondern muss so lange mit ihr die Situation bereden, bis sie sich aus ihrer Verkrampfung wieder lösen kann.

Wenden wir uns nun dem zweiten Thema, nämlich dem geminderten Selbstwertgefühl, zu. Das auf den Partner gerichtete Bedürfnis, im eigenen Selbstwert aufgebaut zu werden, ist mit dem eben abgehandelten Motiv (Daseinsbestätigung) eng verwandt. Im ersten Fall geht es darum, dass sich der betreffende Mensch in seiner gesamten Existenz unerwünscht und deshalb wertlos fühlt, im zweiten Fall erscheinen ihm dagegen nur einzelne Qualitäten oder Teilaspekte der eigenen Persönlichkeit (zum Beispiel Aussehen, Intelligenz) minderwertig. Insuffizienzgefühle können sich auf vermeintliche soziale Inkompetenz, erlittene Misserfolge, auf körperliche Schwachstellen (zu dicker Po, hässliche Beine, Pickel, zu kleiner Busen, zu kurzer Penis), auf Mangel an bestimmten Talenten, auf die Herkunft, die schlechte Schulbildung, das fehlende Studium, den drittklassigen Beruf, die Kinderlosigkeit (»Ich bin eine taube Nuss!«), das linkische Benehmen, die sprachliche Ungewandtheit, die geringe lebenspraktische Intelligenz und auf noch tausend andere Defizite beziehen. Jeder hat da seine ganz eigene verwundbare Stelle.

Gefühle der Minderwertigkeit können aber auch direkt mit dem Paarbereich verknüpft sein und in Form diverser Unsicherheiten das Zusammenleben erschweren. Der Betreffende fragt sich dann ängstlich: »Was darf ich beanspruchen, welchen Respekt verdiene ich, was muss ich stillschweigend hinnehmen, mir gefallen lassen? Wann habe ich die Berechtigung, mich zu wehren?«

Ein herabgesetztes Selbstwertgefühl infolge fehlender Vorzüge und vermeintlicher Mängel hat in jedem Fall eine negative Auswirkung auf die Paarbeziehung. Das betroffene Subjekt fühlt sich nämlich in seiner Attraktivität als Liebesobjekt stark gemindert und nicht konkurrenzfähig. Außerdem besitzt es wegen seiner ausgeprägten Schwachstellen eine erhöhte Kränkbarkeit mit all ihren bösen Folgen (Enttäuschung, Rückzug oder aggressive Distanzierung). Auf dem Boden einer derartigen Verfassung wächst und gedeiht die Eifersucht. Andere, das heißt potenzielle Partner, werden als reizvoller und begehrenswerter phantasiert oder eingestuft und stellen deshalb für die eigene Beziehung eine akute Bedrohung dar. Eifersucht hat immer ein narzisstisches Defizit zum Hintergrund, einen Mangel an Selbstwertschätzung und kann eine Zweierbeziehung extrem belasten, ja auseinander bringen. Außerdem gelingt es dem geforderten Partner nur selten, den Mangel an Selbstliebe bei seinem bedürftigen Liebesobjekt zu beseitigen. Er steht hier vor einem Fass ohne Boden. Deshalb können sich Unzufriedenheit auf der einen und das Gefühl der Überforderung auf der anderen Seite ausbreiten und eine Ehe zunehmend aushöhlen.

3.1.9 Die Sehnsucht nach der idealen Mutter

»Liebe ist ... wenn du für mich meine ›gute Mami‹ bist!«
Ein häufiges Motiv im Bereich partnerbezogener Wünsche stellt die so genannte »Muttersuche« dar. Wir finden hier drei Gruppen von einschlägig bedürftigen Personen mit einem jeweils anderen biographischen Hintergrund.

Da gibt es erstens diejenigen, die an ihrem primären Liebesobjekt so etwas wie spendende Mütterlichkeit schmerzlich vermisst haben, deshalb an die Phase der frühen Kindheit fixiert geblieben sind und nun ihren diesbezüglichen Nachholbedarf auf den potenziellen Partner übertragen.

Die zweite Gruppierung umfasst Menschen, die sich nach der guten alten Zeit ihrer Kindheit zurücksehnen, ausgedehnte Verwöhnungserfahrungen haben und rückblickend die eigene Mutter idealisieren. Sie plagt das Heimweh nach dem vermeintlichen Zauber vergangener früher Jahre und der Wunsch, den alten Zustand von damals mit einem passenden Mutterersatz wiederherzustellen.

Die dritte Fraktion besteht aus all jenen seelisch beeinträchtigten Individuen, die infolge einer neurotisch bedingten Dekompensation in einen starken regressiven Sog geraten sind. Ihr Rückschreiten zu kindlichen Erlebnisweisen und Bedürfnismustern (Regression), ausgelöst durch den Ausbruch einer seelischen Erkrankung (Neurose), lässt sie nach einem Liebesobjekt suchen, das bereit ist, ihnen gegenüber mütterliche Funktionen zu übernehmen. Wie nun, so wollen wir fragen, sieht die ideale Mutter eigentlich aus? Mit welchen Prädikaten wird sie von den Suchenden bedacht? Gibt es die eine, von allen ersehnte Lichtgestalt, oder hat jeder Einzelne seine ganz private und einmalige Variante? Wenn man ein paar Dutzend diesbezügliche Wunschphantasien zu hören bekommt, sie analysiert und ordnet, so schälen sich insgesamt acht Muttertypen heraus, die immer wiederkehren und teilweise auch in Mischbildern auftreten.

- Die ideale Mutter wird von vielen als primäre Versorgerin phantasiert, die ihren Zögling liebevoll füttert und sich um sein leibliches Wohl kümmert. Sie kocht und brutzelt, füllt den Kühlschrank, schafft leckere Speisen herbei und garantiert orale Verwöhnung. Es gibt weder Not noch Hunger. Liebe ist Versorgtwerden, und Füttern ist die elementarste Form, die eigene Zuneigung auszudrücken. Es gibt keine quälenden Bedürfnisspannungen mehr, sondern immer wieder wohlige Sattheit. Wir kennen relativ befriedigend verlaufende Ehen auf einem »schlichten Differenzierungsniveau«, die auf der Basis gegenseitiger regressiver Versorgungsphantasien funktionieren und wo die materielle, sprich orale, Absicherung das tragende Fundament der Paarbildung darstellt.
- Die ideale Mutter spendet körperliche Wärme, Zärtlichkeiten und Hautkontakt. Bei ihr kann man sich ankuscheln und in Bergen weichen Fleisches versinken. Zwischen ihren großen Brüsten ist es besonders heimelig. Frühkindliche Verlassenheitsgefühle oder eine tiefe Verlorenheit in einer als kalt erlebten Welt »lösen sich im Dunstkreis ihrer Leiblichkeit alsbald gänzlich auf«.
- Die ideale Mutter macht freundliche Beziehungsangebote, sie ist aufmerksam und zeigt eine unermüdliche Antwortbereitschaft. Sie versteht ihr Kind und spiegelt ihm ihr Verstandenhaben zurück.
- Die ideale Mutter gibt ihrem Zögling das Gefühl, sehr wichtig zu sein und im Mittelpunkt ihres Lebens zu stehen. Sie äußert Freude über sein bloßes Vorhandensein.
- Die ideale Mutter verfügt über eine zuverlässige Präsenz. Sie lässt ihren »Schatz« nicht allein. Ihre unbezweifelbare Erreichbarkeit vermittelt ihm ein Gefühl von Sicherheit und Aufgehobensein.
- Die ideale Mutter hält für ihr Kind einen ganzen Strauß von Tröstungen bereit, wenn es ihrer bedarf. Sie kann ihr aufgebrachtes, erregtes oder angstgeschütteltes »Baby« gut beruhigen und ihm die schlimmen Gefühle abnehmen. Sie ist der Container für seine angstmachenden Emotionen.
- Die ideale Mutter ist weit davon entfernt, Sohn oder Tochter leistungsmäßig zu überfordern. Sie befreit sie im Gegenteil von

all jenen Verrichtungen und Aufgaben, die ihnen Furcht bereiten oder Versagenserlebnisse bereiten könnten.
- Die ideale Mutter ist unzerstörbar. Sie hält die Launen und Wechselhaftigkeiten ihres ungeratenen Abkömmlings einigermaßen unerschütterlich aus. Seine Heiß' und Kalts können sie nicht irritieren. Auch wenn er aggressiv zu ihr ist oder Schandtaten begeht, steht sie zu ihm. Sie bleibt der Fels in der Brandung, der jede Bewährungsprobe besteht.

Die eben hier skizzierten »guten Mütter« sind ein Phantasieprodukt und als reale Menschen nicht existent, obwohl lebende Personen einzelne Züge von ihnen durchaus haben können. Als archetypische Gestalt taucht die »ideale Mutter« in Mythen und Märchen aber häufig auf und erfüllt als Glücksbringerin und Quelle tiefer Befriedigung eine uralte Menschheitssehnsucht. Auch Männer können in die Position primärer Mütterlichkeit versetzt und von muttersuchenden Frauen als Partner gewählt werden. Aber in der Mehrzahl sind die »ersehnten Mütter« weiblichen Geschlechts. Ich will an dieser Stelle hervorheben, dass Personen mit einer Borderline-Struktur eine besondere Sehnsucht nach der idealen Mutter haben, weil sie sich ständig mit ihrem »bösen mütterlichen Introjekt« herumschlagen müssen. Sie tragen ein sehr negatives Mutterbild – Produkt einer schlimmen Lebensentwicklung – mit sich herum und tendieren dazu, dessen schlechte Eigenschaften auf einen Lebenspartner zu projizieren und ihn damit zu verteufeln. Nur eine über alle Schlechtigkeiten dieser Welt erhabene Frau, ein Engel also, könnte der Gefahr entgehen, auch wieder in die Schublade »böse Mutter« gepackt und damit als Liebesobjekt unbrauchbar gemacht zu werden.

3.1.10 Der Vollkommenheitsanspruch

»Liebe ist ... wenn du ganz und gar meinen hochgestochenen Erwartungen entsprichst!«
Nicht wenige Menschen sind auf der ständigen Suche nach ihrem Traumpartner, von dem sie die »makellose Verkörperung eines Idealbildes« (Heigl-Evers/Heigl) erwarten. Der andere soll zum

Beispiel perfekt sein, ein Ausbund an Klugheit und lebenspraktischer Intelligenz, ein Sieger- und Erfolgsmensch, ein Feingeist mit weltmännischem Auftreten, von hoher emotionaler Stabilität und Konfliktfähigkeit, dazu ein strahlender und zärtlicher Liebhaber mit einer großen sexuellen Verzauberungskraft, immer gesund und standfest, allen Wechselfällen des Lebens glänzend gewachsen sein; kurzum: ein Bündel hinreißendster Eigenschaften. Natürlich variieren die Vollkommenheitsansprüche von Person zu Person beträchtlich; und was für den einen der Inbegriff von Vollendung ist, muss wenig Anziehungskraft für einen Zweiten haben. Jeder besitzt sein ganz einmaliges und individuelles Wunschprogramm, das er seinem Partner überstülpt und dessen Realisierung er mehr oder weniger penetrant einklagt. Allen gemeinsam ist aber die Selbstverständlichkeit, mit der sie auf der Erfüllung ihrer Forderungen bestehen. Der andere hat so und nicht anders zu sein. Es ist seine verdammte Pflicht und Schuldigkeit, den Fordernden glücklich zu machen, und das funktioniert nur dann, wenn er die von ihm erwarteten Qualitäten perfekt verkörpert. Der real gelebte Ist-Zustand des Partners wird permanent mit einem hochgestochenen Soll-Zustand verglichen, und leider gibt es immer eine Diskrepanz zwischen tatsächlichem und erwünschtem Sein. Ein Dauerstrom nörgelnder Vorwürfe ergießt sich deshalb über den ewig unzulänglichen anderen und kann ihm das Leben zur Hölle machen. Ich kenne sechs lebensgeschichtlich bedingte Hintergründe, aus denen heraus eine Person so rigorose Perfektions- und Vollkommenheitsansprüche an sein Liebesobjekt heranträgt:

- Der Protagonist schlüpft in die Rolle seiner ewig nörgelnden und unzufriedenen Mutter (Vater), in deren Augen er, das Kind von damals, immer unzulänglich und nie gut genug war. Er konnte seiner Mutter letztlich nichts recht machen, war das Objekt ständiger herabsetzender Angriffe, sosehr er sich auch anstrengte. Inzwischen hat er aber, das Opfer von einst, seine übermäßig fordernde Mutter verinnerlicht und behandelt seinen Partner so, wie er von seiner Mutter behandelt wurde. Er wird zum Täter und hält sich für seine damaligen Demütigungen schadlos.
- Der Protagonist hat sich – aus welchen Gründen auch immer – selber zu einem Perfektionisten entwickelt und fordert sich

unter permanenten Anstrengungen eiserne Selbstdisziplin und höchste Könnerschaft ab. Er legt nun an seinen Partner dieselben rigorosen Maßstäbe an wie an sich selbst und bringt keinerlei Toleranz auf für dessen weniger angestrengte und lässigere Lebensführung.

- Der Protagonist delegiert seine eigenen, aber unerfüllten Perfektionsansprüche an seinen Partner. Motto: »Wenn ich es schon nicht schaffe, so sollst du es aber fertig bringen!«
- Der Protagonist hält sich selber für großartig und die Krone der Schöpfung. Er wurde als Kind von seinen Eltern verwöhnt, war der Mittelpunkt, dem man huldigte. Für ihn kommt natürlich nur ein ebenbürtiger Partner in Frage, der durch seine Vollkommenheit, seine ungewöhnlichen Vorzüge oder seine Strahlkraft den Glanz der eigenen Besonderheit noch unterstreicht und verstärkt.
- Unrealistische Vollkommenheitsansprüche an einen zukünftigen Partner können der Beziehungsabwehr dienen und unter anderem Schutz bieten vor der schmerzhaften Erkenntnis, dass man selber beziehungs- oder liebesunfähig ist. Indem man die Forderungen an die Qualitäten des anderen immer höher hinaufschraubt (»Für mich muss erst noch ein Mann/eine Frau gebacken werden!«), geht man der gefürchteten Bewährungsprobe, das heißt einem realen Zusammenleben als Paar, aus dem Weg.
- Das gewählte Liebesobjekt soll der vergötterten Mutter (Vater) gleichen, aus deren Charakterprofil aber inzwischen alle negativen Eigenschaften herausgefiltert wurden. Der Protagonist hat sich ein illusionäres Mutterbild (Vaterbild) ausphantasiert und den betreffenden Elternteil mit einem Glorienschein umgeben. Nun huldigt er einem Phantom und wünscht sich, in seinem Partner die wiederauferstandene Ideal-Mutter zu umarmen.

Perfektions- und Vollkommenheitsansprüche an den Partner stellen eine schwere Belastung für eine aufgenommene Beziehung dar. Der solchermaßen Fordernde ist ewig unzufrieden und neigt aus Enttäuschung über die vermeintlichen vielen Unzulänglichkeiten seines Liebesobjektes obendrein noch zu dessen Entwertung. Ich möchte an dieser Stelle beschreiben, wie es kommt, dass speziell die hysterisch strukturierte Frau relativ häufig nach dem idealen Traumpartner, dem »Halbgott Mann«, Ausschau hält oder gar verzweifelt nach ihm sucht. Es ist die ganz eigene Psychodynamik ihres Großartigkeitsanspruches, der sie auf diesen Weg zwingt und kaum eine andere Wahl offen lässt.

Die hysterische Frau leidet immer an einem narzisstischen Defizit, selbst wenn sie nach außen hin scheinbar selbstbewusst, sprühend unbekümmert und kontaktgeübt auftritt. Sie war häufig ein unerwünschtes Kind, wurde zu wenig oder auf falsche Art geliebt und litt unter einem Mangel an Spiegelung und Akzeptanz ihrer wahren Wesensart. Gelegentlich wuchs sie im Schatten vorgezogener Brüder heran, die auf das junge Mädchen überheblich herabsahen oder demütigende Scherze mit ihm trieben. In der Regel war ihr aber stets und ständig – wenn auch nur dumpf – bewusst, dass sie die immer präsenten hochgestochenen Erwartungen ihrer Mutter (ihres Vaters) an ihre Person niemals zur vollen Zufriedenheit würde erfüllen können. In einem gewissen Prozentsatz aller Fälle hatte die hysterische Frau in ihrer Kindheit einen unbewussten Auftrag ihrer Mutter (Vater) auszuführen. Sie wurde funktionalisiert und bekam die Aufgabe übertragen: »Werde ein vollkommenes und großartiges Geschöpf!« oder »Sei mein idealer und alles verstehender Partner-Ersatz!« oder »Werde ein besonders kluges und begabtes Wesen, auf das ich ganz, ganz stolz sein kann!«

Das Minderwertigkeitsgefühl im Rücken und Mutters (Vaters) hochfliegende Ansprüche vor Augen entwickelt das später hysterische Individuum ein übersteigertes, nicht erfüllbares Ich-Ideal und verlangt nun von sich, was ehemals andere von ihm verlangt haben. Da es unmöglich ist, diesem Ich-Ideal zu entsprechen, verfällt das Kind auf den »hysterischen Modus der Konfliktbewältigung«. Es greift zu den so genannten Inszenierungen, um sich und anderen etwas vorzumachen. Es errichtet ein trügerisches Selbstbild (»Ich bin ganz toll!«) und verfährt auch seinen Mitmenschen gegenüber nach dem Motto: »Mehr scheinen als sein!« S. Mentzos hat für den hysterischen Modus der Konfliktverarbeitung das Spezifische herausgearbeitet. Er sieht es in den typischen »Inszenierungen« des hysterischen Charakters, die mit einer Tendenz zur Dramatisierung, zu übertriebener Koketterie und Theatralik ausgestattet werden. Ziel dieser Veranstaltung sei es, für die anderen und »für sich

selbst anders zu erscheinen, als man ist« (S. Mentzos, 1984, S. 157). Das Individuum spielt die von ihm geforderte Großartigkeit, weil es sie substanziell nicht ausfüllen kann.
Da einerseits der vom Ich-Ideal ausgehende Anspruch ständig wirksam bleibt und nach Realisierung verlangt und da andererseits das mitgebrachte Minderwertigkeitsgefühl auch ständig dumpf gespürt wird, muss das hysterische Individuum in einem fort nach Beifall, Zuspruch, Lob und Bestätigung streben und sich dafür unermüdlich in Szene setzen.
Ein weiterer Gesichtspunkt, sprich Wirkfaktor, kommt hinzu: Ein gewisser Anteil unter den hysterischen Frauen hat einen verborgenen Männerhass (und das, obwohl sie sich dauernd nach der Liebe eines Mannes sehnen). Sie haben entweder per Identifikation mit der Mutter deren Feindseligkeit gegenüber dem Ehegatten, ihrem Vater, übernommen oder neiden den Männern ihre privilegierte Stellung in der Gesellschaft oder kranken daran, selber kein Mann zu sein. Ein hohes, niemals erfüllbares Ich-Ideal, Minderwertigkeitsgefühle und eine gewisse Feindseligkeit gegenüber dem anderen Geschlecht bringen manche hysterische Frauen dazu, in der Wahl eines vollkommenen Liebesobjektes einen Ausweg aus ihrem Dilemma zu sehen. Sie delegieren den Großartigkeitsanspruch, den sie an die eigene Person haben, an den idealen Traummann und gewinnen mit diesem Schachzug relative Konfliktfreiheit und Entlastung.

- Sie sind von der Fronarbeit erlöst, das Unmögliche dennoch vollbringen, das heißt ihr hochgestochenes Ich-Ideal erfüllen zu müssen.
- Sie können als Geliebte an der Vollkommenheit ihres Partners partizipieren, sich in seinem Glanz sonnen, ohne sich dafür unendlich mühen zu müssen.
- Sie können ihren Männerhass vergessen, das heißt beiseite legen, da ihr Halbgott über den schmutzigen Niederungen des Alltags, über Aggression und Neid angesiedelt werden kann. Leider sind die meisten Konstruktionen dieser Art nicht von Dauer, weil der über alles hochgelobte und idealisierte Traummann nicht halten kann, was er verspricht. Er macht unverzeihliche Fehler, zeigt die ihm angedichteten Fähigkeiten nicht und gerät deswegen

sehr bald in den Verdacht der Mittelmäßigkeit. Nun muss er unter Protest und dem »Absingen schmutziger Lieder« enttäuscht fallen gelassen werden.

3.1.11 Der Partner als Hilfs-Ich

»Liebe ist ... wenn du mich an die Hand nimmst und durchs gefährliche Leben begleitest!«

Die hier zu besprechenden Personen zeichnen sich durch mangelnde Erwachsenenreife aus. Bestimmte Facetten ihrer Seele sind nicht genügend entwickelt oder fehlen ganz. Infolgedessen benötigen die betreffenden Individuen einen Partner, der diese Lücken ausfüllt und Funktionen übernimmt, die sie selber nicht leisten können. Es lassen sich insgesamt drei unterschiedliche Schwachstellen ausmachen. Es gibt ich-strukturelle Mängel, die sich auf eine ungenügende Ausbildung notwendiger Basiskompetenzen beziehen; narzisstische Strukturmängel und ein gestörtes, nicht ausgereiftes Über-Ich (Gewissen). Demzufolge können wir die angstneurotischen, die mangelhaft individuierten und die verwahrlosungsgefährdeten Persönlichkeiten unterscheiden.

Von ich-strukturellen Mängeln sprechen wir, wenn der betreffende Mensch wenig lebenspraktische Intelligenz besitzt, nur geringe soziale Fähigkeiten ausbilden konnte, eine ungenügende Realitätsprüfung aufweist, nicht mit Geld umgehen kann, Behördengänge scheut, Angst hat, einen Beruf zu lernen und auszuüben, in Gruppen zu gehen; wenn ihm die »subjektiv vermeinte Mächtigkeit gegenüber den Anforderungen und Anfechtungen des Lebenskampfes« (Lersch, 1938) fehlt und er die Welt als einen Ort erlebt, der von ihm etwas verlangt, was er zu leisten nicht imstande ist.

Das mangelhaft individuierte Subjekt dagegen konnte wenig eigene Wert- und Zielvorstellungen entwickeln. Es weiß nicht, was es will, was es nicht will und was ihm wichtig ist. Das Bild von der eigenen Person ist ungenügend ausgebildet, seine Identität nicht gefestigt. Die Bereitschaft und Fähigkeit, Verantwortung zu übernehmen und zu den Ereignissen der umgebenden Welt Stellung zu beziehen und eine eigene Meinung zu haben, sind eingeschränkt.

Der Prozess der Selbstwerdung – bis hin zur Ausbildung einer eigenständigen Persönlichkeit mit einem eigenen Willenszentrum – ist bei ihm nicht zu Ende gekommen.
Dem Individuum mit einem gestörten Über-Ich fehlt die Fähigkeit zur Selbststeuerung und Impulskontrolle, es ist emotional labil, leicht verführbar und neigt zu oralen oder aggressiven oder sexuellen Durchbrüchen, die sein Verhalten in die Nähe von kriminellen Handlungen rücken können. Es leidet an der Furcht zu verwahrlosen.
Die angstneurotische Persönlichkeit wünscht und sucht einen welterfahrenen Partner, der ihr die lebensnotwendigen Verpflichtungen und Verrichtungen des täglichen Lebens abnimmt. Die mangelhaft individuierte Person braucht einen Gefährten, der ihr sagt, »wo es langgeht« und was sie machen soll; der über-ich-gestörte Mensch schließlich benötigt eine strenge und konsequente Hand, die über ihn wacht und aufpasst, dass er nicht über die Stränge schlägt. Alle drei Strukturen sehnen sich nach einem verlässlichen Liebesobjekt mit Hilfs-Ich-Funktionen, da sie sich den Wechselfällen des Daseins selber nicht gewachsen fühlen.
Individuen mit einem Mangel an Basiskompetenzen und ungenügender Individuation haben eine ähnliche Kindheits- und Neurosen-Entstehungsgeschichte. Ihre familiären Konflikt- und Störungsmuster schildert Karl König in seinem Buch »Angst und Persönlichkeit«. Ich fasse die vier wichtigsten Belastungsmomente zusammen und ergänze sie durch eigene Überlegungen:

1. Zwischen Mutter und Kind kommt keine tragfähige Gefühlsbindung zustande. Die Mutter fällt deshalb als so genanntes »gutes Objekt« aus. Sie eignet sich auch nicht zur Identifikationsfigur. Auch wenn sie lebenstüchtig ist, wird das Kind sie nicht zum Vorbild nehmen. Ihm entgeht die Möglichkeit, sich die lebensdienlichen Fertigkeiten seiner Bezugsperson per Nachahmung anzueignen.
2. Eine überängstliche, lebensunerfahrene und in vielen Bereichen inkompetente Mutter traut ihrem Kind nichts zu, weil sie sich selber nichts zutraut. Sie engt das Kind ein, warnt es ständig vor den vermeintlichen Gefahren der Welt und praktiziert ein überbehütendes Verhalten. Sohn oder Tochter werden durch Bestra-

fung oder Liebesentzug in ihrer Initiative und ihrem kindlichen Forscherdrang eingeschränkt und haben wenig Möglichkeiten, eigene Erfahrungen zu machen und aus ihnen zu lernen.

3. Wieder andere Mütter kümmern sich zu wenig um ihr Kind und überlassen es zu häufig sich selbst. Dem heranwachsenden Menschen werden kaum Unterstützung und Assistenz bei seinen tastenden Schritten zuteil, lebenswichtige Fertigkeiten zu erwerben. Das Kind kann keine realistischen Maßstäbe aufbauen, was es jeweils in einer bestimmten Altersstufe können müsste und was noch nicht. Bei seinen Versuchen, es älteren Kindern gleichzutun, fällt es oft auf die Nase, weil es sich überfordert. Häufige Versagenserlebnisse entmutigen es dann, schränken seine Probierhandlungen ein und führen dazu, dass es sich zunehmend als inkompetent erlebt.
4. Als letzten Punkt erwähne ich denjenigen mütterlichen Erziehungs- und Interaktionsstil, der darauf abzielt, das Kind unselbstständig und von der primären Bezugsperson abhängig zu halten. Es handelt sich hier um Mütter, die ihr Kind teilweise als Partnerersatz missbrauchen und nichts so sehr fürchten wie eine allmähliche Entfernung von Sohn oder Tochter aus der mütterlichen Einflusssphäre. Auch sie warnen das Kind vor den Gefahren der bösen Welt, insbesondere vor Sex, und tun alles, um seine Selbstständigkeitsregungen und die Ausbildung seiner eigenen Persönlichkeit zu unterdrücken. Sie verwöhnen ihr Kind, indem sie ihm alle Hindernisse aus dem Weg räumen und Tätigkeiten aus der Hand nehmen, die der junge Mensch durchaus beherrschen könnte. Auf diese Weise ziehen sie ein unselbstständiges und bequemes Wesen groß, das auf die Dienstleistungen seiner Mutter angewiesen bleibt und sich in der Welt da draußen alleine nicht zurechtfindet.

Auf die so genannte Verwahrlosungsstruktur und ihre Entstehungsgeschichte will ich wegen der Begrenztheit des Raumes und des großen Umfangs notwendig werdender Erläuterungen nicht eingehen. Personen dieses Charakters wählen sich manchmal Partner, denen sie eine Hilfs-Ich-Funktion übertragen. Es ist dann deren Aufgabe: zuverlässig, fest und streng die Ausbruchsversuche des Verwahrlosungsgefährdeten aus Recht und Anstand zu unter-

binden und Ordnung und Struktur in sein sonst chaotisches Verhalten zu bringen.
Die angetragene Hilfs-Ich-Funktion überfordert jeden Partner auf Dauer fast immer und begründet außerdem eine Ungleichrangigkeit innerhalb der Paarbeziehung, die grundsätzlich äußerst konfliktträchtig ist.

3.1.12 Liebe nach Lehrbuch: der Beziehungsehrgeiz

»Liebe ist ... wenn wir eine perfekte Partnerschaft führen!«
Es gibt die weltanschaulich fundierte Überzeugung von der Machbarkeit des Glücks. Etliche Paare entwerfen in einem ehrgeizigen Zweisamkeitsprogramm die Vorstellung von der Möglichkeit einer professionellen Beziehungsgestaltung. Insbesondere sind es Menschen aus dem psychosozialen Berufsfeld, wie Psychologen, Erzieher, Theologen, Soziologen oder Ärzte, die der Idee verfallen, man könne mit den Mitteln der modernen Psychologie das eigene Paarleben so perfektionieren, dass ein gekonnter Beziehungstango daraus entsteht. Sie entwickeln dazu ein Partnermodell, das weit über dem Normalitätsstandard liegt, und gehen die Verpflichtung ein, die aufgestellten Idealforderungen im täglichen Zusammenleben mit ihrem Liebesobjekt zu realisieren. Sicherlich hat jedes Paar seine individuellen Phantasien, in welchen Farben das geplante Bild ihrer Zweisamkeit erstrahlen soll. Es gibt aber inzwischen bestimmte, wissenschaftlich belegte Verhaltensnormen, die man werdenden Paaren als besonders beziehungsfördernd anempfiehlt. Diese Grundsätze tauchen in den Glücksentwürfen der Beziehungsehrgeizigen bevorzugt auf. Ich will deshalb an dieser Stelle ein solch typisches Modell skizzieren und die darin enthaltenen Maximen wie folgt beschreiben:

- Wir sind konfliktfähig und sehen den Realitäten ins Auge.
- Alle auftretenden Konflikte und Mangelzustände in unserer Beziehung lassen sich durch Miteinanderreden auflösen.
- Wir sind offen, wir zeigen uns, wir sind authentisch.
- Wir drücken unsere Wünsche und Gefühle aus, sprechen unsere Sorgen und Probleme direkt und sofort an.

- Wir geben uns große Mühe, unsere Beziehung optimal zu gestalten, denn wir wissen, dass es ohne eine intensive Beziehungsarbeit keinen Erfolg gibt.
- Wir bemühen uns, besonders gut miteinander zu kommunizieren. Das bedeutet: aufmerksames Zuhören, absolute Präsenz zeigen, den anderen total verstehen und ihm das Verstandene zurückspiegeln, eine hohe Sensibilität für die nonverbalen Ausdruckserscheinungen des anderen entwickeln.
- Wir melden keinen Besitzanspruch auf den anderen an und lassen unserem Partner den für ihn optimalen Entfaltungsspielraum.

So schön, so gut. Im Prinzip sind eben genannte Sozialnormen eine gute Sache. Sie werden zu Stolpersteinen, wenn Ehrgeiz sich ihrer bemächtigt und sie – wie strenge Über-Ich-Gebote – ständig wie ein mahnender Zeigefinger über den Häuptern der Betreffenden schweben. Die Erfahrung lehrt, dass Partnerglück durch verbissene Anstrengungen in der Regel nicht machbar ist. Gründe für das Scheitern sind folgende:
Der Beziehungsehrgeiz erzeugt häufig eine permanente Aktivitätsspannung bei den Betroffenen und verhindert ein unbemühtes Loslassen und eine unbekümmerte Hingabe an die Zufälligkeiten der eigenen Stimmung und der jeweiligen Situation. Wer dauernd mit einer Messlatte im Hinterkopf herumläuft und sie an seine Beziehung anlegt, Soll und Haben miteinander vergleicht, wird oftmals mit dem Stand seiner Partnerschaft unzufrieden sein. Denn hohe Normen stellen das Paar unter einen ständigen Bewährungsdruck. Und so kommt es, dass sie sich bei jeder Gelegenheit fragen: »Wer tut mehr für die Beziehung? Wer ist der bessere Partner? Wer ist schuld daran, dass es nicht so klappt, wie wir es uns vorgenommen haben?« Es entstehen unter Umständen eine Konkurrenzsituation zwischen den beiden, ein Aufrechnen der Verdienste und Unterlassungen und ein gegenseitiges Kontrollieren. Manchmal wird das zugesagte Glück vom anderen eingeklagt. Er und sie bombardieren sich mit offen gebliebenen Rechnungen und verlangen aggressiv deren Begleichung.
Ein weiterer Stolperstein ist das viele Reden. Der Glaube an die Allmacht der Sprache stellt sich bald als Irrtum heraus, wird aber in der Regel hartnäckig beibehalten. Auf diese Weise verbringt man

ganze Nächte mit heißen Diskussionen, ohne auf einen gemeinsamen Nenner zu kommen. Die permanente innere Nabelschau und der Zwang, alles erklären zu wollen, was ihn und sie bewegt, führt zu einem verbalen Dauerklinsch und einem Sich-Fetzen mit Argumenten. Das akademische und blutleere Analysieren reißt mehr Gräben auf, als dass es sie zuschüttet, und endet häufig in einem quälenden Patt.
Besonders brisant wird die Situation dann, wenn einer der beiden meint, schlauer zu sein als der andere, und seinem Partner Eigenschaften und Schwächen andichtet, die dieser bei sich selbst nicht sieht. Der Beschuldigte weist dann die ungerechten Zuschreibungen empört von sich und beschimpft den vermeintlichen Schlaumeier für dessen Anmaßungen.
Ein Wort noch zu der häufig aufgestellten Idealforderung, die von ihren Befürwortern eine kompromisslose Selbstoffenbarung verlangt. Erfahrungen mit dieser sozialen Norm im Rahmen einer Paarbeziehung haben ihre Notwendigkeit und Zweckmäßigkeit weitgehend in Frage gestellt. Eine vollständige Transparenz des anderen – gewissermaßen bis in die feinsten Verästelungen seiner Seele – hat etwas Ernüchterndes. Kluge Eheleute bewahren sich einen Raum uneinsehbarer Intimität als ihr Geheimnis und geben sich so einen reizvollen Kick von Unberechenbarkeit. Alles vom anderen zu wissen, beraubt ihn ein Stück weit seiner Attraktivität und erotischen Ausstrahlung. Denn: Es ist gerade das Fremde und Andersartige, was immer wieder anzieht.
Zum Schluss möchte ich noch auf all jene Fälle hinweisen, wo das gespürte Scheitern der eigenen ehrgeizigen Ambitionen nicht benannt werden darf, wo man durch Schönreden der »ach so glücklichen Ehe« Selbstbetrug betreibt. Ein solches Täuschungsmanöver wird deshalb vorgenommen, weil das Eingeständnis des Versagens die eigene Identität in Frage stellen würde (vergleichbar der Situation eines Erziehers, dessen eigene Kinder verhaltensgestört sind und Psychotherapie benötigen). Die betreffenden Menschen können sich das Missglücken ihrer Partnerschaft nicht eingestehen, weil es eine maßlose Kränkung ihres Allmachtsanspruches (»Wir sind das tollste Paar!«) wäre und sie in ihrem narzisstischen Fundament erschüttern würde.

3.1.13 Das James-Bond-Ideal: Liebe als Tauschgeschäft

»Liebe ist … miteinander Spaß haben!«
James Bond ist nicht nur eine zu hohem Bekanntheitsgrad und Ruhm aufgestiegene Filmgestalt, sondern auch der Repräsentant einer bestimmten, das heißt zeittypischen Liebeskultur. Wenn dieser Ausbund an Smartheit und Charme durch die abenteuerliche Welt der Ost-West-Spionage, der drohenden Globalkatastrophen und der internationalen Schicki-Micki-Szene jettet, säumen immer wieder bildhübsche, junge und heißblütige Frauen seinen Weg, mit denen er sich für eine kurze Zeit auf profitable Zusammenarbeit und auf eine sexuelle Affäre einlässt, um ihnen dann – fast ohne jeden Abschiedsschmerz – Lebewohl zu sagen. Zurück bleiben dann zwei – mit sich und dem Leben – zufriedene Menschen, die Spaß miteinander gehabt hatten und nun zu neuen Ufern unterwegs sind.
Ich möchte James Bond als Symbolfigur für eine bestimmte Form von Liebe herausstellen, die schon von Erich Fromm in seinem 1956 erschienenen Buch »Die Kunst des Liebens« in einigen markanten Punkten hellsichtig beschrieben wurde. Neun charakteristische Persönlichkeitszüge konnte ich – idealtypisch verstanden – an dieser Art von Individuen ausmachen:

- Es sind gesellige Menschen, die sich als allseits beliebte Charmeure gern in der Gunst ihrer vielen guten Bekannten sonnen. Ihre Kontakte sind zwar extensiv und heftig, aber von mangelndem Tiefgang. Als Wahl-Singles sehnen sie sich zwar manchmal nach der wohligen Wärme eines trauten bürgerlichen Heimes, aber im Grunde ihres Herzens lieben sie ihre Unabhängigkeit und Freiheit so sehr, dass sie sie nicht gegen die goldenen Fesseln einer festen Beziehung eintauschen möchten. Sie schätzen ihre Autonomie sehr und ähneln Planeten, die selbstbewusst ihre eigenen Bahnen ziehen und sich damit begnügen, mehr oder weniger oft den Kurs eines gegengeschlechtlichen Planeten zu kreuzen, um dann für eine begrenzte Zeit mit ihm um einen gemeinsamen Mittelpunkt zu kreisen.
- James-Bond-Typen (gemeint sind immer auch die weiblichen

Vertreter dieses Genres) kultivieren eine hohe Wertschätzung von Schönheit, körperlicher Fitness und Jugendlichkeit. Vitale Spannkraft unter gebräunter Haut, eine sportlich durchtrainierte schlanke Figur, ein unbesiegbar junges Lächeln im Gesicht: Leben ist für sie anscheinend »ein Frühling ohne Ende« und die Nichtexistenz von Krankheit, Leid und Tod.

- James Bond ist ein guter Liebhaber. Sexualität hat in seinem Daseinsentwurf einen besonders hohen Stellenwert. Er bietet leidenschaftlichen, erregenden Sex und sich als Lustobjekt. Er sucht bei ihr die Korrespondenz der sexuellen Bedürfnisse und weniger die der Seelen. Ihm genügen ein hohes Sympathieniveau und die sexuelle Anziehungskraft des anderen. Sie ist ein ausgesprochen orgastisches Talent mit einem exzellenten Körperbewusstsein. Sexualität wird ohne Hemmungen betrieben, in jeder Stellung und fast an jedem Ort (wenn es die Umstände nicht anders erlauben). Lebensgeschichtlich oder situativ bedingte Störungen der sexuellen Funktionen – wie sie auch bei Gesunden auftreten können – passen nicht in das eigene Selbstbild und werden auch beim Partner nicht toleriert. Versagen wird gnadenlos missbilligt und hat die Entwertung der betreffenden Person zur Folge.
- James Bond lebt in einer sich schnell verändernden Welt. Er kennt deshalb auch keine wirkliche mitmenschliche Kontinuität. Für ihn ist auch die Liebe nicht von Dauer. Gefühle kommen und gehen, auf die Beständigkeit einer Zuneigung ist kein Verlass. Er liebt nicht aus seinem innersten Wesenskern heraus, den anderen nicht in seiner einmaligen Individualität. Treue passt nicht in sein Weltbild, da sie die Absicht und das Versprechen auf eine dauerhafte Beziehung voraussetzt. Diese hat er erst gar nicht.
- James Bond versteht sich auf Eroberungen. Er kann hinreißend charmant, aufmerksam und lieb sein und seiner Partnerin das unerschütterliche Bewusstsein vermitteln, dass sie die schönste und anbetungswürdigste Frau der ganzen Welt ist. Er lässt für sie Blumen vom Himmel regnen und einen Rolls-Royce vorfahren, tausend Kerzen anzünden und den größten Brillantring herbeischaffen. Aber er tut es nicht aus himmelstürmender Liebe, sondern aus Kalkül. Er will sie haben und sich obendrein im Glanz seines Erfolges sonnen.

- Liebe ist für ihn Spaß, Spiel und glückliche Leichtigkeit. Er hat Affären, aber keine Liebesbeziehungen. Das Erobern, Verführen und Verlassen des Partners gehören zusammen, sind nur die drei Kapitel eines spannenden Romans, den man nach beendeter Lektüre befriedigt weglegt. Menschliche Beziehungen sollen unverbindlich sein und bleiben, sie dürfen nicht in irgendeine Form von Verantwortung münden. Sich festlegen und binden, davor hat er Angst. Ganz tief unten, im äußersten Winkel seiner Seele, hat er kein Vertrauen zu den Menschen, und ein klein wenig hasst er sie auch. Wie sonst könnte er sich immer wieder problemlos über deren Gefühle oder Bindungswünsche hinwegsetzen?
- James Bond betet die Stärke an. Er ist selbstbewusst und kann, wenn es sein muss, auch brutal werden. Wirklichen Respekt hat er nur vor Personen, die ihm ebenbürtig sind. Er sucht und findet starke Frauen, die ihm Paroli bieten können oder in einen spannenden Konkurrenzkampf verwickeln, der sein ganzes Können herausfordert. Die Schwachen dagegen mag er nicht. Seine Partnerin darf keine Schwierigkeiten machen, an irgendwelchen seelischen Problemen kranken, darf nicht unpässlich sein und als Spielverderberin auftreten. Jeder ist seines eigenen Glückes Schmied und hat für die Befriedigung seiner Wünsche selbst zu sorgen. Rücksichtnahme auf den anderen kann nicht erwartet werden.
- James Bond gibt sich, das heißt seine wahre Wesensart, in der Regel nicht zu erkennen. Seine Redseligkeit offenbart nicht sein Innerstes. Er möchte für den anderen undurchschaubar bleiben und umgibt sich gelegentlich mit der Aura des Geheimnisvollen. Wie tief er fühlt oder hasst oder liebt oder leidet – man erfährt es nie. Auf diese Weise bewahrt er sich eine große Portion Unangreifbarkeit und die Möglichkeit, immer wieder zu überraschen.
- Ich will zum Schluss meiner Aufzählung die letzte, aber wichtigste Eigenschaft dieses Menschentyps darlegen: James Bond ist ein Egoist. Er steht unter der Herrschaft des Bedürfnisprinzips. Er nimmt sich, was er will. Für ihn ist Liebe ein Tauschgeschäft, das Liebesobjekt ein Konsumartikel. Er bietet ein Bündel attraktiver Eigenschaften und sucht im Ausgleich dafür einen Partner mit dem gleichen Marktwert (nach E. Fromm). Zuckerschlecken auf der Basis von Gegenseitigkeit. »Liebe ist ein Festmenü,

komm und bedien dich bei mir!« (Schlagertextzeile aus einem Peter-Alexander-Lied) »Sein Charakter ist darauf eingerichtet, auszutauschen, zu empfangen und zu verbrauchen.« (Fromm, 1956, S. 118). »Man schließt ein zweiseitiges Bündnis gegen die Welt, und dieser Egoismus zu zweit wird dann für Liebe und Vertrautheit gehalten.« (ebd., S. 119) James Bond ist ruhelos-aktiv, immer mit der Befürchtung im Nacken, etwas zu verpassen. Sein großes Lebensthema ist Spaß und Genuss. Das Spiel mit der Liebe ist immer auch lustvoller Selbstbeweis.

3.1.14 Die Ehe als Sanatorium

»Liebe ist … wenn du mich wie ein rohes Ei behandelst!«
Wer oben genannten Wahlspruch zu seinem zentralen Beziehungswunsch gemacht hat, musste in der Regel eine sehr konflikt- und schmerzensreiche Kindheit überstehen. Sein gegenwärtiges Schonungsbedürfnis kann als Gegenprogramm zu häuslichen Katastrophenerfahrungen in jungen Jahren verstanden werden. Diese innerfamiliären Desaster bestanden aus Lärm und Ruhelosigkeit, aus Dauerkonfliktspannungen, aggressiv aufgeladenen Disharmonien, aus Unverständnis und fehlender Rücksichtnahme auf die Entwicklungserfordernisse der Kinder. Letztere waren nicht nur der täglichen Frustration ihrer berechtigten Bedürfnisse, sondern auch einem Trommelfeuer verletzender Stressoren ausgesetzt. Wen wundert es da, dass sie sich als Erwachsene in eine Beziehungswelt hineinträumen, in der Ruhe, Harmonie und Konfliktfreiheit herrschen, in der kein böses Wort fällt und keine Kritik laut wird. Sie erwarten bzw. wünschen ein totales Verständnis für ihre beschädigte Seele, Rücksichtnahme und Takt, Entgegenkommen und vor allen Dingen keine Ansprüche und Forderungen von Seiten des Partners, die ihre begrenzte Leistungsfähigkeit übersteigen.
Ich will etwas ausführlicher auf ihre ausgeprägte Sehnsucht nach harmonischer Zweisamkeit eingehen, indem ich – im Kontrast zu diesem Wunsch – ihre schlimmen Kindheitsszenarien beschreibe.
Harmoniesüchtige Menschen stammen häufig aus Familien, in denen dauernd und ausdauernd gestritten wurde. Oft haben sich ihre Eltern – schon jahrelang vor ihrer schließlichen Trennung –

wüste Grabenkämpfe geliefert. Sie schrien sich in entwürdigender Weise an und trugen ihre Meinungsverschiedenheiten hemmungslos vor den Augen und Ohren ihrer Kinder aus. Gelegentlich oder häufig eskalierte der Streit und artete in Tätlichkeiten aus.

Manchmal gab es einen Vater, der durch seine unberechenbaren Wutausbrüche ein zutiefst angsteinflößendes »Ungeheuer« war. Es herrschte eine ständig gespannte Atmosphäre: ein falsches Wort – und schon konnte es zu Explosionen kommen. Es gab vielleicht die lauten Tränenausbrüche einer gedemütigten Mutter oder die wilden Verzweiflungsanfälle eines arbeitslosen Vaters, der sich durch seinen geringen sozialen Status entwertet fühlte. Der familiäre Raum glich einem Tollhaus, und im Kontrast dazu entwickelte sich eine tiefe Sehnsucht nach Harmonie als nach einer ganz, ganz anderen Welt.

Es ist an dieser Stelle eine Einschränkung vonnöten. Von Natur aus besonders vitale Kinder identifizieren sich in der Regel mit den Aggressionen in ihrer Familie und werden selber kleine Haudegen. Sie entwickeln später kein Bedürfnis nach Schonung, sondern eher nach familiären Konstellationen, die ihnen die Gelegenheit bieten, selber genauso aggressiv wüten zu können, wie sie es in ihrer eigenen Kindheit erlebt haben.

Die Gefahren einer Sanatoriums-Ehe liegen darin, dass die mit einer solchen Beziehung verbundenen Erwartungen oft in Form eines Anspruchs auftreten und dem »gesünderen« Partner eine Last aufbürden, die dieser auf Dauer kaum tragen kann. Noch gefährlicher allerdings dürfte der falsche Umgang mit Aggressionen sein. Ärger- und Wutregungen sind in einer solchen Verbindung tabuiert und als so genannte Unwerte aus dem gemeinsamen Erlebnisrepertoire gestrichen. Sie dürfen erst gar nicht bei sich wahrgenommen, geschweige denn ausgedrückt werden, weil sie an die alten Schrecken der Kindheit erinnern und alte Wunden aufbrechen lassen. Die selbstverordnete Beißhemmung kann aber nicht verhindern, dass die in jeder Partnerschaft normalerweise auftretenden Meinungsverschiedenheiten und Enttäuschungen natürlich auch Ärgerreaktionen provozieren, die dann unter der brüchigen Decke eines künstlichen Scheinfriedens mühselig versteckt werden müssen, mit der Zeit aber die Sympathien füreinander schwinden lassen oder eine gespannte Situation schaffen. Zum Abschluss des oben genannten Themas will ich noch eine spezielle angstneurotische Partnervariante aufführen, so wie sie H. E. Richter in seinem Buch »Patient Familie« (1970) unter dem Stichwort die »angstneurotische Familie« (S. 75–90) darstellt. Richter beschreibt das Phänomen, dass Menschen, die an einer Angst- bzw. Herzneurose kranken, die Gefahr von Angstausbrüchen dadurch zu vermeiden suchen, dass sie sich in symbiotischer Weise an ihren jeweiligen Partner anklammern. Diese Individuen leiden unter latenten Vernichtungsängsten und stark angstgetönten Unheilserwartungen. Die Welt und die Menschen außerhalb ihrer eigenen vier Wände haben für sie einen zutiefst bedrohlichen Charakter, weil sie in ihnen unbewältigte Versuchungskonflikte (zum Beispiel: fremdzugehen, sexuell zu verwahrlosen, aggressiv zu werden etc.) mobilisieren können. Sie müssen diese Impulse, die bei ihnen mit starker Angstentwicklung verbunden sind, heftig abwehren. Sie tun dies, indem sie die Berührungsflächen zwischen eigener Person und furchterregender Umwelt auf ein Minimum reduzieren. Zu diesem Zweck suchen oder erziehen sie sich einen Partner, der beispielhaft verlässlich und »ein Muster an Treue, Fürsorglichkeit und Korrektheit« (ebd., S. 80) ist. Mit ihm ziehen sie sich in die idyllische Ruhe und Konfliktfreiheit ihrer künstlich geschaffenen heilen Welt zurück und schränken ihre außerfamiliären Kontakte und ihren sonstigen Lebensradius stark ein. Die beiden verhalten sich dann wie zwei Geschwister, die die Augen und Ohren verschließen vor Sex, ausgelassener Lebensfreude und vor allem Bösen und Grausamen in der Welt, und wie zwei Klammeräffchen, die aneinander völlig genug haben. Probleme treten immer dann auf, wenn der nicht-angstneurotisch gestörte Partner die miefige Enge und langweilige Symbiose satt hat und auszubrechen versucht. Dann reagiert der latent Kranke mit erneuten Angst- und Panikanfällen und setzt sein Liebesobjekt moralisch unter starken Druck, den alten Zustand des fraglos engen Einvernehmens erneut zu etablieren. Hat sich dieses Spiel allerdings viele Male wiederholt, dann kann der Droheffekt der Krankheit verloren gehen. Der Gesündere nimmt Reißaus.

3.1.15 Das (unechte) Autarkie-Ideal

»Liebe ist ... eine Illusion! Beweise du mir, dass ich mich irre!«
Cosimo G. glaubt nicht an die Liebe, weil er selber – auch als Kind – nie welche erfahren hat. Für ihn sind alle Menschen Egoisten, die nur auf den eigenen Vorteil aus sind. Er selber ist auf dauernden Kampf eingestellt, ein tiefsitzendes Misstrauen lässt ihn jede Form von freundlicher Zuwendung als gut getarntes Manöver ansehen, das der scheinbar Freundliche inszeniert, um den anderen für seine Zwecke zu missbrauchen. Cosimo G. glaubt nicht an die Möglichkeit fundamentalen Wohlwollens zwischen zwei Menschen. Er, der tief Enttäuschte, muss alle Regungen liebenden Verbundenseins zynisch abwerten und seinen Hohn über all jene Personen ausgießen, die in naiver Selbstverblendung von der Machbarkeit von Liebe und Zweisamkeit überzeugt sind. Großtönend streicht er immer wieder vor Publikum heraus, wie unabhängig er selber von jeder Form menschlichen Zuspruchs ist. Er sei sich selbst genug und brauche nicht den »Affenzirkus der Geschlechter«, das »ewige Getriebe von Küssen und von Liebe«.
Trotz aller gegenteiligen Versicherungen ficht den stolzen Solitär die Möglichkeit, dass es Liebe vielleicht doch geben könnte, immer wieder an. Er lässt sich mit Frauen ein, wertet sie ab und zersetzt ihre zärtlichen Liebeserklärungen mit der ätzenden Säure seines Zweifels. Im Grunde genommen spielt er eine Doppelrolle: Er möchte in jeder eingegangenen Beziehung Schiffbruch erleiden, um sich in seinem pessimistischen Menschenbild bestätigt zu sehen. Er will diese negative Gewissheit finden, um endlich dem ganzen Rummel entsagen zu können, der um die Paarliebe gemacht wird. Andererseits treibt ihn das elementare Bedürfnis nach Partnerschaft und vertrauensvoller Gemeinsamkeit – fast gegen seinen Willen – zu immer neuen Versuchen an und lässt ihn nicht zur Ruhe kommen. Er unterzieht seine jeweilige »Freundin« dauernden Bewährungsproben mit dem großen Wunsch im Herzen, sie möge ihm durch ihre unbeirrbare Standfestigkeit beweisen, dass es doch so etwas wie verlässliche Liebe gebe. So schwankt Cosimo G. zwischen dem höhnischen Triumph, sich bestätigt zu finden (»Liebe ist eine Illusion!«), und einer tiefen, nicht eingestandenen Traurigkeit, wenn es wieder einmal zu einem Desaster zwischen

ihm und der erwählten Frau gekommen ist. Sein zentraler Beziehungswunsch ist es, durch die Machbarkeit einer unbezweifelbaren und unzerstörbaren Liebe doch noch aus seiner kalten Einzelexistenz herausgerissen zu werden. Aber: Wo findet sich diese Frau mit der übermenschlichen Fähigkeit, solch einem Ekelpaket wie Cosimo dauernd zugetan zu sein?

In die gleiche Rubrik wie Cosimo G. gehören auch all jene Individuen, die Menschenliebe zwar für möglich halten, aber nicht zwischen den Geschlechtern. Ich spreche von der stark frauenfeindlichen Einstellung mancher Männer und der stark männerfeindlichen Einstellung mancher Frauen.

Es gibt Mädchen, die in einer frauenbündlerischen Familie groß werden, in denen die Mütter das Sagen haben. Oft leben mehrere Generationen unter einem Dach oder in nachbarlicher Nähe. Die schon total vergreiste Urgroßmutter thront als weiblicher Racheengel und Männerfeindin Nummer eins wie ein Geist über der ganzen Sippe; Großmutter und Mutter einigt der Hass im Bund gegen ihre eigenen Ehemänner, von denen sie meist geschieden sind. Das Mädchen, das in solch einer Familie heranwächst, hört mit großer Regelmäßigkeit Sprüche wie: »Was sind die Männer schlecht. Was tun sie uns armen Frauen an. Männer sind alle Vergewaltiger und Bösewichte!« Es folgen Geschichten ihrer frevelhaften Vergehen und die konkrete Anweisung an die Tochter, sich gegenüber diesen Monstern wehrhaft und feindselig-abweisend zu verhalten. Nur wenn man ein Kind wolle, müsse man notgedrungen eine Zeit lang ihre miese Gegenwart ertragen. Sollte das männerfeindlich erzogene Mädchen – inzwischen zur erwachsenen Frau herangereift – jemals eine Partnerschaft eingehen, so wird sie der Liebe ihres Gatten misstrauen und ständig »Beweise« sammeln, die sie in ihrer ablehnenden Haltung gegenüber Männern bestätigen. Sie wird dem Mann seine Minderwertigkeit und Schlechtigkeit verächtlich vorhalten, sich selbst immer im Recht wähnen und ihn am ausgestreckten Arm emotional verhungern lassen. Nur selten wird sie seinem Drängen nach Geschlechtsverkehr nachgeben, um sich nach lustlos vollzogenem Akt angeekelt für lange Zeit zurückzuziehen. Im Grunde ihres Herzens möchte auch sie lieben. Aber sie kann es immer nur für kurze Momente. Dann überrollt sie wieder die von Urgroßmutter, Oma und Mutter vorgelebte und tief in ihr Gemüt eingebrannte Hasswelle gegen alles, was einen Penis trägt.

3.1.16 Der Hunger nach Verschmelzung mit einem idealisierten Liebesobjekt

»Liebe ist ... wenn es für mich nur dich gibt.«

Wir sind ihnen in vorangegangenen Kapiteln schon mehrfach begegnet: den Menschen mit einem inneren Strukturmangel, die an einem ungefestigten und ungenügend konfigurierten Persönlichkeitskern leiden. Ihrem Selbst fehlt es an Substanz und Kontur, es wird von einer bedrohlichen inneren Leere bestimmt. Sie führen ein unauffälliges Schattendasein und kranken an einem ständig präsenten Bewusstsein von der Nichtigkeit ihrer eigenen Existenz. Bei ihnen liegt in der Regel eine Identitätsstörung vor, das heißt »unreife, schlecht abgegrenzte und wertmäßig ungefestigte Vorstellungen über sich selbst und die anderen, begleitet von den entsprechenden Ängsten, Selbstzweifeln, Minderwertigkeitsgefühlen, Abhängigkeitswünschen ...« (Ciompi, 1982, S. 287) Sie haben einen großen Hunger nach dem Ausfüllen ihrer seelischen Leerstellen, ein Bedürfnis nach Ganz- und Intakt-Sein. Eine Abhilfe aus dieser Notsituation kann darin bestehen, dass sie sich eine fremde, schon immer erträumte Identität ausborgen. Sie suchen sich ein Liebesobjekt, das ihr idealisiertes eigenes Selbst verkörpert, und versuchen, mit ihm zu verschmelzen. Indem sie ganz in dem geliebten anderen aufgehen, partizipieren sie an dessen Großartigkeit und sind nun ein Teil von ihm und damit komplett. Der Defekt der eigenen Struktur wird durch das entlehnte Ersatz-Selbst völlig überstrahlt und verliert an schmerzender Kraft.

Personen dieses Zuschnitts konnten in ihrer Kindheit kein genügend stabiles und ausgeprägtes Selbst entwickeln, weil ihnen von der Mutter (dem Vater) das Recht auf Eigensein verwehrt wurde. Spontane Gefühlsäußerungen und impulsives Begehren wurden unterdrückt, bestraft oder mit Nichtachtung belegt; die eigene Wunschwelt verkümmerte. In der Regel sind es anspruchslose und brav angepasste Frauen, die einen schwärmerisch verehrten Mann anhimmeln und kritiklos idealisieren. Allerdings soll er ihr projiziertes Ich-Ideal verkörpern und ein Idol von erlesener Güteklasse darstellen. So klein, unbedeutend und nichtig sie sich selber einschätzen, so groß und bedeutend muss er aber sein. Jürg Willi (1975, S. 172) weist mit Recht darauf hin, dass sie ihr Idol durch ihre ausgeprägte Erwartungshaltung ein für alle Mal auf ein bestimmtes Bild festlegen und enttäuscht sind, wenn es Risse bekommt. Sie sperren den angebeteten und künstlich aufgeblasenen Partner in den Käfig ihrer hochgestochenen Idealvorstellungen ein und gestatten ihm nicht, von diesem Entwurf abzuweichen, das heißt menschliche Schwächen zu zeigen. Das geht meist nur eine begrenzte Zeit gut. Der idealisierte Mann kann sein Festgelegtsein auf makellose Größe oder Genialität nicht mehr ertragen und bricht aus. Er verhält sich plötzlich, wie es den Erwartungen des anderen schmerzlich widerspricht, nämlich authentisch und ohne eine bestimmte Rolle zu spielen. Damit entzieht er seinem weiblichen Partner die Möglichkeit, als dessen Ersatz-Selbst zu fungieren.

Ich bespreche nun eine mildere, weniger pathologische, dabei weit verbreitete Variante dieses speziellen Beziehungswunsches. Dabei denke ich an Lebensläufe, in denen bestimmte Erlebnisvollzüge mit schöner Regelmäßigkeit wiederkehren. Die betreffenden Personen entwickeln schwärmerische Lieben, die alle in die Anhimmelung eines als großartig wahrgenommenen Menschen einmünden. Sie beben und zittern am ganzen Körper, wenn das Objekt ihrer Anbetung in ihr Blickfeld tritt. Sätze wie: »Ich hab ihn unsäglich vergöttert, ich war hin und weg!« oder »Ich hab ihn extrem bewundert, es war wahnsinnig aufregend!« oder »Es war die Krönung meines Lebens, ich war wie im Rausch!« tauchen immer wieder auf. Gleichzeitig betonen die betreffenden Personen – es sind vorwiegend Frauen – ihre eigene Minderwertigkeit. »Ich hab ihn angehimmelt als die Kleine, Doofe, Hilflose!«, sagt eine Jugendliche und beschreibt anschließend ihre eigene tiefe Unsicherheit darüber: »Wer bin ich und was bin ich?« Sie stellt sich als ein Niemand dar und ihn als einen wahnsinnig tollen Mann.

Frauen dieses Typs neigen dazu, sich ständig zu entwerten und »völlig in Frage zu stellen«. Sie sind oft sehr verletzbar und zeigen ein ausgeprägtes Schamerleben. »Ich bin nicht richtig; ich bin so, dass mich keiner lieben kann!« Sie geraten in eine Katastrophen-

stimmung, wenn sie jemand zurückweist. Wir haben es hier mit Individuen zu tun, die oft von einer Verliebtheit in die andere taumeln, häufig schon eine stattliche Liste von Eroberungen aufweisen können und bei jeder neuen Liebe davon überzeugt sind, nun den Traumpartner ihres Lebens gefunden zu haben.
Die Verschmelzung mit einem idealisierten Objekt im Zuge einer tiefen und einmalig schönen Liebesbeziehung ist für sie die größtmöglichste Glücksverheißung, die es gibt. Der Partner soll ihr narzisstisches Defizit substituieren und sie damit emporheben auf die Stufe einer begehrenswerten und wertvollen Frau. Die an ihm wahrgenommenen Persönlichkeitszüge, Ideale und Lebensorientierungen können durch die innige Vereinigung mit ihm teilweise übernommen werden und so die Leerstelle im eigenen Selbstbild ausfüllen. Der einzige Haken an der Sache ist der, dass die schwärmerische Verehrung des jeweiligen Idols oft nur von begrenzter Dauer ist, weil die Idealisierung infolge Realitätsprüfung zusammenbricht. Dann steht die enttäuschte Person wieder mit leeren Händen da und sehnt sich nach einer neuen Verliebtheit – die dann prompt bald wieder eintritt. Was also benötigt wird, sind die Verliebtheit (als Eigenwert) und ein per illusionärer Verkennung aufgebauschtes Idol, nicht aber das reale Zusammenleben mit einem halbwegs passablen Partner.

3.1.17 Liebe als Universalmedizin

»(Du) Sonne, die zärtlich das Eis meines Herzens zerbricht« (Zeile aus einem Schlagertext)
Wir begegnen hier einem Beziehungswunsch, der häufig auch im Verein mit anderen Sehnsüchten – wie ich sie in diesem Kapitel beschreibe – auftaucht und in seinem Kern von der Liebe eine Art »Erlösung von allen Übeln« erwartet. Liebe soll Wunder vollbringen: den Kranken heilen und den gefühlsmäßig Erstarrten wieder auftauen, den Unzufriedenen mit seinem Dasein versöhnen und aus dem hässlichen Frosch einen strahlenden Prinzen machen. Von der Liebe wird unkritisch und nebulös der große Durchbruch für das eigene Leben erwartet. Der neue Partner soll innere Konflikte, Probleme und schmerzliche Erfahrungen wegschmelzen, erlittene

Ungerechtigkeiten tilgen und einen sinngebenden Halt in der eigenen emotionalen Eiswüste vermitteln. Das Liebesobjekt verkörpert alle Hoffnungen, die der vom Leben Enttäuschte jemals an den Horizont seiner Zukunft projiziert hat. Manchmal überträgt er sogar seine religiöse Sehnsucht auf die Partnerliebe (Jellouschek, 1992, S. 34) und befrachtet seine neue Beziehung mit einer magischen Heilserwartung. In der Liebe möchte er Gott erfahren. Dass diese Rechnung nicht aufgeht, ja nicht aufgehen kann, wird der Leser ahnen. Fehlende Lebensevidenz und quälende Unausgefülltheit, neurotische Störungen und eine kindliche Ergänzungsbedürftigkeit können nicht von einem anderen Menschen im Rahmen einer noch so lieb gemeinten Partnerschaft fortgeschafft werden. Was zurückbleibt, ist eine erneute Enttäuschung. Aschenputtel wird nicht Prinzessin.

3.1.18 Du liebst, ich liebe nicht!

»Liebe ist ... wenn ich dich sympathisch finde und du mich auf Händen trägst!«

Es sind bevorzugt Frauen, die sich auf ein Ungleichgewicht in puncto Lieben-Geliebtwerden einlassen und Männer heiraten, denen sie Sympathie und Achtung, aber eben keine Liebe entgegenbringen.

Eine meiner Patientinnen überraschte mich mit der Feststellung: »Ich habe meinen Mann geheiratet, weil ich ihn nicht liebte!« Auf weitere Befragung gab sie an, dass sie als junge hübsche Frau einen wesentlich älteren, aber wohlhabenden Herrn gewählt hatte, der sehr von ihr angetan war, ihr jeden Wunsch von den Augen ablas und sie auch sonst verwöhnte. Sie selber hatte vor dieser Ehe bereits mehrere, dazu sehr leidvolle Beziehungserfahrungen machen müssen und dabei Grenzzustände von totaler Verzweiflung und Panik erlebt. Sie war in die Nähe des emotionalen Zusammenbruchs geraten und fürchtete damals um ihre seelische Gesundheit. Die Auseinandersetzungen mit ihren verflossenen Partnern hatten ihre physischen Kraftreserven erschöpft, ein erneuter Härtetest in einer neuen, fragwürdigen Verbindung erschien ihr weder wünschenswert noch überlebbar. So verzichtete sie auf den Zauber einer erregenden Gegenseitigkeit und wählte sich die Ruhe und Sicherheit einer ungefährdeten Beziehung. Das Gehaltenwerden durch die verlässliche Liebe eines älteren Mannes, der von dem Geschenk ihrer Jugend entzückt war, galt ihr mehr als die eigene Verliebtheit. Wenn Menschen einen ungeliebten Partner wählen, dann kann das folgende Hintergründe haben:

- Verlustangst infolge schmerzvoller Trennungserfahrungen: »Meine Angst, verlassen zu werden, versetzt mich in eine aufgeregte Dauerspannung. Ich will diesen Stress nie wieder erleben.«
- Abwehr des eigenen Abhängigkeitsbedürfnisses: »Ich habe Angst, den geliebten anderen so stark zu brauchen, dass ich von seiner Zuwendung total abhängig bin, dadurch unfrei und letztlich zum Bittsteller werde.«
- Abwehr von Eifersucht: »Sobald ich jemanden liebe, ›sterbe‹ ich vor Eifersucht. Ich will die Qualen einer derartigen Situation weder ihm/ihr noch mir selber je wieder zumuten.«
- »Ich könnte die Frustration einer erneuten Liebesenttäuschung nicht mehr ertragen, nachdem ich so böse Erfahrungen mit Männern/Frauen gemacht habe. Deshalb rangiert Sicherheit vor Liebe.«
- Zweifel an der eigenen Liebesfähigkeit: »Ich stelle meine Ehe auf eine solide Basis: Hauptsache, er/sie liebt mich. Ob ich selber fähig bin, Liebe zu empfinden und zu geben, zweifle ich inzwischen an.«
- »Ich will die Strapazen eines erneuten Scheiterns nicht mehr erleiden. Ich bin müde geworden und lasse mich auf keine Experimente mehr ein.«
- Der Partner wird um sozialer oder materieller Vorteile wegen oder aber seiner Funktion wegen gewählt (dieses Thema wird in einem Extrakapitel abgehandelt).

Diese hier geschilderte Konstellation hat manches für sich und erweist sich häufig als haltbar. Aber wenn die nicht-liebende Person in einer solchen Verbindung zum Zeitpunkt der Beziehungsaufnahme besonders jung war und die folgenden Jahre ihre Wunden heilen, dann kann ihre verleugnete Liebessehnsucht erneut aufflackern und sie aus der abgesicherten, aber langweiligen Ehe ausbrechen lassen.

3.1.19 Der Partner als Entwicklungshelfer

»Liebe ist ... wenn du mir hilfst, meine eigene Identität zu finden!« In meinem Buch: Gestörte Zweierbeziehung (der Hunger nach Verständnis und der Schmerz des Nichtverstandenseins) habe ich im neunten Kapitel unter der Überschrift »Verstehen als Geburtshilfe« sehr ausführlich die Kindheit und das spätere Beziehungsschicksal einer Frau beschrieben, deren zentrales Anliegen es war, im Rahmen von Partnerschaft und Liebe ihre strukturelle Selbstschwäche zu heilen. Katja A. hatte einen existenziellen Hunger nach Verständnis und Verstandenwerden, den sie an ihren Ehemann herantrug. Sie litt häufig unter fast unerträglichen Spannungszuständen, war konfus und manchmal von einer panikauslösenden Orientierungslosigkeit ergriffen. Sie hatte in solchen Augenblicken kein festgefügtes Bild davon, wer sie ist, was sie will und welche Wertvorstellungen zu ihr gehörten. Statt eines klar umrissenen Selbstbildes war sie von einer »diffusen Gefühlsmasse erfüllt«, bewegte sich innerlich wie im Nebel und wusste nicht mehr, »was eigentlich los ist«. Die Unterscheidung zwischen »ich« und »du« wurde schwierig. Es fehlte die beruhigende Selbstgewissheit, einen eindeutig definierten Selbstkern zu besitzen, der die Basis für die eigene Identität und ein »Das-bin-ich-Gefühl« abgab. Ihre Selbstschilderung lässt sich etwa wie folgt zusammenfassen:

– »Manchmal verliere ich meinen Schwerpunkt. Alles zerbröckelt. Ich habe Angst, mein Zentrum, mein innerer Kern löst sich auf und die einzelnen Partikel schwirren davon. Meine innere Kompaktheit geht verloren. Alles zerfällt. Ich falle durch alle Etagen meines Körpers und rausche in den Weltraum ab. Ich bin dann verloren und mutterseelenallein. Ich bin eine leere Hülle, innerlich wie ausgelöscht, so kalt und starr. Es ist, als wenn man aus der gefüllten Badewanne den Stöpsel herauszieht. Manchmal – und das ist weniger schlimm – erlebe ich mich verschwommen und stumpf; alles, was innen ist, schwappt dann nach außen. Da ist ein mächtiger Sog, mit einem anderen Menschen zu verschmelzen.«

Katja A. hoffte, mit Hilfe ihres Ehemannes ihr bisher mangelhaft strukturiertes Selbst weiterentwickeln und festigen zu können. Im

Einzelnen richtete sie folgende Wünschen und Forderungen an seine Adresse:

- »Ich möchte mich bei dir anlehnen. Du sollst alle die Bausteine in deinem Selbst haben, die mir fehlen (zum Beispiel Nein sagen können, furchtlos mit anderen Menschen umgehen können).«
- »Du sollst meine Leere, mein Vakuum durch deine Lebendigkeit ausfüllen und mir neue geistige Horizonte erschließen.«
- »Du sollst ein Gespür für meine Wachstumsmöglichkeiten entwickeln und auf das keimhaft Aufbrechende in mir antworten. Hilf mir, Entdeckungen zu machen, die meiner Seele wieder ein Stück neuer Struktur hinzufügen.«
- »Hilf mir, eine eigenständige Persönlichkeit zu werden; sei mir ein stabiles Gegenüber, das mir antwortet und Paroli bietet. Gehe weiterhin einfühlsam mit mir um, aber behalte eine klar erkennbare Eigenstruktur, die meine gelegentlichen Wutausbrüche aushält, ohne Schaden zu nehmen.«
- »Mein dringlichster Wunsch aber ist, von dir in all meinen Lebensäußerungen gespiegelt zu werden. Höre interessiert zu, zeige Anteilnahme, schwinge emotional mit, spende Resonanz, gib mir vor allen Dingen Hilfestellung beim Aufbau meiner bisher nur spärlich fließenden Selbstliebe. Sage mir, dass ich liebenswert bin und andere fröhlich machen kann. Finde meine Ideen und Pläne toll und sei bereit, sie mitzutragen. Erkläre mir, dass ich für dich etwas ganz Besonderes bin.«

So weit die Fallvignette Katja A. Hier soll die Paarbeziehung dazu dienen, eine unvollendet gebliebene Identitätsbildung weiterzutreiben und abzuschließen. M. L. Möller schreibt in diesem Zusammenhang: »Der Partner wird benötigt, um sich selbst zu erkennen, um überhaupt zu erfahren, wer man/frau ist. Das ist eine Art nachholende Sozialisation.« (Möller, 1989, S. 25)

3.1.20 Masochistische Beziehungswünsche

»Liebe ist … wenn mir das zugefügte Leiden die Tür zu meinen wahren Freuden öffnet.«
Nach landläufigen Vorstellungen möchte der Masochist von sei-

nem Partner gequält, benutzt, abgewertet, gedemütigt, unterworfen und sexuell missbraucht werden, um die erlittenen Peinigungen dann in Lustgefühle zu verwandeln. Wie seine Seele diesen erstaunlichen Umwandlungsprozess allerdings bewerkstelligen soll, weiß niemand so recht anzugeben.

Um einem Irrtum vorzubeugen, muss gleich zu Anfang eines klargestellt werden: Masochistisches Verhalten hat nicht immer etwas mit Masochismus zu tun, kann verschiedene Hintergründe haben und ist nicht identisch mit der griffigen Definition: »Lust am Leiden!«

Meines Erachtens ist die so genannte Leid-Suche des Masochisten in der Regel nicht das letzte Befriedigungsziel, sondern: Leid und Schmerz sind nur Vorbedingungen, das heißt Mittel, um etwas zu erreichen, was sonst auf keinem anderen Wege zu erreichen wäre. Körperliche oder seelische Pein sind die Eintrittskarte, der zu entrichtende Preis für etwas anderes.

Es ist aus der Lernpsychologie hinlänglich bekannt, dass Reize, die einem lustvollen Befriedigungserleben unmittelbar vorangehen, mit der Zeit auch zu einer Genussquelle werden können und dann so etwas wie eine Art Vorlust darstellen. Nur über diesen Umweg sind Schmerzen imstande, einen gewissen Lustgewinn abzuwerfen. Dieser ist aber nur sekundärer Natur; das, worauf es dem Masochisten ankommt, liegt jenseits seiner Peinigungen.

Die in literarischen Werken (zum Beispiel bei Dostojewski) beschriebene Wollust einzelner Romanhelden in Bezug auf eigene Leiderfahrungen kann meines Erachtens auf dem Hintergrund einer vorübergehenden »Zweiteilung der Psyche« verstanden werden. Ein Segment der Seele (zum Beispiel das Körper-Ich) registriert den Schmerz und leidet, alle übrigen Segmente triumphieren und genießen ihn. Der Protagonist fühlt sich in seinem Martyrium zum Beispiel Christus verwandt und nahe oder als »wahrer Mensch« und gewinnt daraus einen Lustgewinn in Form heimlicher Größenvorstellungen.

Es werden in der psychoanalytischen Literatur verschiedene Erklärungsmodelle für das Phänomen das Masochismus diskutiert, aber gleichzeitig auch auf seine nach wie vor unaufgeklärte Rätselhaftigkeit hingewiesen (Wurmser, 1993).

Masochistische Beziehungswünsche – unter Einschluss des dazugehörigen sexuellen Rituals – werden auf folgende Motive und Entstehungsbedingungen zurückgeführt:

a) Der Masochist besitzt ein nur ungenügend strukturiertes Selbst, er erliegt deshalb der Identifikationsmacht eines starken, kompetenten und bewunderten Partners, an dessen Macht, Größe und Ausstrahlung er durch Unterwerfung partizipiert. Gerade wenn ihn ein »starker und unerbittlicher Gott« (gemeint ist sein Liebesobjekt) in die Knie zwingt und zu bedingungslosem Gehorsam verpflichtet, fühlt er sich geborgen, gebraucht und – als Teil des anderen, mit dem er verschmilzt – enorm aufgewertet.
b) Durch das Element des Gezwungenwerdens erfährt das Über-Ich des Masochisten eine moralische Entlastung. Sexuelle Skrupel und sonstige Bedenken werden außer Kraft gesetzt. Der Unterworfene braucht keine Verantwortung für das zu übernehmen, was ihm zustößt und widerfährt. Der freiwillige Opferstatus gestattet es ihm, Sexualität schuldgefühlsfrei zu genießen.
c) Frühe traumatische Leid- und Ohnmachtserfahrungen aus der Kindheit können bearbeitet und bewältigt werden, indem man/frau sie in symbolischer Form wiederholt und sie auf diese Weise als viel weniger angstmachend erlebt als früher. Frühe traumatische Leid- und Ohnmachtserfahrungen können zweitens abgewehrt und entschärft werden, indem sie durch kontrollierbare und weniger furchterregende Rituale überdeckt werden. Masochistische Phantasien oder Praktiken sind dann die »in Szene gesetzte eigene Leidensgeschichte« (Rohde-Dachser, 1986) zum Zweck ihrer Bewältigung.
d) Rohde-Dachser (1986) beschreibt unter der Überschrift »Ringen um Empathie« die verborgenen Motive von masochistischen Inszenierungen wie folgt: »Masochistische Vorstellungen oder Praktiken sind der verschlüsselte und symbolhafte Ausdruck von früh erlittenen psychischen Beschädigungen und eine kreative Leistung des Ich zu deren Kompensation. Danach kann es zu einem masochistischen Ringen um ein empathisches Objekt kommen, wenn das Kind den ›Glanz im Auge der Mutter‹, also eine ausreichende positive Spiegelung, vermißt. Aus diesem als existenzbedrohend empfundenen Erleben können sich … maso-

chistische Ersatzlösungen bilden, die sich aus der inneren Überzeugung speisen: Die ersehnte Empathie wird nicht freiwillig gewährt, sondern muß qualvoll erlitten werden – verbunden mit dem Wunsch nach Trost und Wiedergutmachung.«

e) Nach Benjamin (1985) handelt es sich im Fall des Masochisten um eine Person, die mit einem sehr zerbrechlichen Selbst ausgestattet ist und deshalb Nähe und Abhängigkeit meiden muss, um sich nicht selber aufzulösen (eine zu Punkt a) konträre Konstellation). Sie benötigt deshalb eine strikte Grenzziehung zwischen sich und einem potenziellen Partner, bezahlt aber diesen Distanzierungsakt mit schmerzlichen Gefühlen von Leere und Isolation. Masochistische Verhaltensweisen sind dann der Versuch, »dieses starre Gehäuse wieder zu sprengen« (Benjamin, 1985), um den Einsamkeitsgefühlen zu entgehen. Es ist ein »Drahtseilakt zwischen lustvoller Grenzüberschreitung und einer bisweilen besonders streng festgelegten und ritualisierten Grenzziehung, die die Angst vor einem Sich-Verlieren in der sexuellen Lust kontrollieren hilft«. (Hartmann, 1990, S. 49). Der Masochist dieses Zuschnitts gibt sich also nicht wirklich hin. Der ihm zugefügte Schmerz ermöglicht es ihm, die Kontrolle über die Situation zu behalten und damit der Gefahr der Fragmentierung des Selbst zu entgehen. Auf diese Weise gelingt es dem Betreffenden, Nähe dosiert und für eine eng begrenzte Zeit trotz Entgrenzungsangst zu leben.

Ich glaube, dass die eben aufgezählten fünf Denkmodelle, sprich Motive, beim klassischen Masochismus einzeln oder in Kombination zu finden sind und den Wesensgehalt dieses seelischen Regulationsmechanismus ausmachen. Auch hier wird deutlich, dass masochistische Beziehungswünsche in erster Linie auf dem Boden einer narzisstischen Störung gedeihen.
Der masochistisch veranlagte Mensch wird so lange auf Partnersuche sein, bis er den zu seiner Struktur passenden Gegenpart gefunden hat. In einer »normalen« Beziehung wird er sich nicht wohl fühlen. In einer eingespielten sado-masochistischen Konstellation dagegen kann ihm durchaus ein relativ stabiles Beziehungsglück zuteil werden.

3.1.21 Der (überzogene) Gleichheitsanspruch

»Liebe ist … wenn es ›gerecht und gleich‹ in unserer Beziehung zugeht!«

Im Zweiten Weltkrieg bekamen die deutschen Landser unter anderem das berühmte Kommissbrot als Verpflegung. Je zwei Soldaten erhielten als Tagesration ein Brot, das sie sich teilen mussten. Um das Teilen möglichst gerecht ausfallen zu lassen und Streitigkeiten zu vermeiden, war man auf einen genialen Trick verfallen: Derjenige, der das Brot in zwei Hälften zertrennte, musste seinem Kumpel die Wahl eines der beiden Halblaibe überlassen. Hatte er das Brot – ungerechterweise – in eine größere und kleinere Hälfte geteilt, so war er selber der Benachteiligte, da sich der andere das größere Stück nehmen durfte.

Dieses Beispiel demonstriert auf sehr treffende Art und Weise, was mit dem Gleichheitsanspruch gemeint ist. Es gibt nicht wenige Individuen, die diese Forderung auch gegenüber ihren Mitmenschen erheben bzw. sie in die eigene Partnerbeziehung einbringen und hier sehr darauf bedacht sind, dass es darin »gerecht und gleich« zugeht.

Das befürchtete Ungleichgewicht kann sich auf materielle oder ideelle Dinge erstrecken und bewegt sich zwischen zwei Polen: Der eine hat ein »Mehr« von positiven Sachen oder aber ein »Weniger« von negativen Dingen als der andere. Zu den Glücksgütern können gehören: ein höheres Gehalt, mehr verfügbares Geld für den eigenen Bedarf, mehr Freizeit, schönere Kleidung, das sonnigere Zimmer in der gemeinsamen Wohnung, das größere Auto; die Möglichkeit, morgens später aufzustehen und abends länger aufbleiben zu können; mehr Rückhalt und Unterstützung durch Freunde oder die eigene Ursprungsfamilie; größere Beliebtheit, mehr Bedeutung für die eigenen Kinder; eine befriedigendere Berufsarbeit und mehr Erfolg im Beruf; interessante berufsbedingte Kontakte und Reisen; bessere Entwicklungsmöglichkeiten und Gelegenheiten zur Selbstverwirklichung; die höhere Intelligenz, ein fröhlicheres Gemüt, mehr vitale Spannkraft usw., usw.

Wir sehen, es geht nicht nur um Besitz und materielle Begünstigung, sondern auch um persönliche, charakterliche Vorzüge; also um Haben und Sein. Natürlich müssen die wahrgenommenen Begünstigungen keinen objektiven Tatbestand treffen, sondern können nur die »fixen Ideen« des scheinbar Benachteiligten sein, also nur in seiner Phantasie existieren. Trotzdem können sie eine große Wirkmächtigkeit entfalten.

Wie wir oben bereits ausführten, kann sich das Ungleichgewicht auch auf ein »Weniger von Mühsal und Leid« beziehen und auf diese Weise auch wieder eine Situation von Ungerechtigkeit entstehen lassen.

Im Erleben eines derart Benachteiligten stellt sich seine Lage etwa wie folgt dar: »Ich muss mehr und härter und länger arbeiten als du! Ich muss mich um alles kümmern. Ich trage die alleinige Verantwortung für die materielle Existenzsicherung der Familie. Ich schaffe die Reichtümer ran und du genießt sie. Ich bekomme nicht genügend Unterstützung von dir, du trägst meine Sorgen nicht mit. Immer muss ich die großen und schwierigen Entscheidungen alleine treffen. Ich muss nachts raus, wenn das Baby schreit, und du schläfst seelenruhig weiter. Ich muss die Kinder alleine erziehen. Du zollst mir nicht den gleichen Respekt und die gleiche Anerkennung, wie ich sie dir gebe. Immer muss ich die Initiative ergreifen, wenn es um Sex geht. Immer muss ich Einladungen und Besuche arrangieren. Immer muss ich dafür sorgen, dass wir abends mal ins Theater, Kino oder zum Essen ausgehen!«

Die Beispiele ließen sich noch beliebig vermehren. Entscheidend ist: Der objektiv oft nur leicht Benachteiligte oder der sich subjektiv lediglich benachteiligt Fühlende gerät in eine innere Krise, die ihn unzufrieden, missgestimmt, ärgerlich oder wütend macht und den Frieden oder gar den Bestand der Beziehung ernsthaft gefährdet. Wohlgemerkt: Es geht bei dem hier zu besprechenden zentralen Beziehungswunsch nicht um Beispiele einer objektiv stark gestörten Gleichrangigkeitsbalance oder um krasse Ungerechtigkeiten in Bezug auf die Verteilung materieller und ideeller Glücksgüter zwischen dem Paar. Es geht vielmehr um den übertriebenen Gleichheitsanspruch und die sozialen Konsequenzen, die sich aus dessen vermeintlicher Verletzung für das Paar ergeben.

Wir wollen an dieser Stelle nach den Gründen einer solchen Einstellung und deren Entstehungsgeschichte fragen; die Motive verstehen, aus denen heraus ein Individuum seinen Partner ständig nach irgendeiner Vorteilsnahme belauert und dann ins Unrecht setzt. Die Verletzung des Gleichheitsprinzips kann

1. die Wiederkehr eines Kindheitstraumas produzieren;
2. starke Neidgefühle wecken;
3. die Projektion eigener Habgier- und Ausbeutungstendenzen offenbar werden lassen oder
4. das eigene Kräftereservoir und damit das Leistungsvermögen eines Menschen überfordern.

zu 1:

Kinder mit einer Serie nicht endender Unrechtserfahrungen bilden im Laufe ihrer Entwicklung oft ein sehr empfindliches Gerechtigkeitsgefühl aus. So wie zum Beispiel die Mädchen aus einer kinderreichen Familie, die permanent erleben mussten, dass die Söhne von den Eltern vorgezogen wurden und Privilegien genossen, die man den Mädchen nicht zugestand. Die Jungs hatten mehr Freiheiten, durften ihre Persönlichkeit entwickeln und später studieren. Die Mädchen dagegen mussten der Mutter zur Hand gehen, wie Mägde arbeiten und für das Wohl der Männer sorgen. Häufig kommt es vor, dass der erstgeborene Stammhalter oder ein nicht geplanter Nachzügler (Nesthäkchen) zum verwöhnten Lieblingskind der Eltern avanciert und es in allem so viel besser hat als seine streng erzogenen Geschwister. Mitunter besitzt auch die ganze Familie in dem sozialen Umfeld ihres Wohnortes eine Außenseiterposition und muss inmitten von Wohlstand, Villenpracht und großbürgerlichem Elitebewusstsein ein vergleichsweise kärgliches und unterprivilegiertes Dasein fristen. Menschen mit diesem entwicklungsgeschichtlichen Hintergrund neigen als Erwachsene häufig dazu, sich schnell zu kurz gekommen, zurückgesetzt, ausgestoßen oder benachteiligt zu fühlen, und bringen dieses Störpotenzial mit in ihre Beziehung ein.

zu 2:

Neid ist eine universelle menschliche Gefühlskategorie und tritt quer durch alle Bevölkerungsschichten auf. Er hat seine Wurzel in einem desolaten Selbstwertgefühl und der Angewohnheit, die eigene unbedeutende, nichtige und minderwertige Person mit den überschätzten Qualitäten anderer Menschen zu vergleichen. Wenn man sich selber kleiner, mieser und inkompetenter erlebt als andere, gerät man schnell in die Gefahr, die vermeintlichen Stärken und Vergünstigungen seines Partners neidvoll zu betrachten und sich darüber zu ärgern, dass es das Leben so viel besser mit ihm meint als mit einem selber.

Ich will ein Beispiel geben: Lothar W. baute mit viel Tatkraft, Wagemut und unermüdlichem Einsatz in Berlin ein gut florierendes Geschäft auf. Er absolvierte Computerkurse und bildete sich in Betriebswirtschaft weiter, um seinem kleinen Unternehmen ein modernes und kaufmännisch fundiertes Gepräge zu geben. Lothar hatte Erfolg, aber leider konnte er die Freude über seinen Aufstieg nicht mit seiner Ehefrau teilen. Letztere hielt sich total aus seinen Geschäften heraus und mochte auch im Gespräch nichts von seinen beruflichen Problemen, Transaktionen und intelligenten Aufbauleistungen wissen. »Das ist deine Sache, damit will ich nichts zu tun haben!«, pflegte sie immer wieder zu sagen und nahm kaum Notiz von seinen gelegentlichen Sorgen und gesundheitlichen Krisen infolge körperlicher und seelischer Überforderung. Lothar W. hatte bald so viel Geld beisammen, dass er für seine Familie ein schön gelegenes Grundstück (mit Hypothekaufnahme) kaufen konnte, dessen altes Haus er umbauen und gründlich renovieren ließ. Er übernahm die Bauleitung und brachte es dank klugem Management und zwölfstündiger Arbeitszeit pro Tag zu einem guten Ende. So glänzend auch seine Karriere und so groß auch seine wirtschaftlichen Erfolge waren – mit seiner Ehe ging es während dieser Aufbauphase kontinuierlich bergab. Seine Frau konnte offenbar die Tüchtigkeit ihres Mannes, seine konsequente Anstrengungsbereitschaft und sein Fachwissen im Geschäft und auf dem Bau nicht verkraften. Je häufiger und verbitterter seine Vorwürfe wurden wegen ihrer fehlenden Anteilnahme und ihrer Weigerung, Einzelaufgaben in eigener Verantwortung durchzuführen (sie war nicht berufstätig), desto mehr zog sie sich zurück. Sie verweigerte ihm die Anerkennung für seinen Fleiß und seine Erfolge (die, wie er meinte, doch der ganzen Familie zugute kamen), sie interessierte sich nicht für seine Arbeit, sie teilte seine Sorgen nicht und lehnte eine tatkräftige Hilfe und eigenes Mittun ab. Das war offenbar ihre Strategie, mit der eigenen Neidproblematik umzugehen (»Er ist tüchtiger, erfolgreicher und kompetenter als ich!«).

Gleichzeitig erreichte sie mit ihrem Vorgehen, dass sich ihr Mann seines Fortkommens und der angehäuften Reichtümer nicht mehr freuen konnte und infolge ihrer ausbleibenden Liebe immer depressiver wurde. (Der Leser möge berücksichtigen, dass ich in dem eben geschilderten Beispiel nur einen, aber wichtigen Aspekt des Ehedramas beschrieben habe.)

zu 3:

Menschen sind häufig gieriger, als sie nach außen zu erkennen geben. Es gibt biographische Entwicklungslinien, die bei ihren Opfern ausgedehnte Ausbeutungstendenzen hinterlassen. Häufig sind sich die Betroffenen ihrer diesbezüglichen Abgründe dumpf bewusst und halten sie streng unter Verschluss. Die vermeintliche Vorteilnahme ihres Partners kann aber diese versteckt gehaltenen Antriebskräfte wieder auf den Plan rufen und das Gefühl bei ihnen erzeugen: »Nicht dir darf es besser gehen als mir! Ich will den großen Reibach machen und auf Kosten anderer leben!« Es ist für sie unerträglich, dass der Partner scheinbar das tut, was zurückzuhalten sie sich so große Mühe geben.
Wir sehen an dieser Stelle besonders deutlich, dass der so genannte Gleichheitsanspruch (und das gilt auch für Punkt 1 und 2) einen Regulationsmechanismus darstellt, der die Aufgabe hat, das seelische Gleichgewicht eines Menschen aufrechtzuerhalten. Denn nur wenn Gerechtigkeit und damit Gleichheit unter den Partnern gewährleistet sind, werden die traumatischen Kindheitserfahrungen (Punkt 1), die Neidgefühle (Punkt 2) und die Ausbeutungstendenzen des Anspruch-Trägers nicht aktiviert, sondern im Hintergrund gehalten. Wird der Anspruch aber durch den Partner verletzt, so muss der davon Betroffene bestimmte Bewältigungsstrategien in Gang setzen. Er wird missmutig und zieht sich zurück oder verweigert dem anderen seine Zuwendung. Er fängt an zu nörgeln oder greift zur Entwertungstaktik (»Was du machst, taugt nichts!«). Er entzieht seinem Liebesobjekt die Aufmerksamkeit und das Interesse für dessen alltägliche Sorgen und Widerfahrnisse. Er verweigert Hilfeleistungen, nimmt an bisher gemeinsam geführten Aktivitäten nicht mehr teil oder besteht darauf, dass jeder fortan »seinen Kram« alleine macht. Er wird zur »Giftspritze« und verdüstert damit die häusliche Atmosphäre so gründlich, dass ein Zusammen-

leben kaum noch erträglich ist. Was er nicht macht, ihm aber helfen könnte, aus seiner »Notlage« herauszukommen: Er besinnt sich auf seine eigenen Stärken und unternimmt alles, um in fairer Rivalität seine Ressourcen und Möglichkeiten ins Spiel zu bringen.

zu 4:

In meinem Buch war schon mehrfach von Kindern die Rede, die von Vater oder Mutter in Elternfunktionen gepresst und damit schon in jungen Jahren heillos überfordert wurden (Parentifizierung). Diese Heranwachsenden mussten ständig ihre emotionalen und physischen Kräfte überziehen und in Dienstleistungen stecken, die gegen ihr eigenes Entwicklungsinteresse verstießen. Ich habe häufig erlebt, dass diese Kinder, später als Erwachsene, sich oft wie ausgelaugt und körperlich erschöpft fühlten. Es ist, als hätten sie die ihnen zur Verfügung stehende Energie bereits in frühen Jahren verbraucht und nun nicht mehr zur Verfügung. Oft kommt hinzu, dass sie durch ihr krank machendes häusliches Milieu neurotisch deformiert wurden und später große Mühe haben, ihr leckgeschlagenes Lebensschiffchen über Wasser zu halten, was neben der anfallenden Alltagsarbeit zusätzlich noch viel Energie benötigt. Personen mit dieser Vorgeschichte fühlen sich durch die Anforderungen einer normalen Partnerschaft und Familie häufig überfordert. Sie haben subjektiv den Eindruck, schier Übermenschliches zu leisten, wenn sie die ihnen zugewiesene Rolle (Hausfrau, Mutter, Verdiener) halbwegs bewältigen. Im Grunde genommen erwarten sie für ihre »Riesenleistung«, die ja in den Augen der Mitwelt keine ist, uneingeschränkte Bewunderung und Anerkennung. Sobald sie nun aber das Gefühl bekommen, ihr Liebesobjekt habe es da und dort etwas leichter im Leben (und das geschieht unberechtigterweise sehr leicht), müsse weniger Mühsal erdulden als sie selbst, geraten sie in eine heftige emotionale Schieflage ob der schrecklichen Ungerechtigkeit des Schicksals, brechen zusammen oder werden krank. Das ihnen als Kind angetane Unrecht (Elternfunktionen für Vater oder Mutter übernehmen) feiert Auferstehung und wird nun dem Partner als schweres Vergehen oder große Lieblosigkeit angelastet.

Es gibt immer wieder einmal die romantische Idee, man könne das konflikt- und spannungsreiche Verhältnis zwischen Mann und

Frau – hervorgerufen durch eine unterschiedliche Sozialisation, eine unterschiedliche Anatomie und Physiologie und den ungleichwertigen sozialen Status in der Gesellschaft – in eine harmoniebetonte Gleichrangigkeit umwandeln. Für diese Konstellationen hat die amerikanische Soziologin Pepper Schwartz (1995) den Begriff der »Peer-Partnerschaft« geprägt. Er ähnelt in seiner argumentativen Ausgestaltung jenen Vorstellungen, die unter dem Schlagwort von der androgynen Revolution durch die Medien spukten. Bei beiden Ansätzen geht es um den Versuch, die emotionalen Geschlechts- und Rollenunterschiede zwischen Mann und Frau einzuebnen, ihre Wunsch- und Gefühlswelten deckungsgleich zu machen und sie in Kleidung und Outfit so weit aneinander anzugleichen, dass sie kaum noch visuell unterscheidbar sind. Beide sollen in tiefer Freundschaft miteinander verbunden sein und ihre Karrieren zugunsten der Zweierbeziehung zurückstellen. Peer-Paare verfolgen ein gemeinsames Ziel im Leben, haben gleiche Wertvorstellungen und Geschmacksrichtungen. Sie gucken einander nicht verliebt in die Augen. Ihr Blick ist vielmehr nach außen auf ein gemeinsam zu realisierendes Projekt gerichtet. Das macht sie zu echten Partnern an einer Sache. Sie werden zu Brüderlein und Schwesterlein und finden es nicht tragisch, auf erregenden Sex zu verzichten (denn dieser erwächst häufig aus dem Anderssein, aus Streit und dem Geheimnis der Geschlechter). Die hier beschriebene Peer-Partnerschaft existiert bei einem geringen Prozentsatz der Paare tatsächlich. Es hat sie schon immer gegeben und es wird sie auch weiterhin geben. Ich sehe in ihr keine allgemein anzustrebende Beziehungsform. Sie ist ein durch Zeitschriften kreierter Trend, eine Modeerscheinung, die es in dieser Massenausbreitung eher in Boulevardblättern denn in der Realität gibt.

3.1.22 Das Bedürfnis nach »hymnischer Dauerbejahung«

»Liebe ist … wenn du mich hinreißend attraktiv findest und mich anbetest!«

Ich komme jetzt dazu, eine spezielle Liebes- und Wunschwelt zu beschreiben, wie wir sie vorzugsweise bei der hysterischen Persönlichkeitsstruktur und insbesondere bei den dazugehörigen Frauen vorfinden. Dabei orientiere ich mich streckenweise an der sehr treffenden Darstellung, wie sie A. Heigl-Evers/F. Heigl, 1969, für diesen besonderen Typ abgegeben haben.

Die hysterische Frau (in ihrer halbwegs gesunden Variante) »ist reizend, aktiv zärtlich und liebevoll«. »Ein solcher Mensch geht impulsiv auf andere zu, versprüht gleichsam Charme und Bezauberung. Er verfügt über ein bezwingendes Lächeln« (S. 185) und zeigt einen flirtenden Blickkontakt. Die an ihr Liebesangebot geknüpften Erwartungen sind hoch: »Weil ich so liebevoll bin, machst du mich zu einer wundervollen Frau, zur Königin aller Frauen, der Bewunderungs- und Huldigungsgaben dargebracht werden« (ebd., S. 191.) Die hysterische Person erwartet sofortige Bestätigung und beglückende Resonanz von Seiten ihres Partners. »Der andere soll, ja muss mich unwiderstehlich finden und froh und dankbar sein, dass er mich lieben und bewundern darf« (ebd., S. 86), da sie ihm die Welt doch so bezaubernd und aufregend macht. »Ihr sieghafter Charme soll den Partner zur Bewunderung hinreißen. Sie genießt die hohe Zeit der Erregung von Entzücken und des Umworbenseins« (ebd., S. 86) und ist von dem »egozentrischen Verlangen besessen, dauernd beachtet, anerkannt und bestätigt zu werden« (ebd., S. 86) (Ende des Kurzreferats).

Im Grunde erträgt sie eine Beziehung nur, solange die Liebe des Partners überschwänglich und leidenschaftlich fließt, alle wohltemperierten Ausdrucksformen von Zuneigung dagegen enttäuschen ihre hochgestochenen Erwartungen. Zum Schlachtfeld ihrer Siege hat sie insbesondere die Liebe erkoren. Sie möchte als tolle Liebhaberin Bestätigung erfahren und gefeiert werden. Sie wiegt sich im Glauben, ein Vollweib und somit unheimlich sexy zu sein. Sie streicht ihre eigenen Qualitäten heraus und macht Äußerungen wie diese: »Bei mir stehen die Männer Schlange. Ich mache sie alle verrückt nach mir und werde von ihnen angebetet.«

Eine Frau mit der hier beschriebenen Struktur, Nicole W., verlangt von ihrem Freund ansprüchliche Liebesbeweise: Er soll den ganzen Tag auf Knien vor ihr herumrutschen, sie enthusiastisch in all ihren Lebensäußerungen bejahen und alles toll finden, was sie sagt und tut. Er sollte sich mit Nebenbuhlern ihretwegen prügeln, sich für sie ruinieren, sie jeden Tag aufs Neue erobern, mit dem Hubschrauber über ihrem Haus kreisen und Tausende von Rosen regnen lassen (so wie es Gunter Sachs bei Brigitte Bardot getan hat). Immer, wenn sie mit dem Ausmaß seiner Bemühungen unzufrieden ist, ertönt vorwurfsvoll ihr Standardsatz: »Wenn du mich ganz glühend lieben würdest, dann würdest du jetzt ... das und das tun (zum Beispiel im Winter in das kalte Wasser eines Sees springen).« Die hysterische Frau leidet an einem narzisstischen Defizit, das von ihrem Partner getilgt werden soll. Sie macht stürmische Liebesangebote und sich selbst zum Geschenk. Ihr »weibliches Selbstwertgefühl ist weitgehend von der Bestätigung durch den anderen abhängig. Sie ist ihrerseits gekränkt, wenn diese Bestätigung ausbleibt.« (ebd., S. 90)

3.1.23 Der Partner als Erweiterung des eigenen Ichs

»Liebe ist ... wenn du dich für mich aufgibst!«
Die hier darzustellende Beziehungsstruktur kann als extrem ungleichrangig bezeichnet werden. Sie stellt eine Art Einbahnstraße bezüglich des emotionalen Güteraustausches und der erbrachten Dienstleistungen dar. Die beiden, an der Paargruppe Beteiligten, sind scheinbar sehr verschiedene Charaktere: Der Protagonist verkörpert einen bestimmten narzisstischen Typ mit einer speziellen Persönlichkeitsstruktur, sein komplementärer Partner verhält sich dienend und neigt zur Opferrolle; beide leiden an einem ungesicherten Selbstwertgefühl.
Narziss, so will ich den Hauptakteur nennen, stellt die kraftvoll-dynamische, gut kompensierte Variante all jener Charakterformationen dar, die in der Fachliteratur unter dem Stichwort »narzisstischer Formenkreis« beschrieben werden. Narziss neigt zu größenwahnsinnigen Phantasien und Grandiositätsvorstellungen, zu »hypomanischer Betriebsamkeit, Theatralik und dauernder geselliger Anstrengung« (J. Willy, 1975, S. 67). Er nimmt seinen Partner nicht als eigenständige Person mit einem autonomen Entscheidungs- und Willenszentrum wahr, sondern als Teil des eigenen Ichs, als ein Anhängsel seiner Person, »als etwas, das sein Selbst auffüllt, ergänzt, schmückt und erhöht« (ebd., S. 67). Der andere gerät nur dann in sein Blickfeld, wenn er nicht mehr gemäß den

Forderungen und Ansprüchen des Narzissten funktioniert. Es besteht ein schuldgefühlsfreies Bemächtigen, Besitzen und Ausnutzen des anderen, der jederzeit verfügbar und bereit zu sein hat, seinem Herrn zu dienen. Es ist seine Aufgabe, die unantastbare Großartigkeit des Narzissten zu respektieren und zu bestätigen, als Lieferant für Triebbefriedigung zur Verfügung zu stehen oder sich als Schmuckstück anzubieten. F. Petermann (1988) beschreibt unter dem Begriff des »expended self« die Dynamik der hier vorgestellten Beziehungsstruktur, ich werde mich im Folgenden an seine Ausführungen halten:

Narziss löst bei vielen seiner Mitmenschen eine idealisierende Faszination aus. Er selber scheut sich nicht, die eigene Person als grandios darzustellen. Sein Gefühl von sich selbst ist das von Ausdehnung, Brillanz, Genialität, Rechthaben, Schön- und Unwiderstehlichsein. Gegenüber seinem Partner fordert er eine bedingungslose Zustimmung und Übereinstimmung nach dem Motto: »So, wie ich mich selber, dich und die Welt sehe, ist es richtig! Du musst mir meine Sicht der Dinge uneingeschränkt bestätigen.« Narziss macht den eigenen Partner passgerecht durch subtile Manipulation, durch Entwerten, Androhen von Verlassen, durch Erzeugen von Eifersucht, durch Anschreien oder verletzende, unverschämte bis brutale Äußerungen. Er belohnt sein Liebesobjekt, wenn dieses freudig bereit ist, das idealisierte Selbstbild des Narzissten zurückzuspiegeln. Seine Tendenz zu senden ist deutlich ausgeprägt, hingegen seine Bereitschaft und Fähigkeit zu empfangen gering entwickelt. Gespräche verlaufen einseitig, Interesse und Aufmerksamkeit gehen fast nur in Richtung des eigenen Ego. Er hat die Neigung, sein Gegenüber zu überrollen bzw. für eigene Zwecke zu vereinnahmen. Narziss vermeidet länger dauernde Nähe und das tiefe Berührtwerden durch den anderen. Er kann sich nicht mit dem Partner auf einer tiefen, menschlichen Ebene treffen und wohl fühlen. Er hat keine oder wenig Schuldgefühle und erkennt allgemein verbindliche gesellschaftliche Regeln nicht an oder definiert sie nach eigenem Ermessen um. Empathische Resonanz und Regungen des Mitgefühls fehlen weitgehend. Er hat massive Schwierigkeiten, auf sein Liebesobjekt so einzugehen, wie dieses es benötigt. Bei näherem Kennenlernen seiner Person erschreckt ein Mangel an Menschlichkeit. Irgendwie ist Narziss gna-

denlos. Hinter seinem pseudofreundlichen Gebaren spürt man eine kalte, unerbittliche und berechnende Qualität. Er selber fühlt sich – trotz seiner glanzverbreitenden Fassade – häufig leer, erschöpft und einsam. Er ist getrieben und unbefriedigt und merkt häufig, dass ihm etwas Wesentliches fehlt. (Ende des Kurzreferats)
Der narzisstische Menschentyp dieser Prägung kommt in allen Volksschichten und Berufsgruppen vor. Er findet sich gehäuft allerdings bei Künstlern, Sektengründern, selbst ernannten Psychogurus, politischen Führern, religiösen Eiferern und Personen, die mit Sendungsbewusstsein auftreten und eine Art Gemeinde von Jasagern und Claqueuren um sich versammeln. Für den Narzissten erfüllt sich immer dann die große Liebe, wenn sich der andere für ihn aufgibt, Teil seines ausgedehnten Selbst wird, eigene Wünsche und Ziele vergisst und sich total mit den Interessen seines Idols identifiziert. Der Narzisst presst seinen Partner oft wie eine Zitrone aus und wirft ihn weg, wenn er seine Schuldigkeit getan hat.

3.1.24 Der Partner als Bundesgenosse

»Liebe ist … wenn du mich entlastest und mir einen Teil meiner Arbeit und Sorgen abnimmst!«
Es geht im vorliegenden Fall nicht darum, dass sich zwei Menschen mit gleichem Interessensspektrum zusammentun und ein gemeinsam auserkorenes Ziel mit der Kraft, Energie und der Intelligenz zweier Individuen zu realisieren versuchen und auf diese Weise schneller und besser den gewünschten Erfolg erreichen; also ein ideales Team bilden, um gemeinsam stärker zu sein. Hier geht es vielmehr darum, einen Partner zu finden, der sich zur Mithilfe bereit erklärt; der gewillt ist, das Päckchen des anderen mitzutragen. Oft sucht ein überforderter Perfektionist oder ein in Arbeit ertrinkender Geschäftsmann oder ein Bauer eine Frau, die als kostenlose Arbeitskraft die Sache ihres Mannes zu ihrer eigenen macht und tüchtig mitschuftet. Oder jemand benötigt einen fleißigen Lebensgefährten als Steigbügelhalter für seine eigene Entwicklung oder Karriere. Ein Student heiratet eine Krankenschwester. Sie versieht den Haushalt und verdient obendrein das Geld für den Lebensunterhalt und hält ihm so den Rücken frei für eine relativ sorglose

Studienzeit. Entscheidend bei dieser Konstellation ist, dass in der Regel nur die Interessen des einen im Vordergrund stehen, der dazugehörige Partner aus Loyalität und der Hoffnung auf spätere Belohnung mitmacht. Das Liebesobjekt kann in eine erbittert geführte Sippenfehde hineingezogen und dann als Kampfgefährte aufgebaut werden (»Wir beide gegen den Rest der Welt!«); er wird als Ernährer benötigt für eine kinderreiche, aber vaterlose Familie; oder als Übergangsobjekt für eine junge Frau mit verzögerter Pubertät, die nun in einem zweiten Anlauf den ursprünglich nicht gelungenen Abnabelungsprozess von Mutter und Vater nachholt. Schwierig wird eine derart aufgebaute Beziehung immer dann, wenn der funktionalisierte Partner sich des Missbrauchtwerdens bewusst wird oder die erhoffte Entschädigung in Form von Dankbarkeit oder Zuwendung ausbleibt. Häufig wird das als Bundesgenosse ausgebeutete Liebesobjekt dann schnöde fallen gelassen, wenn sein Partner am Ziel seiner Wünsche (Examen bestanden, Karriere geglückt) angelangt ist und den Mitstreiter nicht mehr benötigt.
Nicht selten wird eine Beziehungsperson durch ihren vitaleren Partner zu einer »bedingungslosen Bundesgenossenschaft« (H. E. Richter, 1970) mehr oder weniger sanft, manchmal auch massiv genötigt. Bei der hier gemeinten Form handelt es sich um das Manifestwerden einer paranoiden Einstellung gegenüber Menschen und Welt und um den Versuch ihrer Bewältigung mittels eines willigen Mitläufers. Der Träger dieser starken feindseligen Impulse (nichts anderes bedeutet hier paranoid) will ihrer dadurch Herr werden, indem er sich mit einem anderen Menschen zusammentut und gemeinsam mit ihm seine Nachbarn, Verwandten, Berufskollegen, Politiker, Ausländer oder bestimmte Institutionen verteufelt. Oft leiten aber auch beide Personen in einer Paargemeinschaft ihre unerträglichen wechselseitig-hasserfüllten Aggressionen nach außen ab und »schaffen sich die Fiktion guten Einvernehmens« (Richter, 1970, S. 91), indem sie ihre Probleme in die Umwelt verlegen und sich auf diese Weise »Adressaten für die Vorwürfe besorgen, die sie eigentlich gegeneinander und ursprünglich sogar meistens unbewusst gegen ihr eigenes Ich richten« (ebd., S. 91).
Der paranoide Mensch deutet die Realität wahnhaft um (»Nicht ich bin böse, die anderen sind es!«) und erreicht auf diese Weise eine Solidarisierung mit seinem Partner, »die meist wegen eines be-

sonderen Maßes an unbewältigter Aggression auf andere Weise nicht mehr erreicht werden könnte« (ebd., S. 90).

»Wer nicht über eine sehr fundierte persönliche Identität verfügt, ist anscheinend unter gewissen Umständen auch gegen besseres Wissen bereit, dem suggestiven Sog eines paranoiden Denksystems zu erliegen, das blitzableiterartig eine Abfuhr aller bedrohlichen interindividuellen bzw. gruppeninternen Spannungen verheißt.« (ebd., S. 91)

Der Leser wird unschwer erraten, dass dieses eben vorgestellte Beziehungsmuster ganz besondere Gefahrenquellen in sich birgt: Die im gemeinsamen Abwehrkampf gegen eine böse oder sündhafte Welt gebundenen Aggressionen lassen sich nur so lange auf Außenfeinde konzentrieren, solange beide Ehepartner an einem Strang ziehen. Sobald der eine ausschert, andere außerhäusliche Interessen entwickelt, die Festung Ehe für einige Stunden oder Tage verlässt, sich mit neu gewonnenen Freunden oder Kollegen trifft oder gar mit einem anderen Liebesobjekt liebäugelt, kommt es zu einer eruptiven Sprengung der Beziehungsbande. Nun ist der einstige Bundesgenosse der Verräter oder Teufel in Person und muss gewaltsam zurückgeholt, radikal bekämpft oder brutal ausgestoßen werden.

3.1.25 Das Bedürfnis nach Stimulierung

»Liebe ist ... wenn du mir laufend irgendwelche Aufregungen verschaffst!«

Es gibt Individuen mit einem starken Stimulationsbedürfnis. Sie benötigen ständig einen Strom aufpeitschender Reize aus der Außenwelt, um ein normales Erregungsniveau und damit gekoppelt ein durchschnittlich gutes Wohlbefinden aufrechtzuerhalten. Ein Patient von mir berichtet: »Ich brauche immer was Neues. Ich liebe das Getümmel, das Gebrüll und die Randale. Ich bin bestrebt, mein Leben mit kleinen Sensationen zu füllen. Ich muss einen gewissen Stresspegel haben, sonst stürze ich ab und merke nicht, dass ich lebe. Wenn um mich Ruhe herrscht, falle ich in ein schwarzes Loch.«

Waghalsige Aktionen und peinliche Affären brachten ihn in die

Zone der Selbstgefährdung. Er fühlte sich erst dann richtig gut, wenn ihn die Umstände total forderten und sein Puls hochschnellte. Wir haben inzwischen Einblick in die Entwicklungsgeschichte reizüberfluteter Babys und Kinder, die in einem extrem unruhigen, lärmerfüllten, von Gefühlsstürmen erschütterten häuslichen Milieu groß wurden. Sie passen sich als Überlebenskünstler an die »Erdbeben« und den Stress der elterlichen Umwelt dadurch an, indem sie ihre Toleranzschwelle für beeindruckende und erschreckende Ereignisse heraufschrauben. Sie gewöhnen sich auf diese Weise an das Trommelfeuer ihrer affektiv ständig ausrastenden Bezugspersonen um den Preis, dass sie selber hinfort eine hohe Dosis an Erregungsmomenten benötigen, um eine eigene normale Lebendigkeit und Wachheit herzustellen und zu halten. Wenn sie später als Erwachsene die Kinderstube längst verlassen haben, sind sie darauf angewiesen, ihren erlernten Reizhunger woanders zu stillen. Sie entwickeln die Sehnsucht nach einem aufregenden Partner, der ihnen die notwendige Stimulation verschafft und sie mit der eigenen vollen Stromstärke aufheizt. Oft geraten sie dabei an Menschen mit einer Borderline-Struktur, welche infolge ihres hohen Aggressionspotenzials häufig heftige Kräche inszenieren und zu ausgeprägten Stimmungsschwankungen neigen. Der Reizhungrige wird an ihrer Seite einem Wechselbad der Gefühle ausgesetzt, heftig geliebt und wütend abgestoßen, körperlich bedroht und sexuell leidenschaftlich gefordert. Wenn der Psychoterror seines Partners nicht in totale Destruktion mündet, kann sich der Betreffende in einer solchen Verbindung sogar einigermaßen wohl fühlen.
Heinz Kohut hat – zu diesem Thema passend – einen anderen, hierher gehörigen Menschentyp beschrieben, der in erster Linie an einer narzisstischen Störung leidet. Er spricht in diesem Zusammenhang vom »leeren Selbst«, einer seelischen Konfiguration, die durch einen speziellen Strukturmangel ausgezeichnet ist. Es geht hier darum, dass die betreffende Person keine Ideale erwerben konnte und dass ihre eigenen Strebungen und Bedürfnisse ungespiegelt blieben. Sie spürt als Folge davon eine quälende, nicht näher definierbare Leere an der Stelle, wo der Gesunde seinen kompakten Selbstkern oder »die Mitte seiner Existenz« empfindet. Auch bei diesen Individuen kann es zu einem ausgesprochenen Reizhunger kommen, um das innerseelische Loch durch äußeren

Trouble und dramatische zwischenmenschliche Konflikte zu übertönen oder notdürftig zu füllen.

Ich selber hatte einen Patienten in Behandlung, der den »Affekthunger« seines leeren Selbst durch eine ständige Gratwanderung im Paarbereich zufrieden stellte. Er konstellierte Beziehungen, die permanent vom Scheitern bedroht waren, weil er sich neurotisch schwer gestörte Frauen auswählte und selbst dauernd irgendwelche emotionalen Desaster inszenierte. Auf diese Weise war er fortgesetzt in irgendwelche Dramen verwickelt und hangelte sich zwischen Krächen, Trennungen und Wiederversöhnungen hin und her. Die Hoffnung auf die Möglichkeit von Glück und die Verzweiflung über die Nichteinlösbarkeit dieser Glückssehnsucht beutelten ihn in rascher Abfolge, sodass er seelisch nie zur Ruhe kam, aber auch ständig ein aufregendes inneres Thema zur Verfügung hatte.

3.1.26 Der Wiedergutmachungsanspruch

»Liebe ist … wenn du mich für mein erlittenes Elend als Kind durch reichlich fließende Zuwendungen und Glücksgüter entschädigst.«

Patientin: »Ich war das fünfte Rad am Wagen in meiner Familie. Ich war ein unerwünschtes Kind. Niemand hat mich so richtig lieb gehabt. Ich war die Kleine, die Doofe, die ewig Schreiende mit der Rotznase. Ich habe nie bekommen, was ich brauchte und mir wünschte, nur immer die abgelegten Sachen der anderen. Deshalb steht mir heute eine Sonderbehandlung zu. Mein Freund hat die verdammte Pflicht und Schuldigkeit, mich glücklich zu machen!«

Die Patientin klagt ihre vermeintlichen Rechte und Ansprüche ein. Mit wütender Entschlossenheit meldet sie ihre Wünsche und Forderungen an und besteht lautstark auf ihrer Erfüllung. Versagt ihr der Freund den Liebesdienst, dann schlägt sie um sich. Sie heult vor Wut, wird zur Furie, will mit dem Kopf durch die Wand und macht den Menschen kaputt, von dem sie sich Liebe ersehnt. Der Partner hat eine Bringschuld: Er muss Vorleistungen erbringen, um den anderen werben, auf ihn zukommen und sich glücklich schätzen, diesen einmalig wertvollen Menschen verwöhnen zu dürfen.

Wenn wir uns die Lebensgeschichte dieser spezifisch traumatisierten Menschen anschauen, dann finden wir in der Tat umfangreiche Leiderfahrung, Liebesentbehrungen und schicksalsbedingte Härten, aber auch eingestreute Inseln von Verwöhnung in ihrer kindlichen Entwicklung. Sie sind sich ihres einstmaligen Kinderelends meist deutlich bewusst, neigen zu Regungen des Selbstmitleidens und der wütenden Forderung nach Wiederherstellung von Gerechtigkeit. Häufig klagen sie die Gesellschaft an, in der sie leben, fühlen sich auf der ganzen Linie zu kurz gekommen und sind von der unumstößlichen Gewissheit beseelt, dass ihnen die Welt da draußen das meiste schuldig geblieben ist. Mit einem ganzen Anspruchskatalog im Kopf pochen sie überall auf staatliche Zuschüsse, Stipendien, Unterstützungen, Sonderleistungen, Härtezulagen und Vergünstigungen. Sie beanspruchen einen Leidensstatus und bringen ihre Mangelsituation natürlich im Besonderen gegenüber ihrem Liebespartner voll in Anrechnung. Er soll wiedergutmachen, was andere böse Menschen ihnen Schlimmes angetan haben. Statt über ihr Schicksal zu trauern und sich allmählich mit der Tatsache abzufinden, dass entgangene Elternliebe später eben nicht vom Partner nachgeliefert werden kann, um eine schmerzhafte Lücke zu schließen – bestehen sie auf dem Unmöglichen und überfordern ihr Liebesobjekt heillos. Der andere bekommt außerdem ihre ständige Enttäuschungsaggression in voller Breitseite ab und wird auch deswegen über kurz oder lang die Flucht nach außen (Trennung) oder nach innen antreten und im letzteren Fall eine zunehmende Entfremdung spüren.

3.1.27 Das romantische Liebesideal

»Liebe ist … das Wichtigste im Leben.«
Hier steht die Liebe im Vordergrund! Die Wahl eines Partners ist absolute Herzensangelegenheit und wird nicht von irgendwelchen Nützlichkeitserwägungen bestimmt. Das Herz soll sprechen und nicht der Verstand. Die »Feststimmung der Verliebtheit« (J. Willy) überstrahlt mit ihrem Glanz die Niederungen des Alltags. Die romantische Liebe weiß um die Ergänzungsbedürftigkeit des Einzelnen. Erst in der Zweisamkeit erschließt sich für sie die ganze Fülle

möglichen Glücks. Der andere ist emotionaler Anker und Seidenwolke, das Koordinatensystem für den eigenen Lebensentwurf.
Die Liebenden begegnen sich respektvoll. Sie sind sehr darauf bedacht, den anderen nicht zu verletzen. Sie unterlassen alles, was ihn kränken, schmerzen, bloßstellen, ärgern oder traurig machen könnte. Die Wohlfahrt des geliebten anderen steht im Vordergrund, es gibt kein Aufrechnen von Geben und Nehmen. Streit ist unerwünscht, er passt nicht in die Landschaft. Harmonie ist angesagt, einander verstehen, im Gleichklang schwingen, den Partner in seiner unverstellten Wesensart erkennen und gutheißen. Das Aufgeben des eigenen Ego wird als beglückend erlebt. Mit dem Partner verschmelzen und Eins-Sein, einander berühren im innersten personalen Kern, Aufgehobensein in einer bedingungslosen Akzeptanz und seelischen Umarmung: Das ist das romantische Liebesideal.
Man vertraut einander, man schaut sich inniglich und lange in die Augen und baut auf die Hoffnung einer ewig währenden Liebe. Die Verbindung ist in der Tat für die Ewigkeit gedacht. Man gehört unzweifelhaft zusammen, so, als sei man von einer höheren Macht schon immer füreinander bestimmt gewesen. Der andere trägt das Signum der Unverwechselbarkeit auf der Stirn – ein singulärer Glücksfall. Er ist nicht austauschbar und durch einen anderen Menschen zu ersetzen.
Die Beziehung und die miteinander gelebte Intimität haben für beide einen hohen Stellenwert in ihrem Daseinsplan. Der Partner umfasst so gut wie alles, was der andere auf dieser Welt benötigt. Einer ist für den anderen da. Gipfel des gemeinsam zu erlebenden Glücks stellen die wechselseitig ausgestrahlten Impulse zur Selbstverwirklichung des anderen dar. Er und sie beantworten sich in ihren zentralen Persönlichkeitsbereichen und tragen auf diese Weise zu deren weiterer Entfaltung bei. Im täglichen Umgang miteinander gibt es nicht nur Taktgefühl und Rücksichtnahme, sondern auch soziale Kreativität und phantasievolle Spontaneität. Man merkt sich absichtslos geäußerte Wünsche des anderen und überrascht ihn mit eben dem Objekt seiner Begehrlichkeit. Er findet ab und an ein Marzipanbrot in seiner Jacketttasche (er mag Marzipan sehr) oder einen Liebesbrief von ihr unter dem Scheibenwischer seines Autos. Sie bekommt ihr Lieblingskonfekt gerade dann, wenn sie Heißhunger darauf äußert – oder einen Strauß Ritter-

sporn, den sie über alles schätzt. Er besorgt heimlich Eintrittskarten für ein heiß begehrtes, einmaliges Konzert; sie sucht per Annonce und ohne sein Wissen nach alten Barockrahmen und bereichert damit seine Sammlung. Wenn sie abends – abgespannt und müde – nach Hause kommt, findet sie manchmal einen schön gedeckten Tisch im Kerzenschein vor, weißes Porzellan und echte Efeuranken mit ihrer Lieblingsspeise und köstlichen Wein. Sie überrascht ihn mit einer besonders erotischen Wäschegarnitur und einem angewärmten Bett. Sex ist wichtig. Beide haben Zeit füreinander und führen lange Gespräche. Sie teilen sich sehr persönliche Sachen mit, offenbaren ihr Innenleben voreinander und zeigen sich auch in ihrer Verletzlichkeit und Schwäche. Er vergisst nie den Hochzeitstag, sie nie seine Lieblingsbiersorte zu kaufen. Sie malt Herzchen in seinen Taschenkalender, er schickt Briefe von seiner Geschäftsreise und erklärt ihr darin, wo überall im Garten versteckt sie kleine Geschenke von ihm finden kann. Überhaupt drücken beide ihre gegenseitige Wertschätzung immer wieder neu und erfindungsreich aus. Und sollten einmal die Wechselfälle des Lebens oder Unwägbarkeiten einer viele Jahrzehnte gemeinsam verbrachten Zeit einen Keil zwischen die Liebenden treiben: in der Tiefe ihrer Seele bliebe doch die absolute Gewissheit erhalten, dass sie für immer zusammengehörten. So weit, so gut!

Gehört das romantische Liebesideal (mit seiner Erwartung auf lebenslange Leidenschaft und auf wechselseitige Verzauberungsgabe) als ausgemachter Illusionsballast auf den Müllhaufen überholter Vorstellungen und Mythen? Ich glaube nicht! Denn jeder, der das Herz auf dem rechten Fleck trägt, fühlt sich in irgendeiner Weise von dem Gedankengut dieses Ideals wehmütig berührt. Die romantische Liebe ist ein Glücksentwurf und drückt eine tiefe Menschheitssehnsucht aus. Sie beschreibt, wie es im Idealfall sein könnte, aber im Regelfall nie sein wird. Und doch: Es gibt Beziehungen, die einen Teil der hier vorgestellten Möglichkeiten zu realisieren verstehen und sich den nichtgeglückten Rest mit humoriger Nachsicht verzeihen. Ideale sind wie Leuchtzeichen. Wir sollten sie als mögliche Lebensmuster strahlen sehen, wohl wissend, sie niemals zu erreichen.

Gefährlich wird es allerdings für all jene, die das Hochziel zur verpflichtenden Norm erheben und ihre mittelprächtige Paarbeziehung daran messen. Enttäuschung und im Gefolge davon permanente Unzufriedenheit werden ihnen den weiteren Ehealltag vergällen. Professionelle Paarberater sollten herauszufinden versuchen, inwiefern unrealistisch hohe Beziehungsideale eine sonst passable Ehe immer wieder entwerten und an den Rand der Auflösung bringen.

3.1.28 Partnerschaft als Kampfbeziehung

»Liebe ist … wenn wir uns ständig streiten!«
Es gibt sie nicht selten, die so genannten Kampfehen, in denen Mann und Frau anscheinend nie zur Ruhe kommen und sich oft nicht scheuen, ihre ständig neu aufbrechenden Meinungsverschiedenheiten und Konflikte sogar coram publico auszutragen. Schlichtungsversuche wohlmeinender Dritter werden nicht selten empört zurückgewiesen. Der Außenstehende gewinnt manchmal den Eindruck, dass hier zwei Menschen im Clinch liegen, die den Dauerstreit als eine Art Lebenselixier benötigen und ohne ihn nicht auskommen. Bei genauerem Hinsehen lassen sich zwei Gruppen von Kämpfern unterscheiden, frei nach Nietzsches Überlegung: Man sollte eine menschliche Lebensäußerung danach befragen, ob sie aus der Not oder dem Überfluss geboren wurde. Dem einen geht es um die Sicherung einer mühselig erkämpften Position oder darum, über den Partner zu triumphieren, dem anderen um ein Kräftemessen oder die Fortsetzung eines gewohnten Tauziehens. Die einen möchten die Machtbalance erhalten, die anderen zu ihren Gunsten verändern. Allen Kontrahenten gemeinsam sind der gleiche Antrieb und die gleichen Ängste: Sie fühlen sich zum Kampf herausgefordert und können die Vorstellung, der andere würde die überlegenere Position einnehmen und Unterwerfung fordern, nicht ertragen. Ich möchte nun kurz auf vier unterschiedliche Kampfbeziehungen eingehen und ihre zentrale Dynamik herausarbeiten:

a) Der rachsüchtige Triumph

Hier geht es in erster Linie um Frauen, die daran leiden, »kein Mann zu sein«! Sie sind wütend auf die in unserer Gesellschaft privilegierten Männer und beneiden sie um ihre größeren Möglichkeiten. Sie fühlen sich dem starken Geschlecht unterlegen und haben den Eindruck, sich intellektuell oder beruflich mit den Kronen der Schöpfung nicht messen zu können. Trotzdem haben sie ein Mittel gefunden, den Männern beizukommen: Sie haben entdeckt, dass sie mit Hilfe ihrer Schönheit und ihrer besonderen weiblichen Reize die Männer in ihren Bann ziehen können.

Fallbeispiel: Die attraktive Nanni D. wählte sich als Objekte ihrer Begierde regelmäßig »die gut angezogenen und gut duftenden Herren aus den Chefetagen«, obwohl deren hochgestellte Position ihr Furcht einjagte. Aber es war gerade die von ihr wahrgenommene Machtdifferenz, die ihr so ungemein reizvoll und sexy erschien. Sie setzte ihren ganzen Charme und ihre Verführungskünste ein, um den ins Auge gefassten Manager in sich verliebt zu machen, was ihr auch häufig gelang. Während des ersten Geschlechtsverkehrs mit ihm entthronte sie den hohen Herrn, das heißt, sie fühlte sich ihm nun ebenbürtig oder sogar überlegen. Ihr vordringlichster Wunsch war es, ihn von sich sexuell abhängig zu machen und dann triumphierend fallen zu lassen. Ihre Rachsucht und feindselige Einstellung gegenüber den Männern war ihr gar nicht bewusst. Im Gegenteil: Sie kann sich heftig verlieben, der Mann ist »Ziel sehnsüchtigen Verlangens« (Kuiper, 1968, S. 148). »Für diese Frauen ist der Besitz der Sache zugleich das Ende des Vergnügens« (ebd., S. 149), sie sind nicht echt liebesfähig. Die Frau trennt sich oder wird untreu oder macht ihren Mann eifersüchtig und teilt ihm die Rolle des unglücklichen Liebhabers zu. Wenn aber der Mann seinerseits Distanz sucht oder sich trennen möchte, verlieben sie sich aufs Neue in ihn und beginnen mit ihrer Eroberungsarbeit. (Der so genannte Rachetyp wurde ausführlich von P. C. Kuiper, 1968, in: »Die seelischen Krankheiten des Menschen«, Huber, Klett, beschrieben.)

Nanni D. geriet zufällig an einen Partner, der sie immer wieder wegschob und nicht eigentlich haben wollte, was den Jagdinstinkt der zurückgewiesenen Frau enorm ankurbelte und die beiden in eine endlose Kette von Trennungskämpfen und erneuten Wieder-Eroberungen verstrickte.

b) Das Kräftemessen

Es gibt Frauen, die sich den starken Mann wünschen, um mit ihm in einem sportlichen Wettkampf die Klingen zu kreuzen. Sie möchten herausgefordert werden und im wechselnden Reigen mal überlegen und mal unterlegen sein. Der starke Partner soll ihr kämpferisches Potenzial wecken und zur Entfaltung bringen und sie selber zur eigenen Hochform auflaufen lassen. Das lustvolle Spiel des Kräftemessens darf nie zu einem Abschluss kommen. Frauen dieses Zuschnitts können nur Männer lieben, die ihnen gekonnt Paroli bieten, die sich nicht wirklich geschlagen geben, die aber ihre Partnerin auch bestehen lassen können und ihren Kampfgeist schätzen. Hier finden zwei heftige und starke Naturen an dem gegenseitigen Muskelzeigen Gefallen und steigern auf diese Weise die Aktualität ihres Daseins.

c) Die Sicherung der eigenen Position

Es gibt Individuen, die sich ihre eigene, mühsam errungene Potenz und Lebenstauglichkeit in immer erneuten Anläufen versichern müssen. Diese Selbstvergewisserung geschieht häufig mittels endloser Kämpfe bis zur völligen Erschöpfung. Sie besitzen oft ein sehr labiles Selbstbewusstsein und die damit gekoppelte Angst, untergebuttert und bevormundet zu werden oder der »Doofe« zu sein, wenn es um die Bereinigung von Interessenskonflikten geht. Sie sind kaum kompromissfähig, überschießend stur und erleben Nachgeben als Schuldeingeständnis oder schlappe Niederlage. Jede Entscheidung des Partners wird beargwöhnt und reizt sie, die Gegenposition einzunehmen, obwohl sie oft gar nicht von deren sachlicher Richtigkeit überzeugt sind. Sie treiben Opposition der Opposition wegen. Den guten Argumenten des Partners zuzustimmen, heißt für sie schon Unterwerfung.

In einer Beziehung haben derart strukturierte Menschen die Befürchtung, als der Schwächere dazustehen und sich dem Machtanspruch des anderen fügen zu müssen. Der damit verbundene Verlust der eigenen Autonomie erscheint ihnen deshalb unerträglich, weil er ihre Identität in Frage stellt und damit eine existenzielle Gefahr heraufbeschwört. Hinzu kommt, dass es den Kontrahenten schwer fällt, die faktische Überlegenheit des Partners auf irgendeinem Sektor des Lebens anzuerkennen und zu schätzen, weil ein irgendwie gearteter Kompetenzvorsprung des einen die Inferiorität und damit Unterlegenheit des anderen augenfällig machen würde. Die Neigung mancher narzisstisch gestörter Menschen, andere geringschätzig zu behandeln, kann zur Folge haben, dass man seinem Partner ein gleiches Verhalten unterstellt, überall Kritik und Abwertung wittert und diesen befürchteten Angriffen nun seinerseits durch eine ständige Kampfbereitschaft begegnet. Die beschriebene Situation wird dann besonders brisant, wenn die ständige Nötigung zur Stärke die mühselig zurückgedrängten Anlehnungsbedürfnisse aktiviert und die Partner sich eigentlich danach sehnen, loszulassen und in die Arme des anderen zu sinken. Natürlich passiert es dann auch immer wieder, dass die Streithähne ermattet innehalten und sich versöhnen und lieben. Aber ein falscher Zungenschlag oder die kleinste Geste einer scheinbaren Bevormundung können sie aus ihrer regressiven Position wieder hochschnellen lassen und in eine heiße Kampfstimmung bringen mit wüsten Beschimpfungen und Hauen und Stechen. Die eben gerade zugelassene Weichheit muss sofort zurückgenommen und durch ihr Gegenteil ersetzt werden.

d) Kampf als Fortsetzung pubertärer Abnabelungsversuche

In der Pubertät nicht geglückte Ablösungsversuche von den Eltern können im Rahmen einer Partnerschaft erneut aufleben. Das neu gewonnene Liebesobjekt wird damit unbewusst so erlebt, als handle es sich dabei um Vater oder Mutter. In einem zweiten Anlauf versucht der Protagonist – nun an der falschen Stelle – sich von seinem Vater- oder Muttersubstitut zu trennen und damit das nachzuholen, was er damals in Bezug auf sein Elternhaus nicht geschafft hat. Sein ambivalentes Verhältnis zu seinen primären Bezugspersonen – jetzt auf den Partner übertragen – und seine durch Schuldgefühle zementierte Bindung an sie bringt es aber mit sich, dass er auch von seinem jetzigen Liebesobjekt nicht loskommt. Streit und kämpferisch vorgebrachte Trennungsabsichten wechseln ab mit reumütiger Rückkehr in den Schoß der (neuen) Familie.

3.1.29 Der Anspruch auf das Geschenk der totalen Liebe

»Liebe ist … wenn du mich bedingungslos und auch ohne Gegenliebe liebst.«

Wir beschäftigen uns jetzt kurz mit einem Personenkreis, dessen Charakterstruktur in der psychoanalytischen Fachliteratur mit »schizoide Verfassung« bezeichnet wird.
Es handelt sich hier um zutiefst von Misstrauen geprägte Menschen, deren Persönlichkeitskern keine stabilen Strukturen ausbilden konnte und der deshalb bei nahem Kontakt mit anderen Personen von Zerfall und Auflösung bedroht ist. Um der Gefahr einer solchen Fragmentierung auszuweichen, versuchen diese Individuen »das Selbst und die eigene Identität durch Rückzug von Beziehungen zu schützen« (Schmidt, 1994, S. 112) und sich von »Beziehungen unabhängig zu machen« (ebd., S. 113).
Ihre Versuche, Beziehungen zu einem Liebesobjekt aufzunehmen, führen zu einem ständigen »Oszillieren zwischen Anziehung und Rückzug« (ebd., S. 114). Die »eigene liebende und liebevolle Bedürftigkeit« (ebd., S. 116) und die durch die Entbehrung von Liebe entstehende starke Frustration werden vom Schizoiden geleugnet. Menschen mit einer ausgeprägten schizoiden Verfassung gehen in der Regel keine Beziehungen ein, sondern flüchten sich in ihre Phantasiewelt, um dort imaginäre Lieben zu träumen. Uns interessieren deshalb nur die weniger schweren Ausprägungsgrade dieser seelischen Beeinträchtigung, da nur hier Paarbeziehungen überhaupt zustande kommen. In all jenen Fällen, wo nur eine leichte schizoide Störung vorliegt, kann das dauernde Meiden einer Objektbeziehung nicht durchgehalten werden, da das Sehnsuchtspotenzial die abschreckenden Näheängste übertönt. Der Betreffende lässt sich auf eine Beziehung ein, tut dabei aber so, als sei er in keiner Weise auf den Austausch von Gefühlen angewiesen. Er betont weiterhin seine Unabhängigkeit und Autonomie und verhält sich nach dem Motto: »Du willst was von mir, nicht ich! Du liebst, ich liebe nicht!« Das Eingeständnis der eigenen Bedürftigkeit nach liebender Verbundenheit würde seine enormen Abhängigkeitsängste mobilisieren und die vermeintliche Gefahr heraufbeschwören, vom Partner eingefangen, festgehalten und vereinnahmt zu werden.
Die Autoren Heigl-Evers/Heigl, 1969, schreiben über die schizoide Persönlichkeit und ihr Partnerverhalten:

»Die innere Forderung solcher Menschen würde, bewusst verwörtert, etwa so lauten: Der andere soll, ja muss mich total lieben und bejahen, ohne dass ich mich ihm liebenswürdig erweise. Der andere muss mich total verstehen, auch ohne dass ich mich ihm verständlich mache. Ich habe ein unbestreitbares Recht auf die Erfüllung dieser Forderung, weil man mir in der Kindheit Liebe und Bejahung völlig vorenthalten hat. Das Interaktionsmuster in einer ehelichen Partnerschaft ist durch den haltungsmäßig bekundeten Anspruch auf absolute Liebe einerseits und durch die faktische Gefühlspassivität und Distanziertheit des Schizoiden andererseits gekennzeichnet. Der jeweilige Partner enttäuscht diesen Anspruch unweigerlich und löst dadurch bei der schizoiden Persönlichkeit destruktive Enttäuschungs- und Gekränktheitsaggressionen aus, die sich in verschiedener Form darstellen können, von kühler Gleichgültigkeit über eisige Kälte und Zynismus bis hin zu wilden explosiven Ausbrüchen. Diese Reaktionen stoßen wiederum den Partner ab und vermindern dessen Gefühlsbereitschaft. Er distanziert sich seinerseits, und das Gefühlsklima in der Ehe wird zunehmend kühler.« (ebd., S. 76)

Im Grunde genommen lassen sich Lebensgemeinschaften auf dem Hintergrund einer extrem gestörten Geben-Nehmen-Balance nicht führen. Wer von Anbeginn an »alles fordert« und kaum zu Gegenleistungen bereit ist, muss das Scheitern einer Beziehung als regelhafte Konsequenz in Kauf nehmen. Der Partner kann nicht für die erlittene Not als Kind und das erfahrende Unrecht des späteren Schizoiden durch selbstlose Liebesdienste aufkommen, ohne dabei nicht selber in eine totale Mangelsituation zu geraten.

Der Leser wird an anderer Stelle dieses Werkes bereits auf zwei Themen gestoßen sein, die mit der hier dargestellten schizoiden Problematik verwandt sind, nämlich auf den so genannten »Wiedergutmachungsanspruch« und die Liebesbedingung: »Du liebst, ich liebe nicht!« Beide Problemkreise treten aber auch losgelöst von der schizoiden Persönlichkeitsstörung auf und verdienen deshalb eine gesonderte Darstellung.

3.1.30 Tausche selbstlose Zuwendung gegen Liebe (der Wunsch, gebraucht zu werden)

»Liebe ist … wenn ich gebraucht werde und für dich unentbehrlich bin!«

Wir haben es hier mit Menschen zu tun, deren Bedürfnis nach Liebe – und somit das nach einem Partner – besonders intensiv ausgeprägt ist. Sie möchten unbedingt geliebt, begehrt und willkommen geheißen werden, Nähe und Intimität spüren, zu einem anderen dazugehören und auf keinen Fall alleine sein. Ohne ein Liebesobjekt an ihrer Seite fühlen sie sich verloren und erleben ihr Dasein ohne Sinn. Alles menschliche Tun und Treiben ist für sie bedeutungslos, »wenn nicht eine Liebesbeziehung diesen Dingen Glanz und Würde verleiht« (K. Horney, 1945, S. 49). Karen Horney beschreibt diesen Personenkreis als »selbstlos, aufopfernd und anspruchslos«, als »nachgiebig und überrücksichtsvoll« (ebd., S. 43). Er versuche, den Erwartungen des anderen zu entsprechen, neige dazu, sich unterzuordnen, habe Hemmungen, Kritik zu üben, sich durchzusetzen und etwas für sich zu verlangen. Er sei versöhnlich, gütig und verständnisvoll. Es mangele ihm an Selbstwertgefühl und Selbstbewusstsein.

Die hier beschriebenen Menschen haben das ausgeprägte Bedürfnis, sich um das Glück und Wohlergehen einer geliebten Person zu kümmern, sie mit Fürsorge einzuhüllen, einzig und allein für sie da zu sein, sie mit Zuneigung zu verwöhnen und mit Sex zu bezaubern, sie aufzuheitern, zu trösten und ihnen Lebensfreude zu spenden, ihre Launen klaglos zu ertragen und ihnen möglichst viel von der täglichen Verantwortung und Sorgenlast abzunehmen. Das Gefühl, wirklich gebraucht zu werden und für einen anderen unentbehrlich zu sein, gibt ihnen so viel Befriedigung und seelischen Halt, dass sie dafür all die Mühen einer solchen einseitigen Riesenaufgabe auf sich nehmen.

Viele von ihnen sehen in ihrer Partnerschaft eine Herausforderung und empfinden ähnlich wie ein Bergsteiger, der sich von einem Gipfel mit einem ausgesprochen hohen Schwierigkeitsgrad besonders angezogen fühlt. Sie wählen sich in der Regel einen seelisch beeinträchtigten, sperrigen, leidenden oder stark verwöhnungsbedürftigen Partner aus, der ihrer aufopfernden Hilfe besonders bedarf. Er stimuliert ihr ehrgeiziges Verlangen, sich in einer schwierigen Situation zu bewähren und aus einer anscheinend problematischen Beziehung – durch den Einsatz all ihrer Kräfte und ihrer ganzen Liebesfähigkeit – eine glückliche zu machen. Warum sie über den beschwerlichen Weg eigener Selbstlosigkeit sich die Liebe eines anderen verdienen müssen, erfahren wir aus der Lebensgeschichte dieser Menschen. Die Besonderheiten ihrer Biographie bilden die Erklärungsgrundlage für ihr gezeigtes Verhalten. Wir stoßen immer wieder auf ähnliche psychopathologische Belastungsmomente in ihrer Kindheit:

- Das liebeshungrige Individuum war häufig ein unerwünschtes Kind und wurde von seinen Eltern nicht oder nur unzulänglich mit liebender Fürsorge bedacht. Manchmal wurde es durch falsche verbale Botschaften obendrein noch gründlich verwirrt. Es hörte die Versicherung, »wie sehr man es doch liebe«, spürte aber sehr deutlich, dass diese Worte nicht durch entsprechende elterliche Taten beglaubigt wurden. Unerwünschte Kinder erklären sich den gespürten Liebesmangel damit, dass sie glauben, selber schlecht zu sein und keine Zuwendung zu verdienen. Sie fühlen sich schuldig und ohne eigentliche Lebensberechtigung. Manche von ihnen machen die Erfahrung, sich Zuneigung durch große eigene Anstrengung verdienen zu können. Wenn sie besonders pflegeleicht sind, sich wohlverhalten, Fröhlichkeit ausstrahlen, den Eltern helfen, wo sie nur können, und in der Schule Spitzenleistungen erbringen, haben sie die Chance, angenommen zu werden und wenigstens gelegentlich einige Streicheleinheiten zu bekommen.
- Die selbstlose Person war häufig das Kind einer kranken oder depressiven oder unglücklichen Mutter und musste frühzeitig lernen, ihre Mami zu unterstützen, zu trösten oder aufzuheitern. Das zwang Tochter oder Sohn dazu, eigene Bedürfnisse zurückzustellen, viele Aufgaben und Pflichten im Haushalt zu übernehmen und Krankenschwesterdienste zu erbringen. Das Kind musste darauf bedacht sein, der seelisch oder körperlich beeinträchtigten Mutter (Vater) keine Aufregung und keinen Kummer zu bereiten. Es durfte ihr nicht mit seinen eigenen Problemen und Nöten kommen, sondern musste vom eigenen Ego absehen

und besonders sensible Antennen entwickeln für die Gefühlssituationen des anderen.
- Der übermäßig hilfs- und opferbereite Mensch wurde als Kind nicht selten in die Rolle eines Eltern- oder Partnersubstitus gedrängt. Das Mädchen musste dem Vater seine »kleine Frau« sein, weil die Mutter ausfiel; der Sohn wurde zum Selbstobjekt der Mutter, ihr wichtiger Vertrauter und Bundesgenosse im Kampf gegen den Rest der Welt. Manchmal hatte ein Kind die Aufgabe, einen süchtigen oder suizidalen Elternteil zu retten oder als eine Art Puffer zwischen Vater und Mutter den Ehefrieden aufrechtzuerhalten.

Allen hier vorgestellten Kindern sind folgende Punkte gemeinsam: Sie machten ausgedehnte Leiderfahrungen, sie wurden nur unzureichend geliebt. Sie wurden funktionalisiert, das heißt für die Bedürfnisse von Erwachsenen missbraucht. Sie konnten ihre missliche Lage dadurch verbessern, indem sie zum Dienstleistungserbringer für einen Elternteil wurden. Die Art und Weise, wie sie sich in eine kind-ungemäße soziale Umwelt einpassen und einen auf Selbstverleugnung gegründeten emotionalen Überlebenskampf führen mussten, hat ihre Persönlichkeit nachhaltig geprägt. In Ergänzung zu ihren eingangs schon geschilderten Charaktereigenschaften füge ich noch folgende Merkmale hinzu:

- Die opferbereite Person konnte häufig kein eigenes Selbst und keine echte, festgefügte Identität entwickeln. Sie hat kein Gespür für ihre Bedürfnisse (außer dass sie liebeshungrig ist), keine ausgeprägten Wertvorstellungen und umrissenen Lebensziele. Sie kann sich mit Hilfe ihrer Gefühle kaum orientieren; das Bewusstsein für die eigenen Rechte ist wenig entwickelt.
- Sie hat häufig keine festgefügten Ich-Grenzen. Sie kann sich nur ungenügend vom anderen abgrenzen.
- Sie leidet an einem geminderten Selbstwertgefühl. Ihr narzisstisches Defizit zwingt sie zu Bescheidenheit und der Neigung, eigene Wünsche und Bedürfnisse zurückzustellen. Sie ist an schlechte Behandlung und Liebesmangel gewöhnt, ihr Anspruchsniveau ist gegenüber dem Normalitätsstandard deutlich gesenkt.
- Sie wird von unabgesättigten Bedürfnisspannungen gequält. Sie

ist ein Mangelwesen, dem es in der Kindheit an ausreichender Bemutterung, Fürsorge, Zärtlichkeit, Körperkontakt, Bestätigung des Eigenseins und Unterstützung für die eigene Entwicklung fehlte. Ihr chronisches Unbefriedigtsein, verbunden mit einer aus frühen Jahren stammenden Bedrohung, macht sie ruhelos und pausenlos aktiv. In ihrer Not bietet sie ihrem Partner all jene Befriedigungen und Gaben an, die sie selber eigentlich dringend benötigt.

- Sofern sie eine Frau ist, entschuldigt sie ihre Selbstlosigkeit mit der klassischen Frauenrolle. Ihr weibliches Identitätsmuster legt ihr nahe, von sich selbst alles zu verlangen und stark im Erdulden und Hinnehmen zu sein. Für sie ist Liebe das Wichtigste im Leben und Lebensglück nur erreichbar im Rahmen einer intensiven Paargemeinschaft. Sie weiß allerdings häufig nicht recht, was Liebe eigentlich ist, und »verwechselt sie mit Erregung und Erregtwerden«, worauf Robin Norwood (1985) besonders hinweist.
- Sie konnte sich der elterlichen Zuneigung nie sicher sein, da sie der ständigen Gefahr des Abgelehnt- und Zurückgewiesenwerdens ausgesetzt war. Das hat ihre Furcht vor dem Verlassensein enorm angestachelt und eine permanent lauernde Trennungsangst zurückgelassen. Letztere bringt sie dazu, auch dann noch an einem Partner festzuhalten, wenn die Beziehung quälend und total unbefriedigend verläuft.
- Ein in Kinderjahren abgelehnter und ausgebeuteter Mensch hat zwangsläufig eine Menge negativer Gefühle und Hassregungen gespeichert. Er ist aber dazu gezwungen, seine so genannte »Schattenseite« gründlich zu unterdrücken, da sie mit seiner gelebten Gutheit sehr konflikthaft kollidieren würde. Er muss seine Feindseligkeit und die damit verbundenen aggressiven Tendenzen eisern verdrängen, ebenso seinen Egoismus und seine orale Gier (Habenwollen). Auch dass er sich durchsetzen, bestimmen und keine Rücksicht auf die Interessenlage des anderen nehmen möchte, darf um keinen Preis der Welt ruchbar werden. Denn seine Überlebensstrategie besteht ja nun einmal in der Umarmungstaktik und Opferbereitschaft. In der Neurosenlehre wird die Beschaffenheit dieses Menschentyps als depressive Persönlichkeitsstruktur bezeichnet.

Erst jetzt sind wir in der Lage, die Dynamik der so genannten »Selbstlosigkeit« zu verstehen und ihre teils bewussten, teils unbewussten Antriebskräfte aufzuzeigen. Die selbstlose Person braucht dringend Liebe, und zwar aus folgenden Gründen:

a) zur Reparatur ihres beschädigten Selbst durch Rehabilitation;
b) zur Wiedergutmachung im Sinne vom teilweisen Nachholen der ihr bisher entgangenen Befriedigungen;
c) zur Beschwichtigung ihrer stets vorhandenen Trennungsangst und
d) um ihr hohes orales und aggressives Konfliktpotenzial in der Verdrängung halten zu können.

zu a)

Das einstmals unerwünschte und wenig gemochte Kind möchte als Erwachsener durch seinen unermüdlichen Einsatz für seinen Partner dessen Liebe gewinnen und damit die Bestätigung der eigenen Liebenswertheit erreichen. Aus dem quälenden Kinderglauben »Ich bin schlecht!« soll endlich die erlösende Gewissheit »Ich bin gut!« werden. Aus der Erfahrung, gebraucht zu werden und für den anderen unentbehrlich zu sein, leitet die betreffende Person die Überzeugung ab: »Ich bin wichtig!« Der Wunsch, gebraucht zu werden, ist ein typisches Bedürfnis der depressiven Struktur. Das zentrale Grundanliegen des Depressiven ist auf einen anderen Menschen ausgerichtet und zielt auf Heilung durch Liebe. Der selbstlose Mensch hat im hintersten Winkel seiner Seele hochfliegende Vorstellungen und Pläne: Er möchte den Gefühllosen liebesfähig machen, den wahren guten Kern des Bösewichts freilegen, den Kranken heilen, den Egoisten verwandeln und ihn Dankbarkeit empfinden lassen. Auf diese Weise wird sein Tun geadelt und er selber emporgehoben über die Masse des moralischen Durchschnitts. Er ist als Mensch dann rehabilitiert. Er möchte diesen Erfolg als eine Art heimlichen Triumph genießen und sich sagen können: »Ich habe es also doch noch geschafft!«

zu b)

Das opferfreudige Individuum gibt anderen das, was es selber dringend gerne haben möchte und was ihm von seinen Eltern vorenthalten wurde: Liebe, Fürsorge, Unterstützung. Es will durch seinen Einsatz den Partner in einen Spendenden verwandeln und von ihm für erlittenes Unrecht und für quälende Entbehrungen durch reichlich fließende Zuwendungen aller Art entschädigt werden.

zu c)

Geliebtwerden bringt Sicherheit und bietet Schutz gegenüber der Möglichkeit des Verlassenwerdens. Je mehr sich der »Selbstlose« unentbehrlich macht, desto geringer ist nach seinem Dafürhalten die Wahrscheinlichkeit, dass er von seinem Partner fallen gelassen und in die Verlorenheit des Alleinseins zurückgestoßen wird.

zu d)

Der auf Liebe ausgerichtete Lebensentwurf lässt keinen Platz für die dunklen Seiten einer Persönlichkeit. Der »Selbstlose« trägt sein Gutsein wie eine Fahne vor sich her und verleugnet damit, dass er voller Feindseligkeiten steckt, oral gierig ist und sich rücksichtslos durchsetzen möchte. Er erspart sich auf diese Weise heftige Konflikte und damit den Ausbruch einer Neurose.

Wir müssen zum Schluss noch die Frage beantworten, warum sich der »Selbstlose« in der Regel einen »schwierigen« Partner zum Zwecke der eigenen Selbstheilung aussucht, also den egoistischen, gemeinen, schwachen, kranken, gefühlskalten oder aggressiven? Er tut dies, weil der Prozess seiner Rehabilitation und Wiedergutmachung bevorzugt über den Modus einer »Herausforderung« funktioniert. Das gewählte Liebesobjekt muss erst einmal widerspenstig sein und sich den Bedürfnissen des »Selbstlosen« widersetzen. Es muss enttäuschen, Aufregung verursachen, Schmerzen bereiten, seinen Partner zwischen Bangen und Hoffen hin und her werfen und damit die Kindheitssituation des einst Ungeliebten erneut konstellieren. Erst die erfolgreiche Verwandlung dieser desolaten Situation in eine glückverheißende schafft den ersehnten Befriedigungswert. Liebe, ohne Kampf und Anstrengung gegeben, stößt ins Leere und kann den Hunger von einst nicht stillen. Nicht das Glück, sondern das unter Schmerzen eroberte Glück sättigt.
Ein zweites Moment kommt hinzu: Der »Selbstlose« ist ein

seelisch gestörter Mensch. Seine leidvollen Kindheitserfahrungen haben tiefe Spuren hinterlassen und sind in Form von Ängsten, Minderwertigkeitsgefühlen, Unruhezuständen, depressiven Episoden und quälenden Bedürfnisspannungen konserviert. Der Betreffende müsste sich ständig nervös, seelisch krank, angstvoll, unausgefüllt fühlen und am Sinn seines Daseins zweifeln. In dem Moment aber, wo ein widerspenstiges Liebesobjekt den Schauplatz betritt und zu seinem sehnsuchtsvollen Mittelpunkt wird, kann er die eigenen Probleme »vergessen« und die Gesamtheit seines Kummers auf die leidvollen Interaktionen mit seinem egoistischen Partner zurückführen nach dem Motto: »Nicht ich bin krank, der andere macht mich krank!« Auf diese Weise lenkt er von sich ab und macht aus seinen innerseelischen Problemen und Konflikten interaktionelle.

Eins sehen wir aber sehr deutlich: Der opferbereite Mensch ist in Wahrheit gar nicht selbstlos, sondern verfolgt handfeste Eigeninteressen. Zu Problemen in der Partnerschaft kommt es unter anderem dann, wenn der widerspenstige Partner von dem Liebesangebot des »Selbstlosen« ungerührt bleibt, Dankbarkeit vermissen lässt und die Zuwendung nicht genügend erwidert. Dann kann der selbstlose Mensch seine zurückgestauten Hassimpulse nicht wie bisher in der Verdrängung halten, sondern muss sie in eine Depression oder in psychosomatische Symptome verwandeln. Er erkrankt an einer Neurose.

Ich habe Formen der Selbstlosigkeit dargestellt, die zwar neurotisch, aber gleichzeitig ich-synton sind, das heißt mit den Idealen der betreffenden Person übereinstimmen. Der Träger der Selbstlosigkeit ist mit diesem seinem Charakterzug einverstanden, bejaht ihn, empfindet Stolz darüber oder schöpft sogar moralische Überlegenheit aus ihm. Anders dagegen verhält es sich mit jenen Menschen, die unter dem Diktat eines strengen Über-Ichs (oft erworben in Identifikation mit einem Elternteil) mehr oder weniger unfreiwillig selbstloses Verhalten dem Partner gegenüber praktizieren, weil eine innere, imperative Stimme sie zu diesem Tun auffordert. Sie fühlen sich gezwungen, so zu handeln, obwohl sie gleichzeitig auch einen Widerstand dagegen verspüren.

Ich will ein Beispiel dafür geben, wie schnell eine – vom strengen Über-Ich aufgezwungene – Selbstlosigkeit zu einer altruistischen

Last wird, in eine Sackgasse führt und eine Beziehung nachhaltig beeinträchtigen kann.
Herbert M. lebt in einer Art Dauerspannung. Er arbeitet und leistet weit überdurchschnittlich viel, wird aber gleichzeitig immer häufiger von Müdigkeits- und Erschöpfungsanfällen heimgesucht und dem Wunsch, sich in einen stillen Winkel zurückzuziehen. Er steht unter dem permanenten Verpflichtungszwang, sich den Bedürfnissen seiner Ehefrau anzupassen, das heißt der Verbindliche, Liebe und Nette zu sein, der sich um sie kümmert und immer für sie da ist. Er fühlt sich verantwortlich für das Lebensglück seiner Frau und versucht, ihr die Last des Alltags zu erleichtern oder abzunehmen, wo immer er nur kann. Eigene Bedürfnisse kann er nur schwer anmelden oder durchsetzen. Sobald er seine altruistische Haltung für eine kurze Zeit aufgibt und an sich und seine Interessen denkt, überfallen ihn quälende Schuldgefühle. Er kommt sich schlecht und egoistisch vor und lebt in dem drückenden Bewusstsein, sich etwas zu nehmen, was ihm nicht zusteht. Da er seine Partnerin verhätschelt und über Gebühr stützt, gerät sie bald in eine Art Abhängigkeit von ihm und wird mit der Zeit immer mehr angewiesen auf diesen Dauerstrom an Verwöhnung. Herbert fühlt sich als Folge davon zunehmend eingeengt. Er erlebt sich wie gefesselt und in einen Käfig eingesperrt, nicht ahnend, dass er ja die Situation, so wie sie ist, entscheidend mitkonstelliert hat. Er entwickelt Wut gegen seine Gefängniswärterin, macht Ausbruchsversuche, bekommt in Reaktionen darauf große Schuldgefühle, kriecht wieder zu Kreuz, kommt sich noch eingesperrter vor und gerät in eine unzufrieden-aggressive Dauerspannung und die zwanghafte, ja fixe Idee, er müsste den gordischen Knoten – seine Beziehung – mit einem Schwerthieb zerschlagen, sprich: seine Frau verlassen.
In Ergänzung zu diesem Fallbeispiel will ich noch zwei weitere Komplikationen anführen:
Häufig ziehen Personen mit (unechtem) Altruismus besonders bedürftige Menschen als Partner an und schaffen ungewollt eine große Abhängigkeit des Bedürftigen von ihrer Verwöhnung. Das Liebesobjekt wird dann zur Krake, die sie tatsächlich erdrückt und nicht mehr loslässt. Manchmal ist aber die eben beschriebene Abhängigkeit auch unbewusst gewollt, und zwar aus: Verlustangst!

Der Betreffende – oft durch ein Verlassenheitstrauma vorgeschädigt – benötigt eine durch Abhängigkeit zementierte Bindung, um seine diesbezüglichen Katastrophenerwartungen zu beschwichtigen. Er kann den anderen nicht loslassen, aber gleichzeitig den selbst fabrizierten Käfig auch nicht ertragen. Es resultiert eine von Wut, Unzufriedenheit, aber auch Angst und Schuldgefühlen ständig erschütterte Beziehung.

3.1.31 Der sadistische Beziehungswunsch

»Liebe ist … wenn du mein höriger Sklave bist!«
Die Psychologie der sadistischen Fehlhaltung ist kompliziert und facettenreich. Da ich selber zu wenige Gelegenheiten hatte, sadistische Menschen näher kennen zu lernen oder sie als Patienten zu analysieren, stütze ich mich bei meinen folgenden Ausführungen auf die Beschreibung der »sadistischen Züge«, so wie sie Karen Horney in ihrem Buch »Unsere inneren Konflikte« (1945) in überzeugender Weise und Treffsicherheit abgegeben hat.
Ich stelle zuerst die Frage nach den speziellen Beziehungswünschen des Sadisten:
Der sadistische Mensch hat das Verlangen, sein Liebesobjekt zu unterjochen. »Sein Opfer muss ein vollkommener Sklave sein, ein Geschöpf, das nicht nur keine Wünsche … oder eigene Initiative hat, sondern auch nicht die geringsten Ansprüche an seinen Meister.« (ebd., S. 167) »Macht über sein Opfer zu haben« ist sein vorrangiges Bedürfnis. Der Sadist verzichtet lieber auf eigene Vorteile und Vergnügungen, wenn er nur jede Unabhängigkeitsregung des anderen durch seine Entsagung verhindern kann. Manchmal reizt es ihn besonders, »auf den Gefühlen eines Menschen wie auf einem Instrument zu spielen«, den anderen »anzuziehen und abzustoßen, zu bezaubern und zu enttäuschen, zu erheben und zu erniedrigen, zu beglücken und zu betrügen« (ebd., S. 169). Er beutet die Gefühle und Ressourcen seines Opfers aus, ernährt sich wie ein Vampir von dessen Vitalität und seelischer Substanz. Er kann nie genug bekommen und neigt in diesem Zusammenhang dazu, seine Ansprüche an den Partner immer höher zu schrauben und deren Erfüllbarkeit damit unmöglich zu machen. Er ist geradezu besessen

davon, seinem Liebesobjekt Pein zu bereiten. Das kann zum Beispiel so aussehen, dass er die Erwartungen des anderen systematisch enttäuscht, seine Pläne durchkreuzt und seine Freude tötet. »Jede zufriedene oder heitere Stimmung des Partners erregt fast unwiderstehlich in dem Sadisten den Wunsch, sie in irgendeiner Form zu verderben.« (ebd., S. 170)

Allgemein bekannt und häufig beschrieben ist sein Antrieb, den anderen herabzusetzen und zu demütigen. »Er hat eine bemerkenswerte Begabung dafür, die Unzulänglichkeiten anderer zu sehen, ihre schwachen Punkte herauszufinden und aufzudecken.« (ebd., S. 171) Sobald er eine Schwachstelle des Partners ausgemacht hat, benutzt er seine Erkenntnis »unbarmherzig zum Zwecke einer herabsetzenden Kritik« (ebd., S. 171).

Was er seinerseits dem Partner zu bieten hat, liegt unter der emotionalen Grundversorgung. Er erfüllt ihm gerade mal einige Bedürfnisse, aber: »Er wird darauf hinweisen, dass niemand außer ihm imstande ist, ihm ein derartiges Verständnis, solche Unterstützung, so viel sexuelle Befriedigung oder so viel Anregung zu geben als er.« (ebd., S. 168) Er täuscht sein Liebesobjekt über seinen Beitrag an Zuwendung und »Liebe« für die gemeinsame Beziehung. Er tut dies, indem er die Urteilsfähigkeit und Realitätsprüfung des Opfers verwirrt und es systematisch klein, schwach und unmündig macht. Selbstbewusstsein und Selbstliebe des Partners zu zerstören, gehört nämlich zu seinem unverzichtbaren Programm.

Wir wollen uns jetzt fragen, mit welchen typischen Strategien er sein Ziel ansteuert, den Partner botmäßig und hilflos zu machen:

Er isoliert sein Opfer von dessen Familie und Freunden. Er unterminiert sein Selbstwertgefühl so gründlich, dass es sich immer weniger zutraut. Dadurch wird es real abhängig von seinem Partner. In dem Maße, wie das Opfer sich anklammert, droht sein Partner mit Verlassen und schürt so dessen Trennungsangst. Außerdem bringt er es fertig, dass sich der andere schuldig und schlecht fühlt, weil der die wachsenden Bedürfnisse des Sadisten nicht erfüllen kann und dessen Umerziehungsversuchen nicht gerecht wird. Der sadistische Mensch lokalisiert die Quelle seiner chronischen Unzufriedenheit im Partner und wirft ihm vor, an seinem Unglück schuld zu sein.

Wir gehen jetzt einen Schritt weiter und fragen: Auf welchem charakterlichen Hintergrund spielt sich das vom Sadisten inszenierte Drama ab? Was ist der Sadist für ein Mensch?

Der Sadist ist ein Mensch ohne Hoffnung. Er ist »von einem tiefen Gefühl der Sinnlosigkeit seines eigenen Lebens erfüllt« (ebd., S. 173) und von der durch nichts aufhebbaren Gewissheit durchdrungen, dass er sein eigenes Leben verspielt hat und alles irreparabel schief gelaufen ist. Er hat die Hoffnung aufgegeben, jemals seinen eigenen hochgestochenen Maßstäben, seinem Wunschbild vom eigenen Ich, entsprechen zu können. Deshalb hat er sich bewusst oder unbewusst entschlossen, »so schlecht wie möglich zu sein«. »Er bewegt sich mit der Rücksichtslosigkeit eines Menschen, der nichts zu verlieren hat.« (ebd., S. 176) Er hasst und verachtet sich selber wegen seines Gescheitertseins, muss aber aus Gründen der Selbstachtung diesen Hass und diesen Widerwillen gegen sich selbst nach außen verlegen, das heißt andere tadeln, beschimpfen, abwerten und demütigen. Er fühlt sich vom Leben ausgeschlossen und beginnt, es zu hassen. »Aber er hasst es mit dem brennenden Neid dessen, der das Ziel seiner heißen Wünsche nie erreicht hat. Es ist der bittere, missgünstige Neid eines Menschen, der das Gefühl hat, dass das Leben ihn ausgeschaltet hat.« (ebd., S. 174) Er kann anderen ihr Glück nicht verzeihen. »Wenn er nicht glücklich und frei sein kann, warum sollten es die anderen sein? Er muss auf der Freude der anderen herumtrampeln.« (ebd., S. 174) Der Sadist kann nicht sehen, »dass die Quelle seiner Verzweiflung in ihm selber liegt«. (ebd., S. 177) Deshalb muss er sie in andere verlegen und so tun, als hätten andere Leute, insbesondere sein Partner, sein Leben ruiniert. Er neigt auf diesem Hintergrund ganz ausgeprägt zu rachsüchtigem Triumph. Er muss sich an den anderen für sein eigenes verpfuschtes Leben rächen, indem er sie abwertet, quält und besiegt und damit das »niederdrückende Gefühl der eigenen Niederlage« betäubt (ebd., S. 180). Der Sadist fühlt sich emotional weitgehend tot. Er bedarf der Teilnahme an den starken Gefühlen eines anderen Menschen, der Stimulation durch dessen Affekte, um sich selber wieder ein Stück weit lebendig zu fühlen. Karen Horney betont aber immer wieder, wie gering die Einsicht des Sadisten in die Psychodynamik seiner eigenen Verhaltensweisen ist. Sie schreibt: »Der große Teil dessen, was der Sadist einem anderen antut, bleibt im Wesentlichen unbewusst« (ebd., S. 181).

Fassen wir die Bedeutung der sadistischen Züge im Seelenhaushalt des betreffenden Menschen zusammen: Ganz allgemein können wir dann sagen, sie haben für ihn eine lebenserhaltende und das seelische Gleichgewicht ermöglichende Funktion:

- Sie gestatten dem innerlich toten Sadisten, eine Art emotionales Ersatzleben zu führen durch die Teilnahme an der Gefühlswelt des Partners.
- Sie ermöglichen ihm, die gegen die eigene Person gerichtete Destruktivität (»Er schleppt eine hochexplosible Bombe mit sich herum«, ebd., S. 180) nach außen, insbesondere auf den Partner, abzuleiten und ihn statt sich zu zerstören.
- Sie erlauben es ihm, die eigene Schuld am Scheitern auf sein Liebesobjekt abzuwälzen und damit die Selbstvorwürfe in Anklagen gegen den anderen zu verwandeln.
- Er kann sich auf Kosten seines Partners aufbauen, das heißt großartig und stark fühlen. Er tut dies, indem er den anderen klein macht, entwertet und besiegt.
- Indem er sein Leiden auf einen anderen überträgt, das heißt ihn quält, wird sein eigener Schmerz gemildert. (Ende des Referats)

Der Sadist benötigt einen Partner, der zu ihm passt und all die Zumutungen erträgt, die ihn in der Hölle einer solchen Beziehung erwarten. Er findet ihn bevorzugt bei Personen mit einer masochistischen Struktur oder der Gruppe der »selbstlosen« Menschen (die ich im vorangegangenen Kapitel beschrieben habe). Wenn das sadistische Individuum sein Liebesobjekt nicht bis an die Grenze des völligen Zusammenbruchs treibt, kann eine solche Paarung relativ stabil sein. Der Masochist bzw. der Selbstlose spürt durch all die zugefügten Schmerzen und Demütigungen hindurch, wie wichtig er für seinen sadistischen Partner ist. Das gibt ihm die Kraft, sein Los zu ertragen und Befriedigung daraus zu schöpfen.

3.1.32 Wir beide gegen den Rest der Welt

»Liebe ist … exklusive Zweisamkeit.«
Hier geht es um Menschen, die auf Zweisamkeit und Nahkontakt fixiert sind und sich gegenseitig total mit Beschlag belegen. Sie

suchen den benötigten emotionalen Rückhalt ausschließlich bei ihrem jeweiligen Partner. Er will sie ganz für sich haben. Sie will ihn ganz für sich haben. Am liebsten würden sie ihre Besitzrechte am anderen in das Grundbuch eintragen lassen, um die maximale Sicherheit zu haben, dass man einander ganz gehört und das gemeinsame, weich ausgepolsterte Nest nie verlassen wird. Sie wollen alles gemeinsam tun und erledigen, Händchen haltend und im Partnerlook durch die Welt ziehen und sich wie zwei Kletten aneinander festhalten. Der Partner steht an erster Stelle der Wichtigkeitshierarchie, und es wird erwartet, nein verlangt, dass die inneren Bindungskräfte der anderen Seite genauso stark ausgeprägt zu sein haben wie die eigenen. Der andere darf keine eigene Intimsphäre und keinen Freiraum für selbstbestimmtes Handeln beanspruchen, um nicht die Refugien der Harmonie zu stören. Jedes Sich-Entfernen vom Liebesobjekt wird als Bedrohung, ja als Verrat des Zweisamkeitsprogramms erlebt und entsprechend geahndet. Die Liebenden leben im Isolierkontakt, sind einander der einzige emotionale Bezugsrahmen. Sie halten Welt und Menschen von ihrer exklusiven Zweisamkeit fern. Sie sind sich selbst genug. Ihr wechselseitiges Abhängigkeitsbedürfnis ist ein Bollwerk gegen die Befürchtung, allein und verlassen zu sein. Sie leiden beide unter großer Trennungs- und Verlustangst, die aber durch das enge Zusammenrücken und die Überbetonung ihrer Gemeinsamkeiten beschwichtigt wird. Sie können eine gewisse Unbeständigkeit in der emotionalen Zuwendung des anderen nicht ertragen. Der Partner muss gefühlsmäßig immer verfügbar sein, am liebsten durch seine physische Präsenz. Jede Hinwendung zu einem Dritten wird als Bruch ihres Ausschließlichkeitspaktes erlebt und weckt böse Eifersucht. »Ist der Mann dyadisch fixiert, so fühlt er sich durch die Geburt eines Kindes abgeschrieben« (R. Kreische, 1994, S. 109). Auch der Beruf des einen oder anderen kann wie ein Rivale erlebt werden, da er die zeitliche Kontinuität des Zusammenseins zerreißt. Die hier beschriebene duale Fixierung zweier Individuen hat ihren Ursprung in der frühen Kindheit und weist auf ein schwerwiegendes Entwicklungsversäumnis hin. In der Fachsprache der Psychoanalyse ist hier von der unterbliebenen »Triangulierung« die Rede: Dem Kind war es nicht möglich, aus der Dualunion, der symbiotischen Verschmelzung mit der Mutter, durch das Hinzutreten einer

dritten Person (in der Regel des Vaters) auszusteigen und damit zu lernen, dass es außer der primären Bezugsperson auch noch andere liebenswerte Menschen gibt, zu denen Kontakt lohnt.
Wenden wir uns den möglichen Gefahren dieser Paarung zu. Sie liegen in der Nötigung, möglichst alle aufkommenden Aggressionen gegen den anderen zu unterdrücken, um eine scheinbar konfliktfreie Idylle aufrechtzuerhalten. Das kann zu einer ständigen, unterschwelligen Gereiztheit führen und die sexuelle Anziehungskraft versiegen lassen. Ein weiteres Gefährdungsmoment liegt darin, dass sich beide unterschiedlich entwickeln. Wenn sich der eine von beiden, zum Beispiel berufsbedingt, ein Stückchen emanzipiert, seine symbiotischen Bedürfnisse nachlassen und der Wunsch nach einem größeren Freiraum aufkommt, ist der andere alarmiert. Er wird nun ein verstärktes Kontrollbedürfnis entwickeln, arge Verlustängste haben und sein Anklammerungsverhalten noch verstärken. Ein destruktiver Zirkel von Verfolgung und Flucht entsteht.

3.1.33 Bertolt Brecht – und seine unromantische Konzeption von der Liebe

»Liebe ist ... das gemeinsame Engagement für eine ›dritte‹ Sache.«
Bert Brecht, der Dichter der Dreigroschenoper, lebte polygam[1]. Neben kürzeren Affären verbanden ihn – teilweise parallel laufende – Beziehungen zu mindestens zehn Frauen. Mit zwei von ihnen war er verheiratet, drei bekamen Kinder von ihm.
Brecht hatte eine ganz eigene Lebens- und Liebesphilosophie, die er in Geschichten, Prosastücken, aber auch in diversen Briefen zum Ausdruck brachte. Er war dem »schwachen Geschlecht« sehr zugetan, wünschte sich aber gerade keine schwache, sondern eine »starke Weltfrau«, die ihm ebenbürtig und von ihm unabhängig war. Sie sollte autonom sein, Abstand wahren, frei von Eifersucht und Besitzansprüchen sein. Diese Form der Liebe führte nicht zum

---

[1] Alle hier gemachten Aussagen entstammen der Lektüre des Buches von Sabine Kebir: »Ein akzeptabler Mann? Brecht und die Frauen«, 1998.

innigen Verschmelzen, zur ewigen Harmonie, sondern zu einer mit Sexualität unterfütterten Arbeitsbeziehung. Worauf es ihm ankam, war die Verbindung von Arbeit und Liebe, das gemeinsame Verfolgen einer »dritten« Sache.

»Nähe und Abstand der Liebenden werden als dialektische Beziehung verstanden, deren Dynamik durch den gemeinsamen Bezug auf eine ›dritte‹ Sache bestimmt wird« (Kebir, 1998, S. 141).

»Me-ti sagte, dass das Verhältnis zwischen zwei Menschen gut sei, wenn eine dritte Sache vorliege, der das Interesse beider gelte …« (BFA 18, 173).

Kebir schreibt: »Der Abstand ist das große Thema der Aussprüche des Me-ti über die Liebe« (ebd., S. 98).

Me-ti: »Ich habe dich oft angehalten, nicht zu mir zu sagen: Ich liebe dich, sondern: Ich bin gern mit dir zusammen; nicht: Verlass dich auf mich, sondern: Rechne in bestimmten Grenzen mit mir; nicht: Für mich gibt es nichts als dich, sondern: es ist angenehm, dass es dich gibt.« (BFA 18, 167)

Marianne Zoff, Brechts erste Ehefrau, erinnert sich (1981): »Er wollte fremdgehen dürfen, ohne dass ich mich darüber aufzuregen hätte. Und ich sollte ihm treu sein. Ein ganz normaler Ehevertrag, wie ihn sich alle Männer wünschen« (zitiert bei Kebir, 1998, S. 154). Von Brecht ist überliefert, dass er in der ersten Hälfte der Jahre seiner Frauenlieben selber sehr wohl eifersüchtig war und seiner eigenen Ethik nur schwer folgen konnte. Später hat er sich mit der Untreue einer Geliebten zähneknirschend abgefunden. Seine zweite Ehefrau und Mitstreiterin, die große Schauspielerin Helene Weigel, habe allerdings eine »Überfülle an Toleranzbelegen« (ebd., S. 109) hinterlassen.

»Die Weigel schaffte es, Brecht definitiv an sich zu binden, indem sie ihm die Freizügigkeit gewährte, ohne die er nicht leben und arbeiten konnte« (ebd., S. 108). Wir erfahren aber aus biographischen Äußerungen ihrerseits, dass sie mehrfach an Scheidung gedacht habe. Die meisten Geliebten und Weggefährten des Dichters haben seine Polygamie nicht so leicht weggesteckt, wenn auch unter Bedauern toleriert. Die meisten Probleme mit seiner Untreue hatte offenbar die Dänin Ruth Berlau (Beginn der Bekanntschaft 1933), Schauspielerin am königlichen Theater in Kopenhagen. Sie wird als sentimentale, unternehmungshungrige und leidenschaftliche Frau geschildert, die in der Liebe zu Brecht immer wieder Exklusivität einforderte und ein ungestümes, den Geliebten ganz vereinnahmendes Wesen zeigte. Sie konnte die Tatsache, nur eine unter mehreren zu sein, seelisch nicht verkraften, entwickelte eine Eifersuchtspsychose, verfiel dem Alkoholgenuss und musste mehrfach in einer Nervenklinik behandelt werden. Ihr genügte die berühmte »dritte« Sache der Liebenden im Werk als Basis zwischen Mann und Frau nicht. Während Brecht die innige Verschmelzung in der Liebe als einen Angriff auf seine Integrität erlebte, konnte sie das Fehlen dieser Art von Nähe eben nicht ertragen.

Das Brecht'sche Modell von der unromantischen Liebe birgt ein hohes Konfliktpotenzial in sich. Der Dichter selbst, obwohl Nutznießer dieses Konzeptes, hat zeitlebens für diese Art seines Liebens seinen Preis bezahlt: in Form von Vorwürfen, Krächen, Heimlichkeiten und moralischen Verurteilungen. Für die am Reigen beteiligten Frauen war das Ganze sicherlich eine bittersüße bis schmerzhafte Angelegenheit. Warum hat es überhaupt funktioniert? Es muss mit der Faszination durch das Genie zusammenhängen. Im Dunstkreis des Dichters arbeiten und leben zu dürfen, muss eine solche persönliche Aufwertung und eine solche Zufuhr an narzisstischer Gratifikation bedeutet haben, dass daneben das Opfer der unzureichenden, durch Eifersucht gebeutelten Liebe möglich wurde. Als Modell für »jedermann« hat es keine Chance.

3.1.34 Sei unzerstörbar

»Liebe ist ... wenn du alle meine Aggressionen und Stimmungsschwankungen geduldig erträgt, ohne unsere Beziehung aufzukündigen.«

Im Umfeld von Borderline-Persönlichkeiten und narzisstisch gestörten Menschen finden sich immer wieder jene Typen, die ein ganz bestimmtes, sehr auffälliges Sozialverhalten zeigen. Sie benehmen sich – insbesondere gegenüber ihrem Partner – wie die »Axt im Walde«, d. h. so haarsträubend unberechenbar, ungerecht und provozierend, dass jeder halbwegs »normal« fühlende Mensch schon nach kurzer Zeit das Weite suchen würde. Und obwohl sie in der Regel unter starken Verlustängsten leiden und eigentlich befürchten müssten, ihr Liebesobjekt durch ihr aggressives Verhalten in die Flucht zu schlagen, verhalten sie sich so, als würde diese Gefahr nicht existieren. Sie erwarten, dass ihr Partner unverbrüchlich zu ihnen steht und sich durch keine noch so verwerfliche Entgleisung ihrerseits von seiner Zuneigung abbringen lässt. Unbewusst glauben sie, einen Anspruch auf bedingungslose Liebe zu haben als Ausgleich und Wiedergutmachung dafür, dass ihnen in der Kindheit ein ausreichendes Maß an Akzeptanz und liebevoller Bemutterung vorenthalten wurde. Für sie verdient eine Liebe nur dann den Stempel von »echt und tief«, wenn sie sich als unzerstörbar erweist und allen Widrigkeiten trotzt.

Ihre unausgesprochene Liebesbedingung ließe sich in etwa folgendermaßen formulieren:

»Wenn du mich aus tiefstem Herzen liebst, dann verlässt du mich nicht, auch wenn ich häufig unausstehlich bin. Deine Standhaftigkeit ist geradezu ein Maßstab für die Echtheit und Güte deiner Liebe. Wenn du gehst, dann war deine Zuneigung nichts wert, dann kann ich auch darauf verzichten!«

Im tiefsten Inneren sind diese Menschen aber von der Liebenswertheit der eigenen Person nicht überzeugt. Sie unterziehen ihren Partner ständig irgendeiner Liebesprobe in der Hoffnung, er würde sie bestehen, aber gleichzeitig in der Befürchtung, er würde sie nicht bestehen. Ihr aggressives Verhalten dient unter anderem letztlich der Bestätigung dieser negativen Erwartung (er/sie liebt mich nicht bedingungslos) und damit ihres pessimistischen Menschen- und Weltbildes.

Um dem Leser eine Vorstellung davon zu geben, was ein potenzieller Partner von einem derart strukturierten Menschen zu erwarten hat, will ich kurz das ideal-typische Psychogramm (hier sind mehrere Personen übereinander kopiert unter Herausfilterung des Gemeinsam-Typischen) einer Frau skizzieren, deren zentraler Beziehungswunsch in eben diesem »Sei unzerstörbar« gipfelt.

Lucia (eine erfundene Person) litt unter starken Stimmungsschwankungen. Es konnte passieren, daß sie sich tagelang übellaunig und verdrossen, nervös-gereizt und aggressiv verhielt und ihren unerklärten Frust ihrer Partnerbeziehung anlastete. Sie überschüttete ihren Ehemann dann mit einem Schwall bitterer Vorwürfe und machte ihn für ihr Unglück verantwortlich. (»Du liebst mich nicht! Du tust nicht genug für mich! Du lässt mich im Stich! Du zeigst nicht genügend Engagement! Du vernachlässigst mich ... etc.!«)

Lucia zog sich emotional oft ganz abrupt zurück. Sie verließ die gemeinsame Situation – den Abendbrottisch, eine Diskussion, den gemeinsamen Spaziergang, den Einkauf, eine Autofahrt –, ging nach Hause, schloss sich in ihrem Zimmer ein oder legte sich ins Bett. Die ihr angetragenen Liebesdienste von Seiten ihres Ehemannes nahm sie in der Regel nicht zur Kenntnis. Ihr Partner erhielt dafür weder ein Dankeschön noch eine Rückmeldung in irgendeiner Form. Ging ihr Partner aber auf spontan geäußerte Wünsche ihrerseits nicht sofort und freudig-bereit ein, stimmte sie ein Wehgeschrei an und bezichtigte ihn der absoluten Lieblosigkeit. Es war Lucias Angewohnheit, ihre Partnerbeziehung unter dramatischen Auftritten für gescheitert zu erklären und aufzukündigen, den Koffer zu packen und »abzurauschen«. Wenn sie sich aber zum Zeitpunkt ihrer Wutattacke körperlich erschöpft und seelisch auf dem Nullpunkt fühlte, drohte sie an, sich das Leben zu nehmen, und ließ ihren Ehemann in ohnmächtiger Angst zurück. Stunden später war sie dann nicht selten wieder da, und alles schien vergessen. Sie tat so, als wäre überhaupt nichts passiert.

Lucia fühlte sich permanent unverstanden. Gemeinsame Versuche des Ehepaares, aufgetretene Konflikte im Nachhinein zu klären und zu entschärfen, scheiterten regelmäßig an Lucias verzerrter Wahrnehmung. Sie erinnerte Vorfälle und Wortwechsel in so krass entstellter Weise, dass ihrem Ehemann vor Sprachlosigkeit der Mund offen stehen blieb und alle Versuche der Erwiderung oder Richtigstellung von vornherein aussichtslos erschienen. Da er sowieso immer an allem und jedem schuld war, erübrigten sich alle weiteren Bemühungen um einen Konsens.

Lucia fühlte sich auffallend oft und leicht in die Enge getrieben, wertlos und unterlegen und in ihrer ganzen Person in Frage gestellt. Eine harmlose Bemerkung ihres Partners konnte diese Lawine auslösen. Sie trat dann die Flucht nach vorne an, machte ihrem Mann wüste Szenen und ging schlagend und kratzend wie eine Furie auf ihn los.

Lucia hatte große Angst, verlassen zu werden, weil sie in tiefstem Inneren sehr wohl wusste, dass ihr Verhalten auf Dauer nur sehr

schwer erträglich war. Im Wiederholungszwang produzierte sie aber immer wieder so abstoßende Ausbrüche, dass das Gefürchtete eigentlich eintreten musste.
Sie veranstaltete dauernd Liebesproben und hoffte jenseits allen Misstrauens darauf, das ihr Ehemann all diesen ungerechten Attacken wie ein Fels standhalten möge. »Sei unzerstörbar« ist ihre Heilserwartung.
Diese eben geschilderte Konstellation funktioniert aber überhaupt nur dann über einen begrenzten Zeitraum, wenn es sich im Falle des Partners um einen »Reizsucher« oder um einen »Rettertyp« handelt. Der Retter identifiziert sich mit dem armen, leidenden und gequälten Kind im aggressiven Liebesobjekt und hat das Bedürfnis, den anderen zu schützen, zu trösten und erfahrenes Leid wiedergutzumachen. Dafür nimmt er all die geschilderten Attacken in Kauf, und zwar so lange, bis er selber nicht mehr kann und ausgebrannt und entkräftet die Segel streicht. Da seine Partnerin in der Regel seine Trennungsabsicht hellfühlig vorausahnt, beeilt sie sich, ihrem Retter-Gatten zuvorzukommen. Sie macht Schluss und trennt sich, bevor er seinerseits gehen will.

3.1.35 »Lass mich dein Seelenarzt sein«

»Liebe ist ... wenn du mir die Möglichkeit und Chance gibst, dich aus deinem seelischen Elend herauszuholen und deine emotionalen Wunden zu heilen!«
Auf manche Personen übt der seelisch beeinträchtigte, von Kummer und Krisen geschüttelte Mitmensch eine starke Anziehungskraft aus. Das trifft besonders auf die Wahl eines Liebesobjektes zu. Hier begegnet man häufig Individuen, die sich bevorzugt immer wieder einen emotional stark konfliktbeladenen Partner aussuchen, an ihm verzweifeln, aber aus Schaden nicht klug werden. Wenn man ihre bereits gescheiterten Beziehungsversuche Revue passieren lässt, ergibt sich mit schöner Regelmäßigkeit dasselbe Bild: Sie hatten immer wieder Frauen/Männer zu Partnern, die auffallend gestört waren und deren seelische Leiden sie zu heilen versucht haben – ohne Erfolg.
Nun muss ausdrücklich betont werden, dass die hier Angesproche-

nen ihre Wahl nicht bewusst vollziehen. Im Akt des Wählens wissen sie nicht, was sie tun. Sie geraten – ihnen eher unverständlich – immer wieder an den gleichen Personenkreis. Bei näherem Hinsehen allerdings berichten sie von einer Faszination, die von einem seelisch gestörten Menschen für sie ausgeht. Es sind die unbewusste Seelenverwandtschaft aufgrund eines ähnlichen Kinderleides und das Vertrautsein mit einem Neurosenmilieu, was diese Anziehungskraft ausübt.

Wenn ein so genannter Heiler-Typ im Verlaufe einer längeren Psychotherapie auf die Hintergründe seiner Partnerwahlen stößt, ergeben sich häufig folgende Motive für sein Verhalten:

a) Der Protagonist identifiziert sich mit dem Leidenden und empfindet Solidarität mit ihm. Ein initiales Sympathieband und tiefes Mitgefühl verbinden ihn mit dem Hilfsbedürftigen.
b) Er fühlt sich gebraucht und erfährt über diese Brücke eine Erstarkung seines sonst eher geringen Selbstwertgefühls. Indem er sich den Problemen eines anderen zuwendet, kann er von den eigenen Schwierigkeiten absehen.
c) Er lässt seinem kranken Partner all die Liebe, Fürsorge, Geduld und Nachsicht zukommen, die er selber als unglückliches Kind benötigt hätte. Er gibt dem anderen das, was er selber dringend braucht. Indem er die Wünsche des Leidenden nach Verständnis, Zärtlichkeit und Entlastung erfüllt, genießt er dessen Befriedigung mit.
d) Sein wichtigster Beweggrund aber sind der Wunsch nach Selbstheilung und die verzweifelte Hoffnung darauf, dass auch mit ihm »alles wieder gut wird!«

Indem er seinen Partner heilt, verschafft er sich die frohe Zuversicht, dass auch für ihn die Chance auf Gesundwerden besteht und dass es auch für ihn in der Zukunft so etwas wie Glück geben kann. Wenn die analytische Psychotherapie dieses »Seelenheilers« fortgeschritten ist und er selber immer deutlicher die wahren Beweggründe seines Handelns erkennt, wird sein eigenes pessimistisches Selbstbild sichtbar. Jetzt ist deutlich, warum er die unendlichen Mühen des »Heilens« eines gestörten Partners (in der Regel ohne Erfolg) auf sich nimmt. Ich schildere nun sein diesbezügliches Selbsterleben:

»Ich habe die Befürchtung, unheilbar gestört und beziehungsuntauglich zu sein. Ich kann nicht geliebt werden, weil ich nicht liebenswert bin. Ich selber kann nicht lieben, weil mir die Fähigkeit dazu fehlt. Ich komme mit anderen Menschen letztlich nicht zurecht und sie nicht mit mir. Es gibt Typen, die sind so kaputt, denen ist nicht mehr zu helfen. Ich muss bis in alle Ewigkeit alleine sein und bleiben, so wie ich es immer gewesen bin. Ich bin verdammt, ohne Liebe zu leben.«

Der Protagonist möchte diese düstere Zukunftsprognose – was seine eigene Person anbelangt – um alles in der Welt widerlegen. Er bewerkstelligt dies, indem er seinen Partner zu heilen versucht. In Wahrheit hat er auch die Mängel und Probleme selber, die er beim anderen zu beheben sich abmüht. Ein in seiner Selbsterkenntnis schon fortgeschrittener Patient drückte es einmal so aus:

»Ich habe die große Hoffnung, Bärbel und ich könnten miteinander was sehr Schönes erleben. Wir sind zwei verwandte Seelen. Wir beide wurden in jungen Jahren sehr verletzt. Nun weinen wir gemeinsam über unsere schlimme Kindheit, wachsen aneinander und heilen uns gegenseitig.«

Dass dieses Heilen in der Regel misslingt, ist die Tragik dieser Konstellation.

Ich will nach der Beschreibung der 34. Variante die Aufzählung möglicher Beziehungswünsche abschließen, aber gleichzeitig betonen:

- dass die hier vorgestellten zentralen Sehnsüchte sich in ihrem inhaltlichen Gehalt manchmal überschneiden. Sie treten in dieser idealtypischen Form eher seltener auf. In der Wirklichkeit haben wir es mit Mischformen zu tun, das heißt einem Gemenge aus mehreren Strängen;
- dass ich nicht alle möglichen Spielarten beschrieben habe;
- dass es sehr individuelle Versionen gibt, die sich in kein Schema einordnen lassen, wie zum Beispiel der folgende Wunsch einer jungen Frau:
  »Mein Liebster muss schön und attraktiv, sexy, verheiratet, viel auf Reisen, wenig an mir interessiert und undurchsichtig-geheimnisvoll sein.«

3.2 Das Schicksal der zentralen Beziehungswünsche

Bei der Analyse von chronischen Beziehungsproblemen sollte der um Rat oder Therapie gebetene Psychologe ein besonderes Augenmerk auf die zentralen Beziehungswünsche des Klienten richten und sich folgende Fragen stellen:
Wie sehen die zentralen Beziehungswünsche des Betreffenden konkret aus; vor allen Dingen: Wie bewusst (bzw. unbewusst) ist ihm, was er sich ersehnt?
Wie trägt er seine Wünsche an den Partner heran?
Kann der Partner das Geforderte überhaupt leisten?
Entsprechen die zentralen Beziehungswünsche der Wesensart des Betreffenden, passen sie überhaupt zu seiner Struktur, oder aber sind sie nur Mutmaßungen darüber, wovon er sich sein Lebensglück verspricht?
Ist das, was er bei seinem Partner sucht, überhaupt machbar oder ist sein »Wunschbild von einer bestimmten Zweisamkeit« eine nicht-lebbare Konstruktion?
Und letztlich: Trägt der Protagonist an sein Liebesobjekt Bedürfnisse heran, die in sich widersprüchlich sind und sich gegenseitig im Wege stehen, sodass es fast zwangsläufig zu einem Desaster kommen muss?
Ich will an dieser Stelle die drei häufigsten Modalitäten, in denen Beziehungswünsche aufeinander treffen, herausgreifen und kurz beleuchten. Es gibt 1) symmetrische Konstellationen, 2) kollusive Paarungen und 3) die Divergenz von Beziehungswünschen.

Zu 1)

Bei den symmetrischen Konstellationen wollen beide das Gleiche; es liegen dieselben Beziehungswünsche vor. Dieses Muster funktioniert natürlich nur dann, wenn die angepeilten Rollen, die Mann und Frau im Raum von Partnerschaft und Liebe anstreben und auch vom Partner erwarten, identisch sind. Beispiele für diese Struktur sind das James-Bond-Ideal und die Zwillingsphantasie. Im ersten Fall möchten sie und er Spaß miteinander haben, sich nicht binden und keine Verantwortung füreinander übernehmen.

Das gelingt nur, wenn beide die gleiche Lebensauffassung und Bedürfnismatrix haben. Hier ist Kongruenz angesagt und Voraussetzung für das Ausleben dieses Lebensplanes.
Die Verwirklichung der Zwillingsphantasie – das zweite Beispiel – setzt die Existenz eines seelischen Zwillings, das heißt eines sehr ähnlichen Partners, voraus. In die gleiche Kategorie wie Beispiel eins und zwei gehören: exklusive Zweisamkeit, der Treue- und Ewigkeitsanspruch, das romantische Liebesideal, »Wir beide gegen den Rest der Welt« und der Beziehungsehrgeiz. Auch hier ist größtmögliche Ähnlichkeit geradezu Programm und Garant dafür, dass die ersehnte Lebensform realisiert wird. Bei der überwiegenden Mehrzahl der zentralen Beziehungswünsche bringt aber eine Symmetrie der partnerbezogenen Bedürfnisse nur Frust und Unzufriedenheit. Hier wird nämlich eine Rollenpolarisierung (zum Beispiel Pfleger–Pflegling, Sadist–Masochist) notwendig und vorausgesetzt, auch wenn beide Partner von der gleichen Grundthematik (zum Beispiel Macht – Ohnmacht) beherrscht werden. Ein gleiches Gefühls- und Bedürfnisspektrum der beiden führt also in den meisten Fällen nicht zu dem ersehnten Beziehungsglück, sondern zum Scheitern.

Zu 2)

Kollusive Paarungen liegen dann vor, wenn sich die zentralen Beziehungswünsche zweier Menschen wie Schloss und Schlüssel zueinander verhalten. Unter Kollusion verstehen wir – wie anderenorts schon ausgeführt – das meist unbewusste Zusammenspiel zweier Partner mit einer ähnlichen basalen Bedürfnisstruktur, die sie aber in komplementären Rollen ausleben (zum Beispiel Sadist–Masochist, Pfleger–Pflegling, die Anspruchslose und der Egoist). Warum auch diese Paarkonstellationen häufig in eine Abwärtsspirale geraten, habe ich an Ort und Stelle jeweils beschrieben und soll hier nicht noch einmal ausgeführt werden.

Zu 3)

Die Divergenz der zentralen Beziehungswünsche ist »schuld« an so mancher scheiternden Beziehung. Es kommt nicht selten vor, dass sich zwei Menschen, die eine Paarverbindung eingehen, nicht über die Richtung und Art ihrer Erwartungen und Bedürfnisse an-

einander verständigen. Häufig kennen sie ihre, an den Partner gerichteten Sehnsüchte gar nicht richtig oder täuschen sich in dem, was sie eigentlich vom anderen wollen. Des Öfteren verhalten sich potenzielle Langzeitpartner in der Phase des Kennenlernens oder während der ersten Jahre des Zusammenseins nicht gemäß ihrer inneren Struktur, sondern gemäß der am Liebesobjekt beobachteten Erwartungen. Sie errichten eine bestimmte Fassade oder schlüpfen in eine Rolle, die der Verwöhnung und Befriedigung des anderen dient, die sie selber auf Dauer nicht durchhalten können, weil sie gegen existenzielle eigene Interessen verstoßen. Wenn sie dann eines Tages ihre Tarnung aufgeben und ihr wahres Selbst zeigen und auszuleben versuchen, kommt es auf der anderen Seite zu einem bösen Erwachen nach dem Motto: »So hab ich mir das mit uns nicht vorgestellt!« Das Paar stellt dann überrascht fest, dass sie beide in ganz andere Richtung marschieren möchten und vom Leben etwas sehr Unterschiedliches erwarten. Ihre emotionale Grundmelodie schwingt auf einer jeweils verschiedenartigen Wellenlänge und findet keine Resonanz beim anderen. Das bedeutet meist das Aus für die Beziehung.
Wir müssen auch im Auge behalten, dass sich zentrale Beziehungswünsche im Laufe eines individuellen Reifungsprozesses verändern können und damit die Ausgangssituation einer Partnerwahl in Frage stellen. Die Voraussetzung, unter denen zwei Menschen den »Bund fürs Leben« schlossen, müssen nicht ewig Bestand haben.

Nun ein paar Beispiele für divergierende zentrale Beziehungswünsche:
- Der erfolgreiche Rechtsanwalt favorisiert das Altvorderen-Modell und wünscht sich eine liebe Hausfrau, die sich um die Kinder kümmert und ihm den Rücken freihält für seine Karriere. Sie hingegen erträumt in ihm den Entwicklungshelfer, der ihre emanzipatorischen Bemühungen unterstützen soll.
- Sie wünscht sich Wiedergutmachung für erlittenes Unrecht in der Kindheit, er sucht die ideale Mutter in ihr, die ihn hätschelt und verwöhnt.
- Er will dominieren, sie ersehnt hymnische Dauerbejahung durch ihn.

- Er liebt Harmonie, Nähe, Verschmelzung, sie Kampf und Autonomie.
- Er schätzt den persönlichen Freiraum und die Erlaubnis zu Seitensprüngen, sie möchte ewige Treue und Verbundenheit.

Alle symmetrischen Paarungen – bis auf einige Ausnahmen – beinhalten eine krasse Interessendivergenz: Man stelle sich folgende Verbindungen vor: Zwei Sadisten, zwei Selbstlose, zwei narzisstisch Bedürftige, zwei Masochisten, zwei egozentrische Ich-Menschen oder zwei Herrschsüchtige usw. Sie passen deshalb nicht zusammen, weil sich entweder ihre jeweiligen Bedürfnisspannungen zu einem doppelten Mangel addieren oder die gleichsinnigen Zielrichtungen aufeinander prallen. Zwei gleiche magnetische Pole stoßen sich ab.

4. Kapitel

Mythen, Irrtümer und Halbwahrheiten in Bezug auf Liebe und Partnerschaft

Die meisten Menschen machen sich nicht nur Vorstellungen über die Welt, den Sinn des Lebens, den Tod, über Gott, ihre Mitmenschen und über das, was Glück ist, sondern auch über das Wesen von menschlichen Beziehungen. Sie haben ein Bild von der Liebe – wie sie sein soll und wie sie nicht sein darf – und tragen Glaubensgewissheiten mit sich herum, die sich auf Partnerschaft, Ehe und das jeweils andere Geschlecht beziehen – mal bewusst reflektiert, mal verschwommen oder gar unbewusst. Es handelt sich bei diesem angeblichen Wissen häufig um irrtümliche Überzeugungen, um Halbwahrheiten und ungerechtfertigte Verallgemeinerungen. Ein sehr komplexer Sachverhalt wird mit Hilfe eines Schwarz-Weiß-Denkens auf eine griffige Formel gebracht und verfehlt damit die Wirklichkeit bei weitem. Nirgendwo sonst tummeln sich so viele Vorurteile und skurrile Spruchweisheiten wie im Bereich der Mann-Frau-Beziehung. Uns interessieren diese falschen Ansichten nur dann, wenn sie eine verhaltensbestimmende Wirkmächtigkeit besitzen und in Gestalt »innerer Formeln« das Erleben und Handeln eines Menschen bestimmen. Dann nämlich haben sie eine Konsequenz und greifen störend oder Unzufriedenheit stiftend in die Paardynamik ein.

Ehepaartherapeuten müssen in ihren Beratungen deshalb unter anderem herausfinden, ob die Beteiligten eines Paarkonflikts von solchen falschen Paradigmen gesteuert sind und damit ihre Beziehung zu Unrecht belasten. Das Ausräumen von Vorurteilen über die Ehe oder das andere Geschlecht stellt dann einen ersten Schritt in Richtung Befriedung eines chronischen Streits dar. In der Regel bringen Eheleute diese falschen oder einseitigen Sichtweisen aus ihrer Kinderstube mit. Sie hören die Klagen ihrer gestressten oder traurigen oder leidenden Mütter über die »bösen Männer«. Sie identifizieren sich mit ihren Vätern und deren Lebensweisheiten, sie wachsen im Dunstkreis einer Großmutter auf, die vor der Ehe warnt, Schauergeschichten zu berichten weiß und die Gefährdungen im Kampf der Geschlechter beschreibt, oder sie machen selber schlechte Erfahrungen und verallgemeinern sie – so, als wäre die Welt tatsächlich so, wie sie sich ihnen in einem winzigen Ausschnitt dargeboten hat.

Lassen Sie mich an zwei Beispielen demonstrieren, welche beziehungsfeindliche Sprengkraft solche verinnerlichten Irrtümer haben können:

Ursula D. ist der Überzeugung: »Alle Männer sind gleich und wollen nur das eine: Sex!« Im günstigsten Fall kommt es trotz dieses Vorurteils nur zu einem unterirdischen Grollen bei Ursula, das sich allerdings bei ehelichen Auseinandersetzungen oder Ärgerreaktionen ihrerseits zu einer heftigen Eruption steigern kann und ihre allgemeine Skepsis gegenüber Männern noch verstärkt. Im ungünstigsten Fall dagegen wird sie sich – wegen der ihrem Gatten unterstellten sexbesessenen Grundhaltung – ausgenutzt, als Sexualobjekt missbraucht und in der Fülle ihrer sonstigen Qualitäten, Werte und Fähigkeiten weder wahrgenommen noch geschätzt sehen. Sie fühlt sich durch diese vermeintliche Funktionalisierung vielmehr entwertet und verachtet ihrerseits ihren Mann, weil sie ihn als reines Triebwesen definiert (Schlagertext: »Männer sind Schweine!«). Wenn es sich bei Ursula um eine eher schüchterne, das heißt aggressiv gehemmte Frau handelt, wird sie den sexuellen Wünschen ihres Gatten eher gefügig nachkommen, sich opfern und darüber verwundert sein, dass ihre positiven Gefühle für ihn immer mehr zurückgehen. Erblickt sie dagegen in der Sexualität die einzige Möglichkeit, Intimität zu ihrem Mann herzustellen und auch etwas Zärtlichkeit für sich dabei herauszuschlagen, so wird sie eventuell ängstlich darauf bedacht sein, sich diese Befriedigungsquelle zu erhalten. Vielleicht hat sie Angst, älter zu werden und an sexueller Anziehungskraft zu verlieren; vielleicht aber lehnt sie Sexualität zunehmend ab und entwickelt Symptome (häufige Blasenentzündung oder Migräne), um über diesen Umweg den begehrlichen Gatten von sich abzuhalten.

Angenommen, Ursula D. verfügt über eine kräftige Vitalität und eine entsprechende Durchsetzungsfähigkeit, dann könnte sie einen anderen Weg einschlagen: nämlich die Sexualität als strategisches Mittel einsetzen, den Ehemann für Wohlverhalten sexuell belohnen, ihn durch Liebesentzug bestrafen, ihn je nach Laune verwöhnen oder zappeln lassen. Vielleicht entwickelt sie subtile Mechanismen, ihn mitten im sexuellen Akt, zum Beispiel durch abrupten Gefühlsrückzug, so zu verunsichern, dass er mit der Zeit eine erektive Impotenz ausbildet. Wir gehen in unserem Beispiel davon aus, dass Ursulas ungerechtfertigte Verallgemeinerung (»Männer sind so«) auf ihren Gatten nicht zutrifft. Vielleicht hat er nur Spaß am Sex, ohne von ihm zentral gesteuert zu sein. Wahrscheinlich nimmt sie ihn genauso einseitig und verzerrt wahr, wie sie glaubt, von ihm wahrgenommen zu werden. Sie drängt ihm damit eine Rolle auf, die an seiner wahren Wesensart vorbeigeht und die den Grundstein legt für diverse Missverständnisse und Konflikte.

Nun das angekündigte zweite Beispiel:
Dietrich D. glaubt: »Die Ehe ist ein Paradies für Frauen! Die Männer schuften und schaffen die Knete heran, die Weiber liegen auf der Couch und lackieren sich die Fingernägel!«
Wenn wir davon ausgehen, dass Dietrich D. dieses falsche Paradigma verinnerlicht hat und dass es deshalb sein Erleben und sein Verhalten gegenüber dem anderen Geschlecht wesentlich mitbestimmt, dann ergeben sich daraus möglicherweise folgende Konsequenzen:
Er fühlt sich ausgebeutet und allein verantwortlich für den Bestand seiner Familie, da er die Voraussetzungen für ihre Existenzfähigkeit schaffen muss. Er schätzt die Hausarbeit seiner Frau gering ein und verachtet ihren Status als minderwertig. Er neidet seiner Frau ihr »schönes Leben«, kommt sich selber als der Dumme vor. Für ihn ist die Balance von Geben und Bekommen zutiefst aus dem Gleichgewicht. Ein Dauerärger über diese Ungerechtigkeit nagt an seiner Seele. Dietrich D. hat – seiner Meinung nach – einen berechtigten Anspruch auf Verwöhnung: Da seine Frau sowieso schon so wenig leistet, muss sie wenigstens jeden seiner Wünsche freudig annehmen und erfüllen, ihm nichts abschlagen und sexuell zur Verfügung stehen, wann immer ihm danach ist. Es wäre ihre Aufgabe, ihn durch besten häuslichen Service für seine Mehrbelastung zu entschädigen. Die Frau bekommt nicht nur keine Anerkennung für

ihre Arbeit noch irgendein Verständnis dafür, wenn sie sich durch Haushalt und Kinderversorgung erschöpft fühlt und ihrerseits Hilfe und Unterstützung anmahnt. Der Leser möge sich an dieser Stelle selbst einmal ausmalen, welch großes Konfliktpotenzial in vorliegender Konstellation enthalten ist.
Ich will nun – ohne Anspruch auf Vollständigkeit und Systematik – eine kleine Liste von Irrtümern, Halbwahrheiten und unberechtigten Verallgemeinerungen in Bezug auf Liebe, Ehe und das andere Geschlecht zusammenstellen und auf weitere Kommentare dazu verzichten. Hier die Beispiele:

- Liebe ist immerwährende Leidenschaft! In einer wirklich glücklichen Ehe hören Verliebtsein und romantische Zweisamkeit niemals auf.
- Die Ehe ist die wahre und einzige Bestimmung der Frau.
- Wenn man sich liebt, treten alle Sorgen in den Hintergrund. Liebe löst alle Probleme.
- Liebe ist eine Illusion, eine besonders arge Form der Selbsttäuschung, frei nach dem Brecht'schen Motto: »Der Lachende hat die Schreckensbotschaft nur noch nicht vernommen!«
- In einer guten Ehe sind Mann und Frau ein unzertrennliches Paar: Sie fühlen, denken und wollen dasselbe, machen alles gemeinsam und sind sich selbst genug.
- Die Frau macht Sex mit der Seele, der Mann mit dem Körper.
- Männliche Untreue ist ein verzeihliches Kavaliersdelikt.
- Alles hat einmal sein Ende, auch jede Beziehung.
- Lieber eine schlechte Ehe als gar keine.
- Frauen suchen in der Ehe nur den Ernährer für sich und ihre Kinder.
- Liebe ist die unverzichtbare Voraussetzung für jede Ehe.
- Kinder halten eine Ehe zusammen.
- Das Geheimnis ewigen Beziehungsglücks liegt darin, den einzig in Frage kommenden Traumpartner zu finden. Scheitert die Beziehung, dann war es eben nicht der Richtige.
- Der Anfang einer Beziehung (ob man wenig oder irrsinnig verliebt ist) entscheidet darüber, wie gut oder schlecht eine Ehe verlaufen wird.
- Liebe ist die einzige Antwort auf das Problem der Einsamkeit.

- Eine Ehe eingehen ist gleichbedeutend mit Selbstaufgabe.
- Zweimal Sex in der Woche – das ist das Normale.
- Männer sind polygam, Frauen monogam veranlagt.
- Befriedigende und wahre Sexualität setzt voraus, dass Mann und Frau ihren Orgasmus gleichzeitig erleben.
- Männer leben ganz für ihren Beruf, Frauen für eine Beziehung.
- Sex mit demselben Partner wird mit den Jahren langweilig.
- Der Mann soll führen: Frauen sollen zu ihrem Ehegatten aufblicken können.
- In einer guten Ehe bedarf es weniger Worte zur Verständigung, da jeder instinktiv erspürt, was der andere möchte und sich wünscht.
- Mann und Frau trennen Welten: Sie sind grundverschieden und können einander niemals richtig verstehen.
- In jeder guten Ehe geht es harmonisch zu. Konflikte und häufiger Streit sind ein Zeichen von zunehmender ehelicher Zerrüttung.
- Liebe ist die Voraussetzung für guten Sex.
- Es ist in erster Linie die Aufgabe der Frau, für den Bestand und das reibungslose Funktionieren einer Partnerschaft zu sorgen.
- Totale Offenheit in einer Beziehung ist die Voraussetzung für eine gute Ehe.
- Mann und Frau dürfen keine Geheimnisse voreinander haben und sollen sich gegenseitig restlos anvertrauen.
- Weibliche Untreue ist folgenschwerer und deshalb gefährlicher als männliche.
- Kommt Streit, kommt Sex.

Auf die Gefahr hin, mich zu wiederholen: Die eben aufgezählten Glaubensgewissheiten bekommen nur dann eine partnerschaftsfeindliche Dynamik, wenn sie als innere Formeln das Erleben eines Menschen steuern. Natürlich ist in manchen von ihnen ein Körnchen Wahrheit enthalten. Es gibt zum Beispiel viele Männer, die sich ganz ihrem Beruf widmen und in deren Leben die berufliche Tätigkeit den ersten Rangplatz in der Wichtigkeit einnimmt. Für manche Frauen ist tatsächlich »Liebe die Voraussetzung für guten, entspannten und schuldgefühlsfreien Sex«. Nicht wenige Individuen geben sich in einer Ehe auf. Für viele Paare gilt zweimal Geschlechtsverkehr in der Woche als das Normale. Die aufgelisteten Aussagen treffen immer nur auf eine begrenzte Anzahl von Personen zu und beschreiben deshalb weder Gesetz- noch Regelhaftigkeiten. Sie können aber in ihrer Verallgemeinerung schweren Schaden anrichten.

5. Kapitel

Häufig wechselnde Partnerschaften

»Liebe ist ... eine Leidenschaft von begrenzter Dauer.«
Nun haben wir es schriftlich: Der Mensch ist von seiner genetischen Verfassung her so konstruiert, dass der Chemismus seiner Liebe nur jeweils für einen Zeitraum von vier bis fünf Jahren wirksam ist und dann erlischt. Die Anthropologin Helen Fischer (1993) hat nämlich ein biologisches Partnerschaftsmodell entworfen und darin behauptet, dass die »serielle Monogamie«, also der »Partnerwechsel in regelmäßigen kurzen Abständen«, zur menschlichen Natur gehöre, d. h. in unserem Erbgut verankert sei.
Auch die Rede vom Lebensabschnittspartner (St. Lermer, H. C. Meiser, 1994) beschreibt einen ähnlichen Sachverhalt. Hier werden allerdings nicht biologische, sondern sozio-kulturelle Wirkfaktoren für den wiederholten Austausch des Liebesobjekts durch ein jeweils neues verantwortlich gemacht. Alle drei Buchautoren tun so, als ob eine lebenslange Treueverpflichtung unter Paaren dem Charakter unserer Spezies zuwiderlaufe und deshalb zum Scheitern verdammt sei. Auf diesem Hintergrund betrachtet wäre also nicht das Zerbrechen einer Beziehung nach einigen Jahren des Zusammenseins erklärungsbedürftig, sondern ihre Haltbarkeit.
Ich persönlich glaube, dass die Kulturgeschichte der menschlichen Ehe genügend Beweise für die Existenz und Lebensfähigkeit beider Paarformen liefert: Ein bestimmter Prozentsatz unserer Mitbürger favorisiert das Modell »Dauer«, ein anderer Teil ist mehr für den Wechsel geeignet. Die Persönlichkeit des Einzelnen entscheidet jeweils darüber, welchem der beiden Pole sie sich zuneigt.
Der »Drang zu neuen Ufern« hat allerdings zwei Gesichter: Die optimistische Variante beschwört den »Zauber, der in jedem Anfang liegt«, betont den Genuss von Lebensfülle durch den Wechsel, genießt die rauschhaften Erregungsmomente des Verliebtseins in jeder Neuauflage. Die pessimistische Version dagegen glaubt nicht an den Bestand von Glück: Die menschliche Natur ist nicht be-

ständig oder zur Dauerliebe fähig. Gefühle stumpfen ab oder erlöschen ganz. Beziehungen »lutschen sich aus!« Paare entwickeln sich durch unterschiedlich schnell vollzogene Reifungsschritte oder durch zunehmende Divergenz ihrer Interessen zwangsläufig auseinander und entfremden sich. Die Ehe wird zum Gefängnis und zur gesetzlich sanktionierten Prostitution.

Trotz alledem lohnt es sich meines Erachtens, die Bedingungsmomente aufzulisten, die einen Menschen – jenseits von biologischer Veranlagung und sozio-kulturellen Zeitfaktoren – dazu veranlassen, immer wieder seinen Partner zu wechseln oder eine ganze Kette von mehr oder weniger chaotischen Beziehungen zu konstellieren.

Paarbindungen gehen auseinander, weil:

- der Protagonist – gegen seinen Wunsch – vom anderen verlassen wird;
- der Protagonist absichtlich durch sein Verhalten die Beziehung zerstört und damit die Trennung unausweichlich macht;
- sowohl der Protagonist als auch sein Partner in »Gemeinschaftsarbeit« eine beidseitig »verschuldete«, sehr destruktive Paardynamik in Gang setzen, an deren Ende zwangsläufig das Scheitern steht;
- der Protagonist seinen Partner verlässt.

Uns interessiert im Zusammenhang mit obigem Thema allerdings in erster Linie die vorletzte und letzte Version. Es macht allerdings einen Unterschied aus, ob jemand den Partnerwechsel aus seelischer Not (zum Beispiel angst- oder konfliktbedingt) oder aus Lebenshunger vornimmt oder ob er ihn aus Überzeugung zu seiner Weltanschauung erkoren hat (»Menschen leben und lieben eben so!«). Im Einzelfall dürften jedoch alle drei eben erwähnten Motive in unterschiedlichen Gewichts- und Mischungsverhältnissen zusammentreffen.

Ich werde nun im Einzelnen menschliche Charaktereigenschaften und Verhaltensweisen beschreiben, die aus einer bestimmten, meist pathogenen Persönlichkeitsstruktur resultieren und ihrerseits zu einem häufigen Partnerwechsel führen. Uns interessieren also die »selbst gemachten« Probleme einzelner Individuen und nicht die äußeren Notlagen, Zufälle oder schicksalsbedingten Umstände, die eine Person dazu bringen können, sein Liebesobjekt häufig auszutauschen. Es kommen insgesamt 14 Gruppen möglicher Hintergrundfaktoren für den häufigen Partnerwechsel zur Sprache.

5.1 Psychische Defekte

Das Fehlen oder die mangelhafte Ausprägung bestimmter Gefühlsqualitäten, Wesensmerkmale oder Fähigkeiten im Persönlichkeitsaufbau eines Menschen oder die Existenz bestimmter Charakteranomalien führen fast regelhaft zum frühen Scheitern einer vielleicht sogar hoffnungsvoll begonnenen Paarbildung. Ich zähle jetzt Persönlichkeitsmerkmale auf, die den Modus eines psychischen Defekts haben und deshalb den Bestand einer Zweierbeziehung sehr stark gefährden oder unmöglich machen. Ich verzichte allerdings weitgehend darauf, auf die Entstehungsgeschichte dieser schweren Störungen einzugehen, da mir hier der notwendige Platz dazu fehlt.

5.1.1 Extrem gestörte Kontakt- und Bindungsfähigkeit

a) Fehlende Liebes- und Bindungsfähigkeit

Es gibt eine Gruppe personenbezogener Gefühlsregungen, die sich durch ihre besondere Tiefendimension auszeichnen. Sie werden unter dem Begriff »Gemüt« zusammengefasst und stellen den »Ort der persönlichen Wertbindungen« (Remplein, Seite 258) dar. Gemüt-Haben bedeutet nicht nur, starke Gefühle der Liebe, des Mitgefühls, der Hingabefähigkeit, der Güte, des Wohlwollens usw. zu erleben, sondern auch gleichzeitig von diesen Regungen existenziell ergriffen zu sein in der Tiefe des eigenen Wesens. Der gemütvolle Mensch strahlt Wärme und Herzlichkeit aus, er erlebt sein Liebesobjekt als einen kostbaren Schatz, den er schützen und umsorgen, fördern und erfreuen möchte und für den er da ist »in guten und in schlechten Zeiten«.

Es gibt – im Gegensatz dazu – immer wieder Menschen, deren Gemütskräfte durch eine extrem lieblose Erziehung nicht ausgebildet wurden und die als echte Mängelwesen einen potenziellen Partner durch ihre Gefühlskälte, Hartherzigkeit, Brutalität, Liebes- und Bindungsunfähigkeit und undankbare und mitleidslose Charakterart in die Flucht oder zur Verzweiflung treiben.

b) Fehlende personale Wahrnehmung

Eine Patientin berichtet über schwere Probleme, die sie mit ihrem Freund hat, und tut bei dieser Gelegenheit den Ausruf: »Stellen Sie sich vor: er guckt mich gar nicht richtig an. Er schaut nicht hin, nimmt mich nicht wahr: meine Kleidung, meine Frisur, mein Gesicht. Er stellt keine Fragen nach meiner Vergangenheit: was für ein Kind ich war, was für Eltern ich hatte, was es vor ihm für Männer in meinem Leben gab. Er interessiert sich gar nicht dafür, wer ich bin!«

Der hier dargestellte Typ besitzt weder die Fähigkeit, sich in den anderen einzufühlen und empathisch mitzuschwingen, noch hat er ein Interesse daran. Seine zwischenmenschliche Sensibilität und sein Gespür für die Gemütsverfassung seines Partners sind gleich null. Häufig nimmt er eine andere Person gar nicht als ganze Persönlichkeit mit einmaliger Biografie und Wesensart, als ein autonomes Willenszentrum, als einen Menschen mit eigenen Hoffnungen, Sehnsüchten und Ängsten wahr. Seine Beziehung zu ihr ist häufig die zu einem Teilobjekt. Er fühlt sich z. B. von ihrem »knackigen Arsch« angezogen oder den großen Brüsten oder den Geschlechtsteilen. Das sonstige Drumherum ist Nebensache.

c) Oberflächliche Kontaktnahme

Da der andere Mensch und sein einmaliges Gewordensein letztendlich nicht interessieren und nicht in den Lichtkegel der Aufmerksamkeit rücken (es sei denn, er will sich rächen), bleiben die Gespräche mit ihm auffällig nichtssagend und oberflächlich. Sie streifen nur das Äußere der Dinge und drehen sich um tote Gegenstände oder Materielles. Eine personale Begegnung durch das Gespräch findet nicht statt. Sprachmittel, um Innerseelisches zu benennen, fehlen in der Regel.

d) Fehlende Konfliktfähigkeit

Es gibt eine bestimmte Form von Konfliktbewältigung, die ausgesprochen negative Konsequenzen und Auswirkungen auf den Bestand einer Paarverbindung hat. Die Existenz eines bestehenden Konfliktes kann 1. gar nicht erst erlebt, 2. nur als diffuse Unstimmigkeit empfunden oder 3. zwar erlebt, aber nicht in Worte gefasst werden. Konflikte werden weder benannt, mit dem Partner besprochen noch durch das Dazwischenschalten von Reflektion in ihrer Struktur zu klären versucht. Sie werden stattdessen sofort in Handlungen umgesetzt, sprich ausagiert. So kann sich z. B. der Ärger darüber, dass der Partner vergessen hat, Brot einzukaufen, in Schlageimpulse verwandeln, in beleidigtes Verlassen der gemeinsamen Wohnung, zum Griff zum Alkohol oder in einen Suizidversuch. Das Ausagieren von Konfliktspannungen macht den Partner unberechenbar, verschärft die Problemlage noch zusätzlich und ist gerade nicht dazu angetan, den Krisenherd aus der Welt zu schaffen.

Manche Menschen sind unfähig, die durch eine Meinungsverschiedenheit oder einen Eklat entstandene Disharmonie einfach auszuhalten und für den Augenblick mit dem anderen unversöhnt zu bleiben. Sie müssen aus einer Art Katastrophenstimmung heraus den häuslichen Frieden so bald wie möglich wiederherstellen und tun das unter Preisgabe ihrer eigenen Position, indem sie sich an die Wunschvorstellungen ihres Partners anpassen. Uns interessieren in diesem Zusammenhang aber jene Personen, die der Unerträglichkeit einer Konfliktspannung dadurch zu entgehen versuchen, indem sie das Befürchtete mutwillig herbeiführen und den Dissens auf die Spitze treiben. Sie machen lieber alles kaputt, als weiterhin in der spannungsvollen Ungewissheit zu leben, ob der eingetretene Liebesverlust reparabel ist oder nicht.

e) Extrem kränkbar

Personen, die unter starken Insuffizienzgefühlen leiden, sich selber als Versager erleben und ein schwer gestörtes Selbstbewusstsein besitzen, sind in der Regel sehr leicht verletzbar und durch eine vermeintliche Kränkung sofort in ihrer zutiefst unsicheren Selbstgewissheit erschüttert, überhaupt eine Daseinsberechtigung zu haben. Sie fühlen sich extrem schnell zurückgewiesen, übergangen und unwillkommen und parieren diesen vermuteten Angriff auf die Integrität ihrer Person mit einer Flucht nach vorn, d. h. mit aggressiven Attacken. Sie wirken auf den Außenstehenden daher wie ein ausgemachtes Ekelpaket, da sie durch ihre ständigen Zynismen, abwertenden Bemerkungen und wutschnaubenden Ausfälle alle halbwegs gutwilligen Mitmenschen vergraulen, so auch ihren jeweiligen Partner.

f) Näheflüchter mit Streifkontakten

Es gibt Menschen mit ausgeprägten Beziehungs- und Näheängsten. Schon die Berührung mit einem zweiten Subjekt löst bei ihnen eine ganze Kaskade von inneren Erdbeben aus. Der andere stellt für diese Personen eine Gefahrenquelle par excellence dar, weil er eigene, unintegrierte Triebängste mobilisiert, ein fragiles Selbst erschüttert oder infolge durchlässiger Ich-Grenzen die eigene Seele mit fremden Gefühlen und Intentionen überschwemmt. Die trotzdem vorhandene große Liebessehnsucht kann deshalb nur im Vorübergehen ein Stück weit befriedigt werden. Der »geliebte« Fremde soll fremd bleiben. Das eigene Innenleben wird vor ihm sorgfältig verborgen und in ein geheimnisvolles Dunkel getaucht. Sobald der andere auf Dauer und Exklusivität drängt, wird er verlassen. Ein rauschender Ball, wo man sich kennen lernt, Küsse unter der Laterne, vielleicht ein bis zwei leidenschaftliche Nächte und dann nichts wie in die Startlöcher, um davonzuspurten. Das große Geheimnis um die eigene Person wird mitgenommen.

5.1.2 Stark beeinträchtigte Gewissensinstanz

Der Betreffende zeigt kein Verbindlichkeitsbewusstsein für moralische Werte und die Regeln des menschlichen Zusammenlebens. Er ist weitgehend unfähig, zwischen Recht und Unrecht zu unterscheiden, und fällt durch den Mangel oder das Fehlen von Schuldgefühlen auf. Sein Verantwortungsbewusstsein ist nur ungenügend ausgebildet. Er hat fast immer das Gefühl, dass seine Mitmenschen oder widrige Umstände die Schuld an seinen Schwierigkeiten oder seinem Unglück tragen, nicht er selbst. So kann er sich leicht als Opfer der Verhältnisse fühlen und die böse Welt und seinen Partner anklagen. Sein Gewissen ist bestechlich und korrumpierbar, nicht selten kommt es zu anti- oder asozialen Verhaltensweisen bis hin zu kriminellen Handlungen. Die moralische Indifferenz des

Betreffenden kann einen normal empfindlichen Partner in helle Verzweiflung treiben, zumal wenn seine Umerziehungsversuche immer wieder scheitern. Wer die grundlegenden Spielregeln des menschlichen Zusammenlebens – quasi die 10 Gebote – nicht respektiert, eignet sich in der Regel auch nicht für ein Zusammenleben in der kleinsten menschlichen Gruppe, der Ehe oder Familie. Neben dem Zuwenig an Gewissensregungen finden wir bei anderen Personen eine archaisch gebliebene Über-Ich-Instanz vor, die sich durch ein Zuviel an grausamer Härte auszeichnet. Das Gewissen der Betreffenden ist dabei auf einer frühkindlichen Entwicklungsstufe stehen geblieben. O. Kernberg (Lindau, 1998) hat in seiner Vorlesung deutlich gemacht, dass die Entwicklung unseres Gewissens drei Phasen durchläuft: Zuerst lernt das Kleinkind (0–2 Jahre) auf die Verbote (»Du darfst nicht!«) seiner primären Bezugspersonen zu hören. Im Alter von 2–3 Jahren werden ihm Gebote nahe gebracht. Es macht bei dieser Gelegenheit die stolze Erfahrung, dass es immer dann ein »liebes und gutes Kind« ist, wenn es diesem »Mach das und das!« nachkommt und aus den moralischen Regeln sein Ich-Ideal ausbildet. Nun gibt es eine Gruppe von Menschen (narzisstische Persönlichkeiten), die aufgrund einer gestörten Entwicklung nur ein sehr rudimentäres Gewissen ausbilden, welches nur aus der ersten Schicht (Verbote) besteht. Es fehlt jener Anteil des Über-Ichs, der Zuspruch und Lob ausspricht, Selbstakzeptanz vermittelt und die frühen Verbote aus Schicht eins neutralisiert. Die betreffende Person fühlt sich der hart strafenden und verdammenden Gewalt eines archaisch gebliebenen und verfolgenden Gewissens ausgeliefert und kann diesem quälenden Zugriff oft nur dadurch entgehen, indem sie den inneren Feind nach außen verlegt. Das hat zur Folge, dass sie ihre Mitmenschen häufig verkennt, d. h. falsch wahrnimmt und überall böse Absichten, Verfolgung, Verrat und Feindseligkeit vermutet. Das Liebesobjekt eines solchen Individuums kann sehr schnell in die Schusslinie eines solchen Partners geraten und entsprechend verteufelt werden. Das geht nicht lange gut.

5.1.3 Chronisch unzufrieden, weil chronisch frustriert

Es gibt Menschen, die kranken an einer pathologischen Unzufriedenheit. Sie »tigern« ruhelos durch den Tag wie von Furien gehetzt, aber wissen im Grunde nicht, wonach sie suchen. Sie können nicht entspannen und sich auch mal der Muße hingeben. Ihr Bedürfnisspektrum ist stark eingeschränkt: Sie kennen ihre eigenen Triebansprüche und Sehnsüchte nur sehr ungenügend, haben keine klaren Vorstellungen davon, welche elementaren Befriedigungen das quälend gespürte eigene Vakuum ausfüllen könnten. In der Regel sind sie auch nicht genussfähig; ein lustbetontes Sättigungserlebnis, verbunden mit einer wohligen Entspanntheit, existiert bei ihnen nicht. Deshalb bleibt ein ständig ungestillter, aber namenloser Hunger zurück, der sie reizbar, missmutig und aggressiv macht.

Die chronisch Unzufriedenen weisen in der Regel noch ein anderes Mangelsyndrom auf: Sie verfügen nur über eine sehr eingeschrumpfte Gefühlspalette und kennen – im Extremfall – nur die Affekte Wut, Angst, Schmerz, Panik und so etwas wie diffuse Freude. Gefühlsregungen wie Mitleid, echte Traurigkeit, Bedauern, Zartgefühl, Ehrfurcht, Liebe, Dankbarkeit, Verehrung, Begeisterung, Wärme und Herzlichkeit – um nur einige zu nennen – sind ihnen fremd.

Wir wissen, dass Gefühle nicht nur eine bestimmte Innenbefindlichkeit darstellen, sondern dass sie darüber hinaus eine wichtige Orientierungsfunktion besitzen. Sie sagen ihrem Träger nämlich, wie es um ihn selbst und die Welt da draußen steht, was gut und schlecht ist, was bekömmlich oder gefährlich, was erstrebenswert ist oder zurückgewiesen werden sollte. Ich erinnere mich an einen Patienten, der oftmals mit der Bitte in die Stunde kam, ich möge ihm ein bestimmtes Gefühl definieren (z. B.: »Definieren Sie doch mal: Was ist Liebe?«). Wir fanden bald heraus, dass er zwar das Wort für das betreffende Gefühl (Liebe) kannte, dass mit diesem Begriff aber bei ihm keine erlebte Emotionalität gekoppelt war. Ähnlich geht es den hier beschriebenen emotionalen Analphabeten. Der weitgehende Ausfall ihrer Gefühlsfunktion macht sie »blind«, sich selbst und ihren Mitmenschen gegenüber und erzeugt gleichzeitig eine gereizte Gespanntheit. Denn der üblicherweise mit Gefühlsregungen gekoppelte psychische Energiestrom entsteht auch in ihrem seelischen Apparat, führt aber, da er sich nicht artikulieren kann, sondern blockiert bleibt, zu quälenden Spannungszuständen.

Ein weiteres Moment kommt hinzu: Der ewig Unzufriedene ärgert sich pausenlos über sein Liebesobjekt, weil er es für seinen desolaten Zustand verantwortlich macht. Er selber geht nämlich von der Glaubensüberzeugung aus, »die eigenen Bedürfnisse könnten vom Partner empathisch wahrgenommen werden und fänden automatisch Befriedigung« durch ihn (U. Rauchfleisch, 1981, Seite 86). Da diese Erwartungen selbstverständlich nicht erfüllt werden können, fühlt er sich permanent enttäuscht und zu kurz gekommen, was seine Verdrossenheit weiter anheizt.

Der chronisch Unzufriedene besitzt in der Regel keinen irgendwie gearteten Lebensentwurf und keine wirklich lockenden Ziele, denen er über einen längeren Zeitraum hin nachstrebt. Sein Tun wird nicht von einem eigenen, autonomen Willenszentrum gesteuert und auf ein langfristiges Vorhaben konzentriert, sondern ist fremdbestimmt. Er reagiert auf das Verhalten seiner Umgebung, lehnt sich aber gleichzeitig gegen deren Normen und Handlungsanweisungen auf. Er schielt ständig nach den anderen, um sich dann doch trotzig oder halbherzig deren Ansprüchen zu verweigern. Er ist nicht Fisch, nicht Fleisch. Auch das trägt zu seinem ständigen Missbehagen bei.

5.1.4 Aggressive Verhaltensweisen

Der betreffende Mensch besitzt in der Regel eine hohe affektive Erregbarkeit und aggressive Gespanntheit in Form von offener oder latenter Wut. Er neigt häufig zu explosiven Gefühlsausbrüchen, verbalen Aggressionen oder Akten der Gewaltanwendung. Er ist ständig auf die Erwartung eines Kampfes eingestellt und kennt als einzige Lösungsstrategie für Konflikte und Probleme die tätliche Auseinandersetzung. Er schlägt seine Ehefrau mitunter so heftig, dass es zu Körperverletzungen kommt. Wir finden die eben beschriebenen Individuen bevorzugt unter den Borderline- und antisozialen Persönlichkeiten. Wenn der Partner eines solchen

Menschen nicht masochistisch veranlagt ist, wird er über kurz oder lang die Flucht ergreifen.

5.1.5 Emotionale Instabilität und Haltlosigkeit

Betrachten wir als Kontrastphänomen zum haltlosen Menschen erst einmal kurz die Struktur einer Person mit emotionaler Stabilität: Ein festgefügtes Wertesystem und stabile Ausrichtungen auf bestimmte Triebziele und Objekte des Strebens geben der Betreffenden festen Halt und Beständigkeit. Die organisierende Kraft des Willens sorgt außerdem dafür, dass der Kurs ihres Daseinsvollzuges einigermaßen klaren Leitlinien folgt und eine Kontinuität im Fühlen und Wollen aufweist. Der Haltlose dagegen verfügt weder über zentrale Kernstrebungen noch über verpflichtende Ideale, die seinem Lebenskompass eine stabile Ausrichtung geben könnten. Sein Lebenslauf setzt sich eher aus einer Kette von Einzelaktionen und zufällig zusammengewürfelten Erlebnissen zusammen, die keinen inneren Bezug zueinander haben und unverbunden nebeneinander stehen. Er ist wie »der tanzende Korken auf der Regentonne«, hin- und hergeworfen von Mächten, von denen er »gelebt wird« und die er selbst nur sehr begrenzt steuern kann. Nicht beherrschbare Stimmungsumschwünge (depressiv, missmutig-verdrossen, überschwänglich-sorglos, gleichgültig-leer, wütend, euphorisch-größenwahnsinnig) verstärken zusätzlich noch die Unbeständigkeit seines Fühlens, liefern eine begonnene Partnerschaft den Launen des Augenblicks aus und machen sie entsprechend zerbrechlich.

5.1.6 Mangelnde Impulskontrolle

Der hier gemeinte Mensch neigt zu Kurzschlusshandlungen und weiß dann nicht, was er tut. Er lässt sich total von Augenblicksstimmungen hinreißen und begeht Taten, deren Konsequenzen er nicht bedenkt. Besonders im Bereich aggressiver Übergriffe kann eine fehlende Steuerungsfähigkeit üble Folgen haben. Da kommt es vor, dass ein mit einem schreienden Baby allein gelassener und sofort übermäßig genervter Vater sein Kind gegen die Wand klatscht oder aus dem Fenster wirft; seine Frau mit Boxhieben aus dem Haus treibt, um es hinterher tränenüberströmt zu bereuen.

5.1.7 Mangelnde Objektkonstanz

Der Betreffende kann das Bild der geliebten Person nicht in seinem Gedächtnis verankern und als inneren Besitz aufbewahren. Er vergisst, wie der andere aussieht. Wenn er ihn nach Tagen der Trennung wiedertrifft, erscheint er ihm fremd. Die Person, die nun vor ihm steht, hat nichts mit der Person zu tun, mit der er vorgestern zusammen war. Ihm fehlt die unmittelbare Gefühlsgewissheit, dass sein Partner kontinuierlich derselbe Mensch ist in der Zeit. Er ist auf »die faktische Gegenwart seines Liebesobjektes angewiesen« (U. Rauchfleisch, 1981, Seite 92) und muss sich immer wieder durch konkrete Beweise ihrer Zusammengehörigkeit versichern. Das Liebesobjekt kann nicht verinnerlicht und als inneres Bild aufbewahrt werden. Auch eine aufflackernde Zuneigung verfliegt oft wieder, sobald der andere aus seinem Gesichtskreis verschwunden ist. Er begegnet dem Partner nach einer Trennungspause wie einem Fremden und kann nicht da wieder anknüpfen, wo sie beide emotional bei der letzten Zusammenkunft angekommen waren. Er verliert sein Liebesobjekt gefühlsmäßig wieder oder stößt es durch sein Verhalten dermaßen vor den Kopf, sodass es ihn wieder verlässt.

5.1.8 Pathologische Distanz-Macher

Unter diesem Oberbegriff möchte ich seelische Mechanismen zusammenfassen, die alle in letzter Konsequenz die Abstoßung des Liebesobjekts zur Folge haben. Die Distanzierung der Liebenden voneinander erfolgt, weil der Protagonist sehr heftige negative Affekte auf seinen Partner entwickelt oder weil er sich aufgrund dieser schlimmen Gefühle so aggressiv verhält, dass sich der andere tief verletzt abwendet.

Zu den Abstoßungsmechanismen rechne ich:
ausgeprägte Entwertungstendenzen, geringe Frustrationstoleranz, stark erhöhte Enttäuschungsbereitschaft, die verstärkte Tendenz zu aversiven Reaktionen und die Neigung, aufgebaute Idealisierungen leicht und schnell wieder zusammenbrechen zu lassen. Alle diese seelischen Veranstaltungen hängen häufig miteinander zusammen, bedingen sich zum Teil gegenseitig, überschneiden sich oder besitzen Ähnlichkeiten. Ich will sie trotzdem getrennt besprechen.

a) Die stark erhöhte Enttäuschungsbereitschaft

»Nichts ist schwerer wiederzugewinnen als verlorenes Vertrauen.« Dieser, von einer Geschäftskette benutzte Werbespruch ist leider allzu wahr. Zerstörtes Vertrauen versetzt ihre Träger in eine ständige, wenn auch unterschwellige Alarmbereitschaft. Sie wünschen sich, vertrauen zu können, sind aber im Grunde ihres Herzens von der Schlechtigkeit der menschlichen Rasse überzeugt. Meistens handelt es sich bei ihnen um einstmals frühgeschädigte Kinder, denen es nie vergönnt war, im Schoß einer intakten Familie Urvertrauen zu erwerben. Wenn dann – als logische Konsequenz – im späteren Leben einige Liebesenttäuschungen folgen, die sie oft selber mitverursacht haben, entwickeln sie eine sprungbereite Wachheit, überall Verrat, Unaufrichtigkeit, Täuschung und Betrug zu wittern. Sie sind manchmal geradezu versessen darauf, ihr fatales Weltbild – es gibt keine Liebe und Treue – durch eine vermeintlich verräterische Verhaltensweise ihres Partners bestätigt zu bekommen. Sie besitzen eine verzerrte Wahrnehmung und interpretieren gemachte Beobachtungen falsch im Sinne ihrer Befürchtungen (»Ich hab's ja immer schon gewusst!«). Auch der gutwilligste Mensch wird einem enttäuschungsbereiten Partner kaum gerecht werden können. Er muss Verdächtigungen über sich ergehen lassen oder wird der Lieblosigkeit geziehen. Es ist sehr schwer, trotzdem standzuhalten.

b) Geringe Frustrationstoleranz

Der Betreffende besitzt die Neigung, schon auf geringfügige äußere Beeinträchtigungen hin extrem betroffen zu sein. Er kann Bagatellreize aus seiner Um- und Mitwelt nicht unbekümmert an sich abprallen lassen, sondern reagiert mimosenhaft empfindlich, so als sei ihm ein Unrecht widerfahren oder eine riesige Entbehrung zugemutet worden. Der Geringfügigkeit des Anlasses steht ein unverhältnismäßig heftiger Gefühlsaufruhr gegenüber. Entsprechend ungestüm fallen seine Reaktionen aus. Es ist, als ob der Protagonist besonders dünnhäutig und bereits schon von Geschossen kleinsten Kalibers verletzbar sei. Er regt sich über die Musik aus der Nachbarwohnung, über Babygeschrei, den um drei Minuten verspäteten Bus, über den nicht erwarteten Regen, die verpasste Fernsehsendung oder ein Angerempeltwerden auf der Straße in einem Maße auf, wie es üblicherweise überhaupt nicht angemessen ist. Eine geringe Frustrationstoleranz wirkt sich natürlich auch im Bereich von Partnerschaft und Ehe verhängnisvoll aus, da der Betreffende häufig und überall ein Haar in der Suppe findet oder sich bereits von Bagatellen tangiert fühlt: zu lautes Türschließen, das vergessene Salz auf dem Abendbrot-Tisch, ein zu neutraler Gruß, eine Unaufmerksamkeit des anderen, eine Unpässlichkeit des Partners oder dessen Zuspätkommen usw.

c) Schneller Zusammenbruch einer starken Idealisierung

Wir alle neigen im Zustand der Verliebtheit dazu, die Qualitäten unseres Partners idealisierend zu verklären und seine Fehler und Schwächen weitgehend zu übersehen. In der Mehrzahl der Fälle ertragen wir aber nach Ablauf der »hohen Zeit der Liebe« die sich nun aufdrängende Realität: Wir erkennen die Unzulänglichkeit des Erwählten/der Erwählten und nehmen sie angesichts des Wissens um die eigenen Schwachpunkte in Kauf.

Nicht so ergeht es einer Gruppe von Menschen, die sich durch extrem ausgeprägte Neigung zur Idealisierung auszeichnet. Es sind dies häufig Personen, die in Schwarz-Weiß-Schablonen denken und ihre Mitmenschen ohne Schattierungen in »gut und böse« und »hervorragend und schlecht« einteilen. Und da ihr Misstrauen und ihre aggressiven Gefühle gegenüber ihren Zeitgenossen ihr Wohlwollen und freundliches Zugetansein bei weitem übersteigt, müssen sie sich ein potenzielles Liebesobjekt als Ausbund von Großartigkeit vorstellen, um ihre stets abrufbereiten Abwertungstendenzen zu unterdrücken. Es mutet grotesk an, wie stark sie im Zustand des Verliebtseins ihren Partner verzerren und ihn zu einem Idol hochjubeln, das nur »toll, bildschön, liebreizend und einmalig« ist. Wenn dann – wie üblich und unumgänglich – erste Probleme und Konflikte auftreten, kann es sein, dass der ganze Zauber zusammenbricht und die in Lauerstellung gehaltene Menschfeindlichkeit voll durchschlägt. Die jauchzende Freude über den Besitz eines kostbaren Schatzes schlägt um in Katzenjammer. Nun nimmt der Protagonist nur noch abstoßende Eigenschaften an seinem bisher hochgelobten Partner wahr und vollzieht den Göttersturz. Es ist aus mit der Liebe. Die vorgenommene Idealisierung kann Wunschcharakter haben und sich auf ein erwartetes Partnerverhalten richten. Der idealisierte Partner soll z. B. den Bedürfnissen des anderen absolute Priorität einräumen, dessen Wünsche erraten, eine nie versiegende Quelle bedingungsloser Liebe und Anbetung sein, ununterbrochen liebevoll und nachsichtig, ein Fels in der Brandung. Zeigt er auch nur die geringste Schwäche (er wird krank, gibt sich hilflos in einer Situation, hat seelische Probleme) oder unterläuft ihm auch nur ein Fehler, so fühlt sich der andere gekränkt, reagiert wütend oder überlegt, die Beziehung aufzugeben.

d) Ausgeprägte Entwertungstendenzen

Die Neigung, den eigenen Partner sehr schnell zu entwerten, ist häufig mit der eben beschriebenen Idealisierungstendenz verknüpft, gewissermaßen die Kehrseite der Medaille. Nicht selten wird das Liebesobjekt in ein sehr starres Erwartungsschema gepresst und auf ein bestimmtes Bild festgelegt: wie es zu sein habe. Wenn es dann von diesen Vorstellungen abweicht (z. B. die von ihm abgeschnittenen Brotscheiben sind zu dick), überfällt den Protagonisten wilde Wut. Er verallgemeinert den registrierten Fehler dahingehend, dass er nun den ganzen Menschen als Versager erlebt und »am liebsten an die Wand klatschen möchte!« So, als habe der Betreffende durch diese unerwartet schlechte Leistung seine bis dahin kaschierte totale Wertlosigkeit vor aller Welt offen kundgetan. Der entwertete Partner muss nun böse aggressive Attacken über sich ergehen lassen und ist von der Unangemessenheit der Reaktion entsetzt. Und da sich diese Vorfälle häufig wiederholen, kann sich das Opfer dieser Angriffe zunehmend »wie zerstört« fühlen und die Beziehung beenden wollen.

e) Erhöhte Neigung zu aversiven Reaktionen

Wohl jeder von uns kennt die Geschichte der Galeerensträflinge aus dem Altertum, die im Laufe eines Sklavenlebens die Ketten lieben lernten, mit denen sie an ihre Sitze geschmiedet waren. Einige von ihnen sollen, der historischen Überlieferung zur Folge, mit dieser Daseinsweise so verbunden gewesen sein, dass sie es ablehnten, die Freiheit wiederzuerlangen.

Was ich mit diesem Beispiel demonstrieren möchte, ist die Wirksamkeit von Bindekräften, die sogar unter so widrigen Umständen zur Entfaltung kommt. Betrachten wir kurz das Thema Bindung auf der personalen Ebene: Das Wesen von »Gebundenheit an einen anderen Menschen« besteht unter anderem darin, dass man dessen Verhaltensweisen und Charakterzüge lieb gewonnen hat. Sie geben den vertrauten Rahmen ab, in dessen Umkreis man sich heimelig und sicher fühlt. Was ich an dieser Stelle allerdings besprechen möchte, ist das genaue Gegenteil von Bindung. Es gibt nämlich einen kleinen Personenkreis, der eine (wahrscheinlich angeborene) sehr niedrige Sättigungsschwelle gegenüber menschlichen Lebensäußerungen aufweist. Die betreffenden Individuen fühlen sich sehr schnell von irgendeiner Geste, Redensart oder Benehmensweise ihres Partners abgestoßen. Sie hängt ihnen zum Hals raus, »kotzt sie an«. Sie haben sehr bald den ganzen Menschen »über«, so wie andere schon nach dem dreimaligen Genuss einer bestimmten Süßspeise das Gefühl bekommen, sich übergeben zu müssen. Der andere wird für sie aversiv, also das Gegenteil von anziehend und begehrenswert. Ich bin hin und wieder Patienten begegnet, die von neu begonnenen Partnerschaften schon sehr bald wieder die »Nase gestrichen voll« hatten. Dieselben Menschen zeigten auch gegenüber ihrer Wohngegend, ihrem Berufsfeld, den Kollegen, Bekannten und Freunden ein schnelles Sättigungserleben und die Tendenz, sich immer wieder aus den gerade erst geknüpften Verbindungen zu entfernen. Je länger Nähe und Berührung dauerten, desto stärker wurden bei ihnen die Kräfte der Abstoßung. Das Bekannte verlor an Attraktivität, langweilte oder rief Abneigung hervor.

f) Der Absolutheitsanspruch

Es gibt Menschen, die so von sich und ihren gedanklichen Absonderungen eingenommen und überzeugt sind, dass ihrem Gegenüber vor Sprachlosigkeit der Mund offen stehen bleibt. Von keinem Selbstzweifel angekränkelt, halten sie ihre Sicht der Dinge und ihre Urteile über Welt und Menschen für die einzig wahren und überzeugenden. Sie selbst sind absolut in Ordnung und machen natürlich alles richtig. Treten Probleme auf, so ist der andere schuld. Sie sind so in ihrem eigenen Selbst- und Weltbild gefangen, dass sie ihre Mitmenschen weder hören noch sehen. An ihrer Selbstgerechtigkeit prallen die Argumente des anderen wirkungslos ab; ein echter Dialog oder ein kritisches Bedenken der eigenen Position ist ausgeschlossen. Wer als Partner einem solchen Ausbund an Überheblichkeit in die Arme fällt, muss sich entweder total aufgeben oder aber schreiend das Weite suchen.

5.2 Der Katastrophe zuvorkommen

Manche Menschen kalkulieren zu Beginn einer Beziehung deren Ende bereits ein. Sie spüren das Donnergrollen der sich vorbereitenden Katastrophe schon zu einem Zeitpunkt, zu dem sich der Partner noch in Unschuld und Arglosigkeit wiegt. Sie wissen nämlich aus leidvoller Erfahrung um das heraufziehende Unheil und sind bestrebt, noch vor seinem Ausbruch ohne Gesichtsverlust von der talwärts fahrenden Lore abzuspringen. In einer großen Zahl der Fälle haben die hier beschriebenen Personen eine große Furcht davor, entlarvt zu werden. Oft fühlen sie sich als Hochstapler, die ihre eigene Nullität hinter einem Blendwerk gespielter Stärke und Großartigkeit bisher verborgen gehalten haben. Sie erleben zum Beispiel ein erschreckend großes Kompetenzgefälle in Bezug zu ihrem Partner oder spüren eine existenzielle Leere oder das abgrundtief Gemeine und die damit gekoppelten Zerstörungskräfte in ihrer Seele. Manchmal werden sie von Hass und Neid zerfressen, weil der Partner jene Liebes- und Lebensfähigkeit hat, die sie bei sich so schmerzlich vermissen. Sie fürchten das Offenbarwerden ihrer allumfassenden Erbärmlichkeit und im Gefolge davon die moralische Ächtung und soziale Ausgrenzung nach dem Motto: »Mit solch einem Monster wollen wir nichts zu tun haben!«

Ein diplomierter Akademiker, der sich mit Taxifahren mühselig über Wasser hielt, fürchtete die Nachfragen seiner neuen Freundin bezüglich seiner beruflichen Laufbahn. Er selber hielt sich für eine total gescheiterte Existenz. Schwere neurotische Schuldgefühle (»Ich darf nicht glücklich sein; ich darf meine Eltern nicht verlassen; mir darf es nicht gut gehen, solange meine Eltern leiden!«) und das verinnerlichte Gebot, den eigenen Vater beruflich nicht überflügeln zu dürfen, hatten eine – seinen Fähigkeiten angemessene – Berufsentwicklung verhindert. Nun bangte er, die Geliebte könnte an sein großes Geheimnis rühren und ihn damit in den Abgrund des Nichts schleudern, an dessen Kante er entlangbalancierte. Er geriet in panikartige Gefühlsstürme in Antizipation dieser möglichen Gefahr und erlebte die Freundin plötzlich als so bedrohlich, dass er sie schnellstens, das heißt noch vor Ausbruch der Katastrophe, loswerden wollte.
Auch die Angst vor der »Wiederkehr eines bekannten Traumas« kann eine Person veranlassen, beizeiten die Notbremse zu ziehen, sobald drohende Wolken am Horizont auftauchen.
Ein Beispiel: Petra M. wurde unerwünscht geboren, von der Mutter abgelehnt und vom Vater für eigene Bedürfnisse ausgebeutet. Später, als erwachsene Frau, reagierte sie mimosenhaft empfindlich auf vermeintliche Zurückweisungen. Lernte sie einen Mann kennen, so war es ihr unmöglich, ihre Gefühlsbedürfnisse offen zu zeigen oder gar anzumelden. Sie war emotional ausgehungert und schämte sich wegen der Maßlosigkeit und Wucht ihrer Wünsche. Ihre Vorstellungen von der Liebe waren rosarot verklärt und illusionistisch: Wenn der geliebte Mann ihre Wünsche nicht erriet und erfüllte, wenn er nicht total präsent war und empathisch auf ihre Stimmungslage einging, fühlte sie sich zurückgestoßen. Sogleich geriet sie in den Strudel schlimmer Empfindungen. Das Trauma des Unerwünschtseins brach wieder auf und überschwemmte sie mit alten, sehr schmerzhaften Verlassenheitsgefühlen. Eiswüsten taten sich auf. Sie fiel in ein Loch, ihr Selbst drohte zu zerbrechen. Überlebenskampf war angesagt. Petra begann, wie wild um sich zu schlagen und den Freund so zu attackieren, dass er die Flucht ergriff. Das Scheitern der Beziehung bannte die Drohung des Selbstverlustes. Indem sie ihren Freund opferte, erlangte sie langsam ihr seelisches Gleichgewicht wieder zurück. Petra wechselte ihre

Freunde häufig. Sie löste ihre Beziehungen immer öfter schon im Vorfeld möglicher Enttäuschungen auf und lernte auf diese Weise, die Wiederkehr ihres Traumas zu vermeiden.
O. Kernberg (1975) weist darauf hin, dass Menschen mit einer Borderline-Verfassung eine Bindung abbrechen, um die Hoffnung auf die Möglichkeit einer besseren Beziehung aufrechtzuerhalten. Sie entgehen damit einer totalen Resignation und der Wiederkehr einer absolut desolaten Situation, wenn zum wiederholten Male ihr Versuch zu lieben zwangsläufig scheitert.
Auch bei schizoiden Persönlichkeiten finden wir die so genannte Enttäuschungsprophylaxe. Sie antizipieren das Zerbrechen ihrer Beziehung, weil sie selber so viel Sprengstoff in eine Paarverbindung einbringen, dass über kurz oder lang der große Knall eintreten muss. Der Schizoide spürt seine eigene Liebesunfähigkeit und mangelnde Liebenswertheit und befürchtet aus diesem Grund zu Recht, dass ihn sein Partner verlassen wird. Diesem Fiasko will er zuvorkommen, indem er die Beziehung zerstört und nicht erst abwartet, bis der andere geht.

5.3 Wut und Feindseligkeit auf das andere Geschlecht

Den unbefangenen oder optimistischen Betrachter der Szene menschlicher Zweierbeziehungen überrascht es immer wieder zu sehen, dass es unter den Paarverbindungen auch solche Konstellationen gibt, wo es den Beteiligten in letzter Konsequenz darauf ankommt, den Partner zu schädigen oder gar zu zerstören, statt ihn zu achten und zu lieben.
Die Feindseligkeit, speziell auf das andere Geschlecht, ist den Betreffenden häufig gar nicht bewusst, da sie sich hinter den verschiedensten Symptomen verbirgt, zum Beispiel hinter sexueller Gefühlskälte. Seinen Ursprung hat dieses unerlöste Aggressionspotenzial in sehr bösen Erfahrungen mit einer schlechten Mutter und/oder einem schwachen, uneinfühlsamen oder brutalen Vater. Manchmal kommt es auch vor, dass über Generationsfolgen hinweg ein starker, die Männer abwertender Frauenclan den Ton an-

gibt und dem heranwachsenden Mädchen den Hass auf das andere Geschlecht einimpft. Wie auch immer die Feindseligkeit zustande gekommen sein mag, sie bricht meist unweigerlich in die Interaktion des Paares ein und vergiftet die Atmosphäre. Die in der Ursprungsfamilie kultivierte Wut wird dann auf den Partner übertragen und hier ausgelebt. Beispiele:

- Eine Frau hat eine klammheimliche Freude daran, sich sexuell zu verweigern und ihren erregten Mann auflaufen zu lassen.
- Ein Mann lässt kein gutes Haar an seiner Ehefrau und wertet sie in Anwesenheit von Bekannten und Freunden coram publico ab.
- Er findet nur unter dem Druck sexueller Spannungen zum »Weib«. Solange er bedürftig ist, schweigt sein Hass. Aber kaum ist sein Triebpotenzial abgebaut, bricht er erneut wieder auf. Er verlässt die Frau, stößt sie zurück oder wird brutal.

Menschen mit einem so genannten Borderline-Status haben das Bild ihrer desolaten Mutter (Vater) in Form eines »bösen Introjekts« verinnerlicht. Sie schleppen damit eine Zeitbombe mit sich herum, die auf einen entsprechenden Schlüsselreiz hin explodieren kann. Wenn zum Beispiel die Geliebte eine unpassende Bemerkung macht (»Dein Fridolin ist ja heute nicht besonders in Form!«), verwandelt sich das Liebesobjekt in der Wahrnehmung des mit leichtem Spott bedachten Mannes blitzartig in eine Hexe (die böse Mutter) und löst heftige Abwehrreaktionen aus. Manche dieser bedauernswerten Individuen haben eine sadistische Freude daran, Schluss zu machen und den Partner wie »eine heiße Kartoffel« fallen zu lassen. Andere wiederum können ihre Feindseligkeit nur für einen begrenzten Zeitraum unterdrücken, zum Beispiel während des Verliebtseins. Danach werden sie unausstehlich.
Ich will noch eine andere Variante erwähnen: Hier ist die Feindseligkeit mehr reaktiver Natur. Auf bestimmte Schlüsselreize hin explodiert der Protagonist, empfindet »tierische Wut« und lässt es zu einem Eklat kommen. Der andere hat wider Willen eventuell nur eine harmlose Bemerkung gemacht, ein bestimmtes Thema angesprochen, eine Meinung geäußert oder eine Verhaltensweise gezeigt, deren soziale Brisanz den Normalitätsstandard nicht überschreitet. Nichtsdestotrotz fühlt sich der andere tief verletzt und herausgefordert und schießt aus vollen Rohren zurück.

Ich will ein ausführliches Beispiel bringen: Clarissa T. ist das einzige Kind eines jähzornigen Juristen und einer stillen, unfroh-verklemmten Mutter. Herr T., ihr Vater, lief als »Wutbombe« durch die Welt. Er inszenierte bedrohliche Ehekräche, in deren Verlauf er seine Frau mit den wüstesten Gassenausdrücken beschimpfte (»Du faule Drecksau, du elende Schlampe!«). Clarissa geriet als Kind und Jugendliche – obwohl nicht direkt angegriffen – ebenfalls in die väterliche Schusslinie, weil sie sich mit ihrer schwachen Mutter solidarisierte, die ihr schrecklich Leid tat. Die häusliche Atmosphäre war ständig von der erwartungsvollen Angst geprägt, der Vater könne wieder einen seiner Ausbrüche bekommen. Das Mädchen versuchte die Mutter zu schützen und zu beruhigen und die Reibungsflächen zwischen den Eltern zu minimieren. Sie selber blieb dabei völlig auf der Strecke, wurde kaum wahrgenommen, geschweige denn in ihren berechtigten Bedürfnissen zufrieden gestellt. Noch in der Erinnerung an diese schlimmen Zeiten »zerreißt es mich in der Mitte!« In ihrer Beziehung zu Männern hat Clarissa kein Glück. Sobald sie sich durch ihren Partner in ihrer Bedürfnisbefriedigung eingeschränkt fühlt, nicht angemessen wahrgenommen, übergangen, belehrt oder in ihrer Meinung nicht akzeptiert fühlt, gerät sie in hellste Aufregung und Wut. Ein unbändiger Behauptungswille bricht sich Bahn. Sie muss sich in ihrem Anliegen durchsetzen und die vermeintliche Manipulation durch den Partner stoppen. Sie möchte um nichts in der Welt so schwach und hilflos wie ihre Mutter sein. In unangemessener Heftigkeit attackiert sie ihr Liebesobjekt. In einer hellsichtigen Minute wird ihr klar: »Ich mach die Männer fertig, weil ich ein so saublödes Arschloch als Vater hatte!«

Clarissa fühlt sich häufig so behandelt, wie der Vater ihre Mutter behandelt hat. Sie greift andererseits zu ähnlichen Mitteln wie der Vater, um ihren jeweiligen Partner klein zu machen. In ihrer überschießenden Wut handelt sie gegen ihre eigenen Interessen. Es verlockt sie immer wieder, in einem »triumphalen Abgang« den Freund so zu verletzen, dass die Beziehung zerstört ist (Rache am Vater). Stellvertretend für die Mutter agiert sie die Trennung vom bösen Mann. Auf diese Weise zerbrechen ihre Partnerschaften immer wieder.

Den krönenden Abschluss findet der Hass auf das andere Geschlecht sehr häufig in der Verstoßung des Liebesobjekts. Der andere wird verlassen und als total abgewertetes Monstrum und ohne Bedauern in den Dreck getreten.

5.4 Narzisstische Beweggründe

Den Partner zu wechseln und immer wieder einen anderen Menschen für sich zu entflammen, kann hervorragend dazu benutzt werden, ein desolates Selbstwertgefühl aufzurichten oder einem aufgeblasenen Selbst in seiner Selbstliebe zu schmeicheln. Die Eroberung eines neuen, vielleicht sogar viel begehrten Partners durch eigene Verführungskünste oder Attraktivität bringt einen großen Geltungsgewinn und einen enormen Zuwachs an Selbstbestätigung. Ein sonst auf der ganzen Linie versagender Mann zum Beispiel feiert seine einzigen Siege im Bett. Sexualität und Frauenliebe dienen ihm als Kompensation seines quälenden Minderwertigkeitskomplexes. Eine Frau fühlt sich nur angenommen als Mensch und in ihrer Weiblichkeit bestätigt, wenn ein Mann sie heftig begehrt. Der Beweis ihrer eigenen Liebenswertheit muss allerdings ständig aufs Neue erbracht werden, indem sie die Partner wechselt. Für manche geltungsbedürftige Personen artet die Pirsch auf neue Liebesobjekte zu sportlichem Ehrgeiz und zu einer Art Rekordsucht aus. Sie sammeln Partner wie andere Jagdtrophäen und brüsten sich mit ihrer langen »Abschussliste«. Hindernisse auf dem Weg der In-Besitz-Nahme spornen sie in ihrem Bemühen noch zusätzlich an und lassen sie zu voller Form auflaufen.
Eine kurze Fallvignette soll illustrieren, welche Blüten die hier behandelte narzisstische Thematik treiben kann.
Edith K. beschäftigt sich mit dem Sammeln von Liebhabern. Obwohl sie selbst frigide ist und der Sexualität wenig Lust abgewinnen kann, verhält sie sich den Männern gegenüber wie eine erfahrene und leidenschaftliche Geliebte und verschafft ihnen höchsten sexuellen Genuss. Sie möchte ihren jeweiligen Freund total für sich entflammen und »verrückt machen nach ihrer Liebe«. Immer dann, wenn sie das Gefühl hat, dass er ohne sie nicht mehr leben kann, verlässt sie ihn. Sie genießt seinen Trennungsschmerz. Er soll

ihr ein Leben lang nachtrauern und sie für die »tollste Frau der Welt« halten. Einmal geschah es, dass ein Mann – ihr Geliebter auf Zeit – auf ihre angekündigte Trennung hin recht gleichgültiggefasst reagierte und sie gelassen hinnahm. Das verwirrte Edith total. Sie beschuldigte ihn mangelnder Leidenschaftlichkeit und Gefühlstiefe und zweifelte an seiner Bindungsfähigkeit. Edith konnte nicht ertragen, von ihm fortzugehen, ohne unauslöschliche Spuren hinterlassen zu haben. Sie machte deshalb die Trennung rückgängig und warf sich mit der ganzen Glut ihrer verführerischen Weiblichkeit erneut auf ihn – zutiefst hoffend, ihn doch noch zu einem glühenden Verehrer umkrempeln zu können. Es ging ihr also nicht um den jeweiligen Menschen, sondern darum, eine Fangemeinde aus unglücklich liebenden Männern um sich zu versammeln, die alle das Hohelied ihrer einzigartigen Qualitäten singen sollten.
Es gibt Fälle von Partnersuche, bei denen eine Beziehungsaufnahme weder Nähe- noch Begegnungswünschen entspringt, sondern nur mit dem Ziel unternommen wird, den anderen zu besiegen (häufig wird bereits schon eine gelungene Verführung des Liebesobjekts als Kriterium für dessen Niederlage angesehen). Die Trennung findet immer dann statt, wenn der Protagonist eine klare Überlegenheit über seinen Partner gewonnen hat, der Fight also entschieden ist.
Die Motive für dieses destruktive Verhalten sind komplexer Natur und setzen sich in der Regel aus drei Komponenten zusammen:

a) Feindseligkeit gegenüber dem anderen;
b) die bange Befürchtung, dass der Partner – als Repräsentant des anderen Geschlechts – grundsätzlich stärker, durchsetzungsfähiger und klüger sein könnte als man selber;
c) eigene narzisstische Defizite und der Wunsch, die eigene Überlegenheit durch wiederholte siegreiche Kämpfe erneut zu bestätigen.

Es geht den betreffenden Menschen also immer wieder darum, sich in ihrer individuellen Werthaftigkeit und in ihrer geschlechtlichen Identität als Mann/Frau zu beweisen und über den Unterlegenen zu triumphieren, indem man ihn durch die Unterwerfung seiner vermeintlichen Vorrechte beraubt. Deshalb reizt es diese Personen auch besonders, sich Partner auszuwählen, die von ihrem Personenstand (zum Beispiel anderweitig frisch verliebt oder verheiratet), ihrem sozialen Status (hochrangige Persönlichkeit, Chef) oder ihrer moralischen Verfassung (zum Beispiel sehr treueliebend) her einem Liebesabenteuer eher abwehrend gegenüberstehen. Sie dennoch »aufs Kreuz zu legen« bedeutet tiefe Befriedigung und hohen narzisstischen Gewinn.

5.5 Die Lust am Raub

Hier geht es um Konkurrenz und darum, den Rivalen in der Gunst des Liebesobjekts auszustechen. Der Betreffende möchte seinem Gegenspieler überlegen sein und mit seinem Sieg im Wettstreit gleichzeitig am eigenen Geschlecht Rache nehmen. Die Lust am Raub kommt natürlich dann zum Tragen, wenn der potenzielle Partner noch in einer anderen Beziehung steckt und nicht frei ist. Dem Mann die Frau und der Frau den Mann wegzunehmen: Das macht den eigentlichen Reiz aus. Nach der erfolgten Inbesitznahme verliert das heiß erkämpfte Liebesobjekt viel von seiner Attraktivität und Zugkraft. Es wurde nämlich oft nicht um seiner selbst willen gewählt, sondern ist im Rahmen einer ödipalen Revanche nur Mittel zum Zweck. Die betreffende Person wiederholt mit dieser Handlung einen alten, auf Kindertage zurückgehenden Kampf, der damals zu ihren Ungunsten ausgegangen ist. Der Sohn hatte nicht seinen Vater, das Mädchen nicht seine Mutter aus der elterlichen Dyade verdrängen und sich an seine/ihre Stelle setzen können. Nun agiert der Protagonist das nicht gelöste Konfliktmuster in immer neu aufgenommenen Paarungen wieder aufs Neue aus.

5.6 Verliebtsein als Droge

Es ist allgemein bekannt, dass im Zustand des Verliebtseins unser Gehirn so genannte Glückshormone (Endomorphine) produziert und damit unsere euphorische Stimmungslage chemisch unter-

mauert. Der Verliebte ist irgendwie ein anderer Mensch: Die Welt bekommt buntere Farben für ihn, der Himmel ist blauer, die Sonne steht höher als sonst, das Tageseinerlei ist abgelöst von dem erregenden Parfüm eines Neubeginns. Ein wundervoll weiches Verlangen polstert seinen Körper aus und macht die Seele kompakter. Er ist mit der Schöpfung ausgesöhnt. Und wenn auch kein weltumarmender Jubel sein Herz ergreift, so sind doch seine Melancholismen wie fortgewischt. Es existiert ein sinnstiftender Bezugspunkt für ihn: das geliebte Wesen! Er fühlt sich durch die entgegengebrachte Zuneigung eines anderen Menschen vital bestätigt und aufgewertet und blickt verheißungsvoller in die Zukunft.
Wen wundert da, dass es seelisch bedrängte Menschen gibt, die diesen Zustand geradezu suchtartig konsumieren und immer wieder aufs Neue herzustellen versuchen, um in ihre verdunkelte Existenz wieder Licht und Hoffnung zu bringen. Verliebtsein ist ein Antidepressivum. Es schützt vor dem Gefühl der Leere und dem Sinnlosigkeitserleben und wird zum Rettungsanker für all diejenigen, denen das Leben sonst alle Glücksgüter vorenthält. Da das Verliebtsein aber nur für eine begrenzte Zeitspanne anhält – die Glückshormonproduktion abflaut und dann ganz eingestellt wird –, muss der »Drogensüchtige« das alte, inzwischen untaugliche Objekt wieder abstoßen und nach einem neuen Ausschau halten. Da er »verliebt ist in die Liebe« (und nicht in einen konkreten einmaligen Menschen), ist er gezwungen, seine Partner häufig zu wechseln.

5.7 Jedem Anfang wohnt ein Zauber inne

Wenn ein Kind in einem turbulenten und sehr aufgeregten, durch Kräche, Schlägereien und Familiendramen angefüllten Milieu groß wird, adaptiert es sich an die vorgefundene Reizüberflutung und pegelt sich auf einem optimalen Erregungsniveau ein. Später, als Erwachsener, ist derselbe Mensch auf ein ähnliches Trommelfeuer von Reizen angewiesen wie damals in seinem Elternhaus, um seine Lebensgeister wach zu halten und nicht infolge von Unterstimulierung einzudösen. Er entwickelt einen regelrechten Reizhunger und eventuell eine Sucht nach Abenteuern. Beide können im Bereich »häufig wechselnder Partnerschaften« abgesättigt werden. Es sind insbesondere die Anfänge des Kennenlernens mit ihren Unkalkulierbarkeiten, dem Reiz der Neuheit und ihren Entdeckerfreuden, die den Bedürfnissen dieser Menschengruppe entgegenkommen. Liebe ist hier eine schnell verderbliche und austauschbare Ware. Der andere wird unter dem Gesichtspunkt der »Lieferung von Reizmomenten« dahingehend überprüft, ob ein Zusammenleben mit ihm noch genügend prickelnd und spannend ist. Für manche Individuen ist nur das Neue, der Anfang einer Beziehung, schön und reizvoll, weil sich nur in der ersten Zeit alle Hoffnungen ausleben und alle illusionären Phantasien über das Liebesobjekt aufrechterhalten lassen. In dem Moment, wo der Alltag nach den »Liebenden« greift, ist der Zauber dahin.

5.8 Das Glück ist da, wo ich nicht bin

»Dauernd verliebt und trotzdem frei,
Der richtige Typ noch nicht dabei!« (Schlagertextzeile)

Menschen können ein Leben lang auf der Suche nach ihrem Traumpartner sein. Jedes reale Liebesobjekt, das sie kennen lernen, wird mit der hehren Gestalt dieses Idols verglichen – und meist als zu leicht befunden. Es ist nur ein Surrogat und muss als solches wieder abgestoßen werden. Der Traum vom »einzig Richtigen« lässt sie eine enttäuschende Erfahrung nach der anderen machen. Das Glück liegt scheinbar immer gerade bei demjenigen Partner, den sie noch nicht gefunden, noch nicht kennen gelernt, noch nicht erobert haben. In Wahrheit sind diese Menschen nicht frei für eine Beziehung. Die »unbewusste Bindung an ein verlorenes Liebesobjekt«, eventuell auch eine ödipale Fixierung, bringt es mit sich, dass sie reale Chancen ausschlagen und in permanenter Ergänzungsbedürftigkeit von einer Blüte zur anderen flattern, um immer nur wieder festzustellen, dass der dort gefundene Honig nicht derjenige ist, der ihren Hunger stillen kann. Der in seinen Qualitäten total überhöhte Wunschpartner stellt ein Phantom dar und kann deshalb nie gefunden werden.

Manche Menschen benutzen aber auch das Argument, der/die Richtige sei ihnen noch nicht begegnet, als »Partner-Abwehrkanone«. Sie verstecken hinter ihrem traurigen Schicksal die Tatsache, dass sie gar keine Beziehung wollen bzw. seelisch nicht verkraften können.

5.9 Ausknipsen

Die Psychoanalyse beschreibt in ihrer Lehre von den seelischen Krankheiten unter anderem sehr ausführlich die so genannten Abwehrmechanismen. Darunter haben wir uns bestimmte »Kunstgriffe der Seele« vorzustellen, die unbewusst ablaufen und die dazu dienen, das psychische Gleichgewicht eines Menschen aufrechtzuerhalten. Zu diesen Abwehrmechanismen gehören zum Beispiel: Verdrängung, Verleugnen, Isolieren, Spaltung, Projektion, Verschiebung usw. Jedem psychologisch interessierten Laien ist der inzwischen zu großer Popularität avancierte Begriff der Verdrängung geläufig. Verdrängung findet immer dann statt, wenn bestimmte Triebregungen oder sehr unlustbetonte, die eigene Integrität verletzende Erlebnisse oder schamauslösende Selbstwahrnehmungen in den Schattenbereich der Seele abgeschoben werden und das wache Ich keinen erinnernden Zugang mehr zu diesen emotionalen Fakten hat.
Ein viel weniger bekannter Regulationsmechanismus, der ausschließlich im Bereich von Paarbeziehungen Anwendung findet, stellt das so genannte »Ausknipsen« von partnerbezogener Emotionalität dar. Für bestimmte Menschen sind Liebesverbindungen eine stete Quelle mannigfacher Gefahren: Sie aktivieren heftige Scham- und/oder Ambivalenzkonflikte, entzünden starke Aggressionen, führen zur Neuauflage einer negativen Mutter-(Vater-) übertragung, gefährden ein sehr labiles Selbstwertgefühl oder bedrohen gar ein schwach konfiguriertes Selbst mit Zerfall. Ich habe oft erlebt, wie sich die betreffenden Personen wochenlang unter zunehmender Ängstigung mit ihrem Partnerproblem herumschlugen, um ihm dann ganz abrupt allen Wind aus den Segeln zu nehmen. Sie berichteten übereinstimmend, dass sie einen »inneren

Schalter« betätigt und von einer Minute zur anderen alle Liebes- und Bindungsgefühle zu ihrem Liebesobjekt abgeschaltet hätten. Der andere verlor schlagartig alle Attraktivität für sie und wurde ihnen weitgehend gleichgültig. Parallel zu diesem Geschehen verschwanden die existenziell bedrohlichen Ängste und Konflikte, sie atmeten auf und konnten endlich wieder normal leben. Ihre Seele hatte die Notbremse gezogen und für den Preis des Partnerverlustes ihren Frieden wiedergefunden. Wir lernen daraus: Partnerverbindungen finden manchmal deshalb ein schnelles Ende, weil der Protagonist durch die intime Berührung mit einem Liebesobjekt in so heftige Gefühlsstürme gerät, dass er abrupt wieder aussteigt und auf Liebe zugunsten seiner seelischen Gesundheit verzichtet.

5.10 Das eingeplante Ende

Für eine Gruppe von beziehungsängstlichen Personen gedeiht Partner-Liebe nur unter dem Vorbehalt eines bereits anvisierten Endes. Die Betreffenden verlieben sich immer dann in einen Vertreter des anderen Geschlechts, wenn sie instinktiv sicher sind, dass die aufgenommene Verbindung nur von begrenzter Dauer sein kann. Äußere Umstände oder personenbedingte Fakten lassen dann einen längeren Bestand der Beziehung nicht zu.
Beispiel:
Eine Krankenschwester verliebte sich regelmäßig in vom Tode gezeichnete Männer, die dann auch prompt mehr oder weniger genau nach Fahrplan starben. Das Liebesleben eines Junggesellen beschränkte sich mit fast gesetzhafter Präzision auf Urlaubsbekanntschaften in fernen Ländern. Ein Mann hat zum dritten Mal eine heftige Affäre mit der Braut eines anderen, geht aber jedes Mal davon aus, dass die betreffende Frau ihren Bräutigam heiratet. Eine junge Schauspielerin begeistert sich für Männer, die 40 Jahre oder mehr älter sind als sie; das Ende der Liaison ist eingeplant.
Manchmal verbinden sich Personen, die wie Feuer und Wasser zueinander stehen oder die durch extreme Bildungs- und Klassenunterschiede völlig anderen Welten angehören.
Zoe P. suchte sich zum Beispiel mit schöner Regelmäßigkeit

Freunde aus, durch deren Verhalten sie sich von Anfang an stark provoziert fühlte. Ihre Liebesbedingung war auf »Unverträglichkeit der Charaktere« angelegt. Sie hatte stets Männer, die einen ausgeprägten aggressiven Affekt bei ihr auslösten, die sie aufbrachten und aufregten, damit aber auch der Beziehung eine sexuell erregende Note verliehen. Einer ihrer Freunde »berlinerte« stark. Kommentar von Zoe: »Schon wenn er nur den Mund aufmacht, könnte ich Scheiße schreien!« Der Grund für das Verhalten von Zoe P. lag in der fragilen Struktur ihres Selbst. Echte Verliebtheit, das heißt Einklang der Seelen und wirkliche Intimität, stellte für sie eine Gefahr dar. Sie hatte Angst vor Auflösung und Identitätsverlust. Ihre aggressive Dauergestimmtheit im Beisein des Freundes diente der Abgrenzung und damit der Aufrechterhaltung ihrer Ich-Grenzen. Das pausenlose Sich-ärgern-Müssen über ihn ließ die Verliebtheit von Zoe sehr schnell verfliegen. Aber auch ihre wütenden Attacken gegen den Verliebten blieben seinerseits nicht ohne Auswirkungen und Konsequenzen. Die Beziehungen dauerten in der Regel nur einige Monate.
In einem späteren Kapitel dieses Buches über die »Angst vor Nähe« wird sehr ausführlich auf diese emotionale Verfassung eingegangen.

5.11 Selbstrettung durch Trennung

In meiner Praxis als Psychoanalytiker begegnen mir immer wieder Patienten, die über ein bestimmtes Werbungsverhalten ihrerseits berichten. Sie erleben zwischen sich und dem potenziellen Liebesobjekt ein naturgegebenes Attraktivitäts- und Wertgefälle. Um überhaupt selber als Partner für den anderen in Frage zu kommen, müssen sie sich per Rollenverhalten als ein besonders begehrenswertes Objekt hervortun. Sie erbringen Vorleistungen, schwingen sich ganz auf die Erlebnismelodie des anderen ein, verwöhnen ihn, bieten viel an, sagen nie »Nein« und schmeicheln ihm. Besonders die Frauen unter ihnen achten mit Akribie auf ihr Aussehen, schminken sich perfekt, kaufen sich Reizwäsche oder teure Kleider oder beginnen sogar eine Abmagerungskur. Wenn sie sich dem

Liebsten im Adamskostüm präsentieren, nehmen sie eine solche Körperstellung ein, dass ihre Bauchfalte möglichst unsichtbar bleibt.

Es handelt sich bei diesen Menschen aber nicht um die Manifestation von Selbstlosigkeit. Sie verhalten sich im alltäglichen Rahmen ihren Mitmenschen gegenüber durchaus normal selbstbezogen und egoistisch. Ihr Werbungsverhalten ist aber trotzdem keine nüchtern kalkulierte Strategie, sondern ein durch Verlustangst motiviertes Benehmen. Wenn sie ihrem Partner nicht übermäßig viele Annehmlichkeiten anbieten, so glauben sie, stehen ihre Chancen schlecht. Durch ihre selbstfabrizierte übermäßige Inanspruchnahme der eigenen Kräfte und Energien gerät ihre Beziehung über kurz oder lang in eine Schieflage. Die Kultur des Lächelns und Gebens versetzt sie in einen ständig steigenden Anspannungs- und Mangelzustand. Sie bekommen Magenschmerzen, das Herz macht Probleme, diffuse Ängste flammen auf. Plötzlich kippt das Gefühl der Verliebtheit in Abneigung um, und Fluchtimpulse treten auf. Dunkel spüren sie, dass sie ihre bisherigen Verzichtsleistungen nicht mehr durchhalten können, da ausgedehnte eigene Wünsche und Ansprüche aufbrechen. Aber statt spätestens jetzt einen konstruktiven Dialog mit ihrem Liebesobjekt zu beginnen und die Struktur ihres bisherigen Beziehungsmusters aufzudecken, laufen sie einfach fort.

Eine etwas andere Variante beobachtete ich bei Herrn Lucien Q. Er wählte sich in Mutterübertragung regelmäßig reifere und lebenstüchtige Frauen, um sich ihnen in idealisierender Weise zu unterwerfen. Er konstellierte ein Lehrer-Schüler-Verhältnis, gab seiner Lehrmeisterin in allem Recht und erblickte in ihren intellektuellen Äußerungen sein Evangelium. Nach spätestens sechs bis zwölf Monaten konnte er diese Art der Selbstverleugnung nicht mehr aufrechterhalten, sondern geriet in unerträgliche Spannungszustände. Was ihn bisher an seiner mütterlichen Freundin erfreut hatte, war nun Bevormundung, Besserwisserei, Depotenzierung und Unterdrückung seiner ureigensten Individualität. Aber infolge seiner mangelnden Ich-Stärke sah er sich zu einer aktiven Auseinandersetzung mit seiner Liebsten nicht in der Lage. Lucien machte sich stattdessen stillschweigend aus dem Staub.

In allen Fällen spüren die Protagonisten einen richtigen Impuls. Sie registrieren deutlich, dass ein weiteres Verharren in der alten Position ihnen auch noch den letzten Rest von Eigensein und Individualität rauben würde und einer Selbstaufgabe gleichkäme. Aber wie sie den Konflikt lösen, ist unreif.

5.12 Alle haben wollen (orale Gier)

Häufiger Partnerwechsel kann eine Form des Ausagierens von oraler Gier sein. Der Betreffende gleicht einem hungrigen Wolf, der aus einem chronischen Mangelerleben heraus zu ständigen Beutezügen angetrieben wird. Es geht um das Habenwollen, genauer ausgedrückt um das Viel- und Nochmehr-Habenwollen. Der Gierige fühlt sich zu kurz gekommen und hat häufig das Bedürfnis, Versäumtes nachzuholen. So wie andere Geld oder Reichtümer anhäufen oder von einer Sammelleidenschaft ergriffen sind, so reiht er Affäre an Affäre. Hier spielt das quantitative Moment eine wichtige Rolle: Je länger die Liste der Verflossenen, desto eher hat der Betreffende den Eindruck, sich sein Stück aus dem »Kuchen der Welt« geholt zu haben. Die jeweiligen Liebespartner werden nicht in ihrer einmaligen Individualität wahrgenommen und geliebt, sondern eher als leckere Speisen angesehen, die den gefräßigen Bauch füllen sollen.

5.13 Agieren des Verlassenheits-Traumas

Individuen, die im Verlaufe ihrer Biographie, insbesondere während ihrer Kindheit, immer wieder von wichtigen Bezugspersonen verlassen worden sind, haben in der Regel schwere traumatische Schäden zurückbehalten und können als Erwachsene unter extremer Trennungsangst leiden. Sie haben die Erfahrung gemacht, dass immer dann, wenn sie einen Menschen lieb gewonnen und sich an ihn gebunden hatten, der Betreffende von der Bildfläche verschwand. Ihr Vertrauen in die Beständigkeit von Beziehungsglück wurde zutiefst erschüttert. Im Grunde ihres Herzens können sie an die Möglichkeit von Liebe nicht mehr glauben. Die unverarbeiteten Traumata des Verlassenwerdens entwickeln nun aber den Drang, im Wiederholungszwang erneut re-inszeniert zu werden. Die betreffende Person schafft Paarverbindungen, in denen ihre gefürchtete Trennungsangst wieder voll aufblühen kann. Im Gegensatz zu früher aber, wo sie dem Schicksal ohnmächtig und passiv ausgeliefert war, dreht sie nun den Spieß um: Sie konstelliert Situationen eigens zu dem Zweck, selber derjenige zu sein, der den Partner verlässt. Sie tritt aus ihrer ehemaligen Opferrolle heraus und wird zum Täter. Auf diese Weise versucht sie, in einer »unendlichen Reihenbildung« die Traumata von einst zu bearbeiten und zu entschärfen.

Mit der Aufzählung und Beschreibung des letzten Motivs (Agieren des Verlassenheitstraumas) will ich das fünfte Kapitel abschließen. Wir sind hier einer Fülle von seelischen Konstellationen begegnet, die einen (psychisch beeinträchtigten) Menschen veranlassen können, seine Liebespartner häufig zu wechseln. In der überwiegenden Zahl der Fälle erfolgt dieser Wechsel weder aus purem Übermut noch aus rationalem Kalkül. Er wird vielmehr aus innerer Not erzwungen, um eine noch größere Katastrophe zu vermeiden.

6. Kapitel

Sexuelle Untreue / Promiskuität

Ständige Untreue und Promiskuität sind zwar verwandte, aber nicht identische Themenkreise. Im Fall der fortlaufenden Untreue besteht in der Regel eine auf Dauer hin angelegte, aber extrem gefährdete Beziehung; im Fall der Promiskuität kommt eine festere Beziehung erst gar nicht zustande. Der Untreue bricht permanent aus einer Paarverbindung aus, um sich – auch oder ausschließlich – sexuell anderweitig zu befriedigen; der promiskuöse Mensch hat Geschlechtsverkehr mit ständig wechselnden Partnern, ohne sich an einen von ihnen zu binden.

Es geht bei unserem Thema also nicht um Sexualität in der Partnerschaft, sondern darum, warum manche Personen ihre sexuellen Aktivitäten bei häufig wechselnden Liebesobjekten entfalten und es nicht im Rahmen einer Ehe oder dauerhaften Paarbeziehung tun.

Ich habe in diesem Zusammenhang bewusst den Sammelbegriff »sexuelle Aktivitäten« verwendet, weil beim Vollzug von Genitalität nicht immer sexuelle Triebwünsche die treibenden Kräfte sind. Wir werden erfahren, dass Sexualität auch als Mittel zum Zweck eingesetzt werden kann und wird und dann in den Dienst ganz anderer, das heißt nicht-sexueller, Motive tritt.

6.1 Sexualität als Bedürfnis

Widmen wir uns erst einmal der Sexualität um ihrer selbst willen. Der Mensch besitzt, wie die meisten tierischen Lebewesen, einen genetisch verankerten Sexualtrieb. Er sieht sich sexuellen Bedürfnisspannungen ausgesetzt, die auf Abfuhr drängen und die von Mensch zu Mensch, aber auch abhängig vom Alter, mit sehr unterschiedlicher Intensität auftreten. Insofern müssen wir das Aus-

leben dieser Triebwünsche unhinterfragt als das Normalste von der Welt ansehen.
Sexuelle Erlebnisse werden außerdem ihres Genusswertes wegen gesucht. Die Möglichkeit, dabei umarmt und berührt zu werden und intensiven körperlichen Kontakt zu haben, führt häufig zu einer besonderen Erlebnistiefe und ist ebenfalls ein Grund, sie immer wieder zu wünschen. Sexualität kann die Grenzen des Ichs sprengen und Quelle starker Glücksmomente sein. Sie kann auch in ihrer weniger leidenschaftlichen Form Erregungs- und Lustgefühle bescheren, die immer wieder begehrt werden.
Nun gibt es Menschen, die in ihrem Erlebnisspektrum total eingeengt sind, das heißt weder besondere Interessen, Vorlieben oder geistige Ambitionen haben. Mitunter stellt für sie die Sexualität ihre einzige Lustquelle dar in einem sonst ereignisarmen Leben. Wen wundert es, dass sie diese »Goldader« entsprechend intensiv ausbeuten. Ähnlich dürfte es denjenigen Personen ergehen, die glauben, über keine besonderen Begabungen und Ressourcen außer auf dem Feld der Liebe zu verfügen. Sie sind »wunderbar im Bett«, die Sexualität ist ihre einzige potente Stelle gemäß der Liedzeile aus dem Blauen Engel: »Ich kann halt lieben nur und sonst gar nichts!« Auch sie werden sich auf das spezialisieren, was sie besonders gut können und wofür sie den meisten Zuspruch erhalten: auf den Sex!
Sexualität wird aber nicht nur ihres Befriedigungswertes wegen gesucht, sondern auch wegen bestimmter, heilsamer Nebenwirkungen. Wir müssen nämlich feststellen, dass starke positive Gefühle, die den Menschen in seiner ganzen Körperhaftigkeit ergreifen, auch noch andere wertvolle Effekte hervorrufen. Sie können kurzfristig:

- entspannend wirken und Aufgeregtheiten beruhigen;
- Ängste und Unruhezustände beschwichtigen;
- Depressionen mildern und eine hoffnungsfrohere Sicht der Dinge ermöglichen;
- ein zerbrechliches Selbst kompakter und selbstsicherer machen und auf diese Weise stabilisieren;
- eine innere Leere (kurzzeitig) beseitigen;
- lebendig machen und dem Leben einen Sinn geben.

Sexualität kann aber noch eine weitere, bisher nicht erwähnte Komponente enthalten: Immer dann, wenn sie aus lebensgeschichtlich bedingten Gründen mit bestimmten Gefühlen und Konflikten gekoppelt wurde: Schuldgefühle oder Angstlust enthält, erregend-begehrlich und gleichzeitig abstoßend oder gefährlich erscheint; mit Verboten belastet ist; Hemmungen unterliegt; perverse Phantasien mobilisiert oder mit traumatischen Erfahrungen eine Verbindung eingegangen ist – kann es passieren, dass sie ihrem Träger keine Ruhe lässt. Sie spukt dann wie ein unerlöster Geist in ihm herum und möchte »in Szene gesetzt werden«. Gerade die in ihr mit enthaltenen Konfliktspannungen drängen darauf, in sich wiederholenden Anläufen eine Lösung zu finden. Ein bezeichnendes Beispiel lässt sich aus dem Themenkreis »sexueller Missbrauch« entnehmen:

Ein jahrelang von ihrem Vater sexuell missbrauchtes Mädchen entwickelt als Jugendliche und später als junge Frau ein besonderes Interesse für kurze sexuelle Affären. Sie verliebt sich sehr häufig, steuert dann geradlinig auf Intimitäten zu, um sich nach dem ersten Verkehr abrupt und angeekelt von ihrem Liebhaber abzuwenden. Später wird sie fast jede Nacht von sexuellen Träumen heimgesucht, in denen Lust, sexuelle Erregung, Angst und Abscheu qualvoll miteinander vermischt sind. Das Trauma aus ihrer Kinderzeit, an den Sexualtrieb gekoppelt, drängt immer wieder in ihren Bewusstseinsraum und fordert gebieterisch nach einer Verarbeitung und Lösung. Nicht wenige Menschen entfalten eine lebhafte sexuelle Aktivität, um das mit ihrer Sexualität gekoppelte Konfliktpotenzial zu entschärfen.

6.2 Die funktionalisierte Sexualität

Ich komme nun zu einem neuen Abschnitt und möchte jene Konstellation besprechen, wo Sexualität funktionalisiert, das heißt nicht um ihrer selbst willen, sondern eines fremden Zweckes wegen praktiziert wird, nämlich:

- um Rache zu nehmen am anderen Geschlecht oder an einem Partner, der symbolisch Mutter oder Vater vertritt. Die Aggression besteht im Wesentlichen darin, den Betreffenden abrupt und lieblos wieder fallen zu lassen, nachdem man ihn verführt und ihm Hoffnungen auf eine gemeinsame glückliche und sexuell erfüllte Zukunft gemacht hat;

- um sich über Sexualität Vorteile oder Geld zu verschaffen;
- um den anderen zu demütigen und durch die Sexualität in den Schmutz zu ziehen (»Du bist eine Hure, du gehst mit jedem ins Bett« – »Alle Männer sind Schweine, ich hab's ja gewusst: Du bist verheiratet und betrügst deine Frau!«);
- um einen anderen von sich abhängig zu machen (sexuelle Hörigkeit);
- um Nähe und intime Verbundenheit herzustellen, die nur über enge körperliche Berührung machbar ist. Der Betreffende ist meist außerstande, eigene Gefühle differenziert wahrzunehmen und sie im Raum von Partnerschaft und Liebe zu kommunizieren. Er besitzt auch kein Einfühlungsvermögen, kein Wissen um die eigenen Nähebedürfnisse und auch keine Sprache, um über intime Dinge mit seinem Partner zu reden. Der Sex ist für ihn die einzige Brücke zum Du. Im sexuellen Vollzug kann er Geborgenheit, menschliche Wärme und Akzeptanz erleben, ohne sich dessen bewusst zu sein;
- um sich der eigenen Potenz/der eigenen Weiblichkeit zu versichern: »Ich bin ein begehrtes sexuelles Wesen und kann einem Partner auch viel bieten«;
- um einen anderen zu besänftigen und friedlich zu stimmen;
- die Unterschicht-Frau schläft mit ihrem Freund, um dessen drohende Wutausbrüche abzufangen;
- um der »Mutter« (die Partnerin fungiert als Mutter-Substitut) das zu rauben, was sie früher oral verweigert hat (nach O. Kernberg);
- um im Tausch gegen Sexualität, Geborgenheit, Wärme ein Zuhause zu bekommen. Häufig sind es junge Mädchen aus zerbrochenen Familien, die sich einen älteren Freund suchen und sich als Tochter-Geliebte anbieten, um von ihm Zuwendung und vermisste Mutterliebe zu erhalten;
- um am Partner Rache zu nehmen für eine frustrierende und enttäuschende Liebesbeziehung. Der Betroffene fühlt sich in seiner Ehe zu kurz gekommen, unverstanden und in der Sexualität unausgefüllt. Das ist seine Berechtigungsbasis, sich anderswo schadlos zu halten;

- um die eigene Macht und die damit verbundene Verfügungsgewalt über den Partner zu demonstrieren: »Ich mache, was ich will, und lasse mir von dir nichts verbieten. Du hast mein Verhalten jederzeit zu tolerieren!«;
- um eine desolate Ehe zu stabilisieren: und zwar dadurch, dass sich der eine sexuell anderweitig austobt und damit erstens seine Wut auf den Partner wegen dessen vermeintlicher Unzulänglichkeit befriedigt, und zweitens dadurch, dass er vermeidet, in eine sexuelle Mangelsituation zu geraten, die wiederum dazu angetan wäre, seine Enttäuschungsaggression auf den Partner zu verstärken;
- um etwas Verbotenes zu tun: Der betreffende Mensch versteht sich als Rebell. Er will mit seinen sexuellen Handlungen gegen gesellschaftliche Normen und die guten Sitten verstoßen. Ihm kommt es in erster Linie auf den Affront und das Übertreten der von ihm verachteten bürgerlichen Moral und nicht so sehr auf den Triebgenuss an.

Nachdem ich nun den Missbrauch der Sexualität zu diversen anderen Zwecken aufgezeigt, den psycho-hygienischen Wert der mit ihr verbundenen Nebenwirkungen erwähnt und ihre Verflochtenheit mit Konflikten und Traumata beschrieben habe, will ich auf die Frage eingehen, warum ein bestimmter Personenkreis seine sexuellen Aktivitäten nicht in einer festen Paarverbindung, sondern mit häufig wechselnden Partnern auslebt.

6.3 Die Gründe für häufigen Wechsel des Sexualpartners

6.3.1 Abwehr einer Bedrohung

Sexualität wird mit »häufig wechselnden Partnern« ausgeübt, um von möglichst vielen Menschen – hier macht es die Masse – eine spezielle Entlastung zu erfahren. Für manche Frauen ist die Promiskuität der Versuch, »den Neid auf den Mann und die Abhängigkeit von Männern zu leugnen« (Kernberg, 1975). Andere haben den Wunsch, das eigene Gutsein immer wieder bestätigt zu bekommen. Die erreichte Gewissheit (»Ich tauge was, ich bin eine begehrenswerte Frau!«) hält aber in der Regel nur kurzfristig an. Die aufkommenden Selbstwertzweifel müssen durch neue sexuelle Affären immer wieder aufs Neue beschwichtigt, die sexuelle Attraktivität immer wieder überprüft werden. Manche Männer benötigen eine dauernde Bestätigung ihrer Potenz, weil sie sich ihrer Männlichkeit nicht sicher sind. Passive Hingabewünsche, deutlich gespürte feminine Tendenzen und eine nicht in ihr Selbstbild passende Weichheit müssen ständig abgewehrt und durch das Agieren konträrer Verhaltensweisen (machohaftes Auftreten, Vielweiberei, Potenzprotz) negiert werden.

6.3.2 Gewohnheitsbildung

Sexuelle Untreue kann aus dem Grunde immer wieder praktiziert werden, weil sie inzwischen zur Gewohnheit geworden ist und den Charakter eines Triebes angenommen hat. Gewohnheitsmäßige Fremdgeher sind häufig in einem an Verführungen reichen Milieu groß geworden und durch besondere Lebensumstände schon sehr früh und mit Erfolg auf die sexuelle Schiene geraten. Ich denke da zum Beispiel an einen Patienten von mir, der als Baby und kleiner Bub während der Hitlerzeit von sehr jungen, emotional ausgehungerten Mädchen, die ihr Pflichtjahr ableisteten, besonders viel geherzt und geküsst und erotisch stimuliert wurde, daneben aber sehr schmerzhafte Abrisserlebnisse zu verkraften hatte, wenn diese jungen Frauen wieder abrupt aus seinem Leben verschwanden. Ich denke an eine Patientin, die in einem erotischen Treibhausklima heranwuchs und von mehreren Brüdern über lange Zeit sexuell missbraucht wurde. Auch sie wurde auf diese Weise auf Sexualität konditioniert und hatte später eine Affäre nach der anderen. Eine Jungschauspielerin schlief sich durch die Betten ihrer Regisseure und Produzenten, um an Rollen heranzukommen. Sie entwickelte eine hohe erotische Ansprechbarkeit, konnte Angeboten nicht widerstehen und schlitterte auf diese Weise in ein promiskuitives Leben. Ein in einem Elendsmilieu herangewachsenes Mädchen war infolge ihres lolitahaften Aussehens den sexuellen Attacken vieler Jungs und diverser Männer ausgesetzt. Nachdem sie ihr erotisches Kapital entdeckt und auch begriffen hatte, dass sie sich mit diesem Schatz ihr kümmerliches Leben erleichtern und verschönern konnte, bestimmten fortan die Sexualität und wechselnde Männerbekanntschaften ihren Alltag.

Nicht wenige Personen entdecken schon in der frühen Kindheit die stimmungsaufhellende Wirkung der Sexualität. Als Kinder litten sie in der Regel an der Lieblosigkeit ihrer Eltern, an einem Mangel an emotionalem Widerhall und freundlicher Bestätigung ihrer Wesensart. Sie wurden in ihren Bedürfnissen zurückgewiesen oder falsch beantwortet, nicht oder verzerrt wahrgenommen und der Trostlosigkeit eines unverstandenen Kinderdaseins überantwortet. Gefühle des Verlassenseins und der Depression können dazu führen, dass sie – oft durch Zufall – ihre eigene Sexualität entdecken und nun häufig onanieren. Diese Selbststimulation macht sie wieder ein Stück lebendig und beschert ihnen für Augenblicke einen wärmenden Trost. Sexuelle Erregtheit, so begreifen sie bald, kann als eine Art Antidepressiva fungieren und somit ein Therapeutikum darstellen. Fortan entwickeln sie eine besondere Sensibilität für die sexuellen Aspekte ihrer Um- und Mitwelt und sind Verführungen oder sexuellen Spielen gegenüber besonders zugänglich. Eine sexuelle Karriere kann beginnen.

6.3.3 »Verwechslungen«

Es gibt eine ganze Reihe elementarer Bedürfnisse, die von manchen Personen nicht erlebt werden können. Statt eines voll entwickelten Antriebserlebens mit einer kognitiven, emotionalen und triebhaften Komponente verspüren sie nur eine Art dranghafter Unruhe, die ihnen einen ausgeprägten Mangel signalisiert. Die betreffenden Menschen wissen nicht, was ihnen fehlt, empfinden aber, dass ihnen etwas fehlt. Von einer diffusen Sehnsuchtsspannung angetrieben, stoßen sie recht häufig auf die Sexualität. Und da sexuelles Erleben intensive Gefühle mobilisiert und häufig eine entspannende Wirkung hat, halten sie den Sex für das Gesuchte, zumal er in den heutigen Medien als der Freudenspender schlechthin angepriesen wird. Sie verwechseln das wirklich Fehlende mit Sexualität. Wenn ein Mensch zu gemüthafter Verbundenheit und Intimität, zu tiefen, liebevollen Gefühlen und vertrauensvoller Anlehnung nicht fähig ist, fehlt ihm eine elementare Facette menschlichen Erlebens. Andere wiederum haben ihre Ausfälle im Bereich von Zärtlichkeit und Hingabe. Bei manchen sind bestimmte Bedürfnisse nach Geborgenheit, Fürsorge und regressivem Aufgehobensein in einer sicherheit- und schutzgewährenden Partnerschaft tief verdrängt, weil sie mit ihrem Ich-Ideal oder ihren Männlichkeitsansprüchen nicht vereinbar sind. Diese haben ihren Wunsch nach Geltung und Beachtetwerden, jene ihr Bedürfnis, haben zu wollen, in den Schattenbereich der Seele verbannt und den Zugang zu diesen ubiquitären Befriedigungsbereichen nie erworben oder wieder verloren. Sosehr die menschliche Antriebspalette auch eingeschränkt sein mag, häufig ist die Sexualität davon nicht betroffen (insbesondere bei Männern). Auch ein emotional verkümmerter oder wenig differenzierter Mensch hat in der Regel Zugang zu dem archaischsten Trieb unserer Rasse und kann ihn mit Bedürfnisspannungen verwechseln, die auf ganz andere Zielvorstellungen ausgerichtet sind. Wenn aber eine Person dieser Verwechselung unterliegt, zum Beispiel Sex statt Nähe und liebevoller Verbundenheit, dann wird ihre sexuelle Aktivität das eigentlich vakante Bedürfnis nicht stillen und sie schon nach kurzer Zeit in das gleiche Mangelerleben hineinführen. Sie kann nun sehr leicht dem Irrtum verfallen, dass aufregendere Sexualität – das ist Sexualität mit einem neuen Partner – dem Übel des Unbefriedigtbleibens abhelfen kann. Und schon kommt der Schnitzler'sche Reigen in Gang.

6.3.4 Ex und hopp: »Nur zum einmaligen Gebrauch bestimmt«

Die gesuchte Befriedigung setzt den »einmaligen Gebrauch« voraus; gerade in dem einzigen Mal liegt der eigentliche Reiz und Kitzel.

a) Wichtig allein ist das Eroberungsritual: Sex wird eingesetzt, um den Partner zu verzaubern und ihn ganz in Besitz zu nehmen.

Der gelungene Akt der Verführung und die damit verbundene Wirkmacht über einen anderen Menschen wird als tiefe narzisstische Befriedigung gesucht und genossen. Sexpartner werden gewissermaßen gesammelt und ihre Zahl auf einer Strichliste vermerkt. Die Höhe der Abschussquote ist das Gütesiegel für die eigene Größe.

b) Die Verführung des »Liebesobjektes« gerät zu einer Art Triumph und lässt den zur Liebe Missbrauchten als den Besiegten und Nicht-mehr-Verwendbaren zurück. Einen Mann »schwach gemacht« zu haben kann als Rache einer Frau fungieren, die die Männer verachtet oder hasst oder die in einer unbewussten Übernahme der männlichen Rolle dem starken Geschlecht das antut, was Männer sonst den Frauen antun. Verführen kann eine Form des Raubes sein (wenn es sich um eine verheiratet Person handelt) und die Rivalitätsbedürfnisse des Betreffenden befriedigen.

6.3.5 Das sexuelle Abwechslungsbedürfnis

Die Erklärung eines bestimmten menschlichen Verhaltens mit Hilfe des so genannten Abwechslungsbedürfnisses stammt aus der Laienpsychologie und dient oft dazu, ein sehr komplexes und schwer durchschaubares Motivationsgeflecht auf eine griffige Formel zu bringen. Ich möchte diesen Begriff zwar auch verwenden, aber für zwei ganz spezielle menschliche Antriebslagen reserviert wissen.

Es gibt eine Form des sexuellen Abwechslungsbedürfnisses, die auf einen gesteigerten Erlebnisdrang, auf Neugier und Lustmaximierung hinausläuft. Sie entspringt häufig überschäumender Vitalität und Lebensfülle und möchte die ganze Spielbreite menschlicher Leidenschaften und Möglichkeiten ausloten. Neue sexuelle Erfahrungen stellen eine lustvolle Bereicherung des eigenen Erlebnisspektrums dar und können gar nicht oft genug gemacht werden. Das neue, noch fremde Sexualobjekt wird mit hoffnungsvollen Erwartungen, mit sinnlicher Spannung und neugierigen Fragen betrachtet: »Wie ist es im Bett? Wie stöhnt es, wie riecht es? Wie leidenschaftlich sind die Äußerungen seiner sexuellen Erregung?

Welche bisher unbekannten Liebesspiele bietet es an? Wie weich und elektrisierend ist seine Haut, wie heftig und einfühlsam der Kuss? Und wie wird es mir mit ihm ergehen? Vielleicht erlebe ich Höhen nie gekannten Entzückens, finde die Traumfrau/den Traummann, nach der/dem ich schon lange suche?«

Ich glaube, Männer wie Giaccomo Casanova oder Henry Miller gehören in die hier vorgestellte Kategorie. Sie haben den Sexus zu ihrem Gott erhoben und ihm ohne Schuldbewusstsein exzessiv gefrönt.

Anders dagegen verhält es sich mit dem sexuellen Abwechslungsbedürfnis aus Reizhunger. Hier dient die manchmal schon zwanghafte Suche nach immer neuen sexuellen Sensationen und Erlebnissen der Beschwichtigung von qualvoll empfundener Leere und Sinnlosigkeitserleben. Oder aber »um das Damoklesschwert der Langeweile« (Lersch, 1938, S. 103) zu bannen. Ein ständig präsenter und triebhafte Unruhe erzeugender Erlebnishunger treibt die betreffenden Menschen auf Beutezüge und gelangt – trotz erzieltem Jagdglück – nie an das Ziel der Sättigung. Da die sexuelle Attraktivität des eben eroberten Partners oft sehr schnell nachlässt und das benötigte Stimulationsniveau mit seiner Hilfe nicht mehr aufrechterhalten werden kann, muss sexueller Nachschub her. Der momentane Befriedigungswert – und damit der spezielle Kick eines sexuellen Abenteuers – kann erhöht werden, wenn er mit Risikosituationen oder Gefahren gepaart wird. Hier kommt es dann zu der, von der Filmindustrie reichlich ausgebeuteten »Liebe« auf der Flugzeugtoilette, im Fahrstuhl, im Eisenbahncoupé oder im fremden Ehebett, während sich der Ehemann der Frau im Nebenzimmer aufhält und nichtsahnend fernsieht.

6.3.6 Sexuelle Süchtigkeit

Schon das im letzten Abschnitt behandelte »Abwechslungsbedürfnis aus Reizhunger« besitzt eine süchtige Komponente und könnte deshalb auch zwanglos unter obiger Überschrift abgehandelt werden. Sexbesessenheit trägt alle formalen Merkmale anderer bekannter Süchte (Alkohol, Drogen), eignet sich infolge ihres erlebnisintensiven und lustbetonten Charakters besonders gut dazu, die

einem Suchtmittel nachgesagten seelischen Veränderungen in der Befindlichkeit eines Menschen hervorzurufen. Sex kann: betäuben und ablenken, Lebensangst und Depressionen abwehren, Scham- und Schuldgefühle beschwichtigen, ein desolates Selbstbewusstsein für kurze Zeit wieder aufrichten, quälende Spannungszustände abbauen und Glücksgefühle hervorrufen inmitten eines sonst total verdüsterten Lebens.
Wie bei allen Suchtmitteln unterliegt die Wirksamkeit der Abnutzung. Um den gewünschten therapeutischen Effekt bzw. Kick zu erzielen, muss die Dosis erhöht werden. Aber auch dieses Mittel trägt nur über eine begrenzte Zeit. Die benötigte Erlebnistiefe eines sexuellen Aktes lässt sich nicht durch Frequenzerhöhung, sondern eher schon durch Partnerwechsel bewerkstelligen. Der sexuell Süchtige muss sich sein tägliches »Fickbrot« ergattern, um den sonst auftretenden Entzugserscheinungen zu entgehen. Er ist ein zwanghaft Getriebener und genauso krank wie ein Alkoholiker.

6.3.7 Die endlose Wiederholung des Befürchteten

Nichts ist so plausibel wie das so genannte Meidungsverhalten: Menschen weichen Situationen aus, die ihnen Angst machen, Schuldgefühle bescheren oder die ihr Selbstwertgefühl verletzen. Wir streben nach Lust und meiden alles, was mit einem Unlusterleben verknüpft ist. Nun gibt es aber menschliche Verhaltensweisen, die dem Lustprinzip eindeutig widersprechen, zum Beispiel: dass Personen häufig eine Handlung wiederholen, die Furcht auslöst oder mitten in einem Problemfeld angesiedelt ist. Sie nehmen die »mulmigen« Gefühle in Kauf, weil sie unbewusst an die Möglichkeit der Überwindung ihrer Schwierigkeiten glauben. Indem man sich immer wieder einer Gefahr aussetzt, nimmt man ihr den Stachel. Wir sprechen in diesem Zusammenhang von kontraphobischem Verhalten. Auch Sexualität kann mit Angst und Schuldgefühlen, mit Selbstwert- und Identitätsproblemen und diversen anderen Schreckensbildern lebensgeschichtlich verknüpft sein und ihren Trägern mehr Pein als Lust bereiten. Aber trotzdem spüren die Betroffenen einen nicht zur Ruhe kommenden Antrieb in sich,

das Gefürchtete immer wieder in Szene zu setzen, um damit ihre traumatisch beeinträchtigten Gefühle abzubauen. »Weil meine Vagina abgrundtief hässlich ist und meine Brüste schlappe Quarktaschen; weil mein Schwanz so klein ist und ich schlecht rieche; weil ich zu fett bin und eine vermanschte Figur habe – muss ich den Entsetzensschrei eines potenziellen Liebesobjekts fürchten, wenn es mich nackt sieht!«
Wenn eine Frau das eigene Weiblichsein als Schwäche oder Schmach oder als Unterlegenheit gegenüber dem anderen Geschlecht empfindet, dann kommt sie sich z. B. während des sexuellen Vollzuges »total blöd« vor und erlebt ihr Bewegungsverhalten als »blöde Verrenkungen«.

Weitere Beispiele für den unlustbetonten Charakter von Sexualität:
- Eine an Vaginismus (Scheidenkrampf) leidende Frau, die im tiefsten Grunde ihrer Seele Sexualität ablehnt und fürchtet, hat häufig wechselnde Männerbekanntschaften und bietet sich ihren flüchtigen Verehrern als williges Sexualobjekt immer wieder an. Sie ist – unbewusst natürlich – auf der Suche nach dem strahlenden Jupiter-Mann, der sie von ihrem Leiden erlöst und der ihr damit die Sexualität lebens- und liebenswert macht.
- Ein in seiner Potenz zutiefst unsicherer Mann – von der Furcht, sexuell zu versagen, bestimmt – muss in ständig wechselnden Abenteuern immer wieder seine Manneskraft sich und allen Frauen unter Beweis stellen.

Es gibt diverse weitere sexuelle Insuffizienzgefühle, die sich auf die sexuelle Antriebsstärke, die fehlende Erlebnisfähigkeit, das Aussehen und die Beschaffenheit des Sexualorgans oder des nackten Körpers, auf den Körper- und Genitalgeruch oder die Unerfahrenheit in sexuellen Praktiken beziehen. Hier ist es gerade die erlebte Minderwertigkeit, die die Betreffenden antreibt, ihre Schwachstelle einem Sexpartner zu präsentieren, nach dem Motto: Vielleicht kommt am Ende dabei heraus, dass es gar nicht so schlimm ist, wie ich befürchte.
Letzteres gilt besonders für Menschen mit einem sexualfeindlichen Über-Ich, in deren Erleben die Sexualität böse und schlecht ist, Schaden stiftet, Krankheiten mit sich bringt oder schuldig werden

lässt und Bestrafung herausfordert. Allen hier beschriebenen Personen ist eins gemeinsam: Eine nicht ruhende Erlösungssehnsucht treibt sie an, in ständig neu inszenierten Paarungen die eigenen, in die Sexualität eingebetteten Probleme durch das wiederholte Wiedererleben zu überwinden.

6.3.8 Verlust der sexuellen Anziehung

In meinen vorangegangenen Ausführungen war schon mehrfach von schnellem Nachlassen der sexuellen Anziehungskraft die Rede, ohne dass ich diesem Phänomen auf den Grund gegangen bin. Das soll nun erfolgen. Vom Standpunkt des Protagonisten aus gesehen handelt es sich um ein Abflauen oder gar Einschlafen des sexuellen Appetits bezogen auf ein bestimmtes Sexualobjekt. Der Sexpartner verliert an Attraktivität und Verzauberungsmacht. Er »törnt« nicht mehr an, das sexuelle Interesse an ihm lässt nach oder erlischt ganz. Je schneller dieser Abnutzungsprozess verläuft, desto häufiger kommt es zum Partnerwechsel und dem Versuch, beim jeweils neuen Objekt die gewünschte Befriedigung wieder zu finden. Das Erlöschen der sexuellen Appetenz kann unterschiedliche Ursachen haben.

a) schnell einsetzende regressive Prozesse

Ich habe immer wieder beobachten können, dass manche Liebespaare schon sehr bald nach dem Kennenlernen in eine Phase intensiver »Kuschel-Orgien« geraten und nur noch an exzessivem Haut- und Körperkontakt interessiert sind. Starke passive Liebesbedürfnisse lassen sie abtauchen in eine gemeinsam hergestellte Nestwärme. Es sind unbefriedigt gebliebene Symbiosewünsche aus der Kinderzeit, die im Rahmen einer neuen Verliebtheit aufbrechen und nun nach Befriedigung rufen. Die Liebenden sind wie kleine Kinder, die sich gegenseitig mütterliche Geborgenheit spenden und nicht genug bekommen können vom Küssen und Streicheln. Sie regredieren. Sie geraten temporär auf eine frühe Entwicklungsstufe, wo Sexualität noch nicht auf dem Programm steht. Wenn eines Tages ($^1/_2$ bis 1 Jahr) ihre regressiven Bedürfnisse abgesättigt sind, werden sie auch wieder den Reiz von Sexualität entdecken.

b) ödipale Probleme

In dem Moment, wo sich eine Beziehung festigt oder eine Eheschließung stattfindet, können bisher schlummernde ödipale Gefühlsmuster wieder virulent werden und zwischen den Partnern eine Inzestschranke aufbauen. Der Problemträger registriert mit erstauntem Erschrecken, dass ziemlich plötzlich seine sexuellen Bedürfnisse nachlassen oder er gar eine deutliche sexuelle Abwehr spürt, die er sich nicht erklären kann. Ein Inzestverbot wird unbewusst wirksam, da der Partner als Vater/Mutter-Substitut erlebt wird.

c) das zunehmende Kippen der Gleichrangigkeitsbalance

Das Leben eines Menschen stellt im idealen Fall einen Entwicklungsprozess dar, der erst mit dem Tode abgeschlossen wird. Die Realität belehrt uns allerdings, dass Entwicklungs- und Reifungsvorgänge verschieden ausgeprägt oder auch gar nicht ablaufen. Ja, es gibt auch Fälle, wo sich Individuen zurückentwickeln und bisher schon gewonnene Positionen wieder aufgeben. Der Eintritt in eine Ehe z. B. kann so viele entwicklungshemmende und -abbauende Faktoren freisetzen, dass ein bereits erzieltes Reifeniveau stagniert oder verringert wird, während der dazugehörige Partner vorwärts stürmt. Der Verlust eines bereits eroberten Terrains widerfährt gelegentlich jenen Frauen, die nach der Geburt von zwei oder noch mehr Kindern ihre Berufstätigkeit aufgegeben haben und »nur noch« Hausfrauen sind. Sie fühlen sich dann häufig vom Leben abgeschnitten und eines Betätigungsfeldes beraubt, wo sie ihre eigentlichen Fähigkeiten und Begabungen entfalten konnten. Gleichzeitig erleben sie vielleicht, wie ihr Gatte Karriere macht, seinen gesellschaftlichen Aktionsradius und seine sozialen Kompetenzen erweitert. Sie kommen sich zunehmend kleiner und unbedeutender vor, entwickeln Minderwertigkeitsgefühle und empfinden zu Recht, wie ihre ursprüngliche Gleichrangigkeit dem Partner gegenüber immer mehr verlustig geht.
Eine ähnliche Konstellation – aber aus anderen Ursachen heraus – entsteht häufig dann, wenn einer der Partner durch sein dominantes und rechthaberisches Verhalten das Selbstbewusstsein des anderen systematisch untergräbt. Auch hier kommt es zu einer empfindlichen Störung der ursprünglich austarierten Gleichrangig-

keitsbalance. Der Unterlegene beginnt immer mehr an seinem eigenen Wert und Können zu zweifeln und identifiziert sich mit dem negativen Bild, das sein Partner ständig von ihm entwirft. Eine Möglichkeit, mit dieser schmerzenden und kränkenden Situation umzugehen, besteht darin, die eigene sexuelle Lust zu drosseln, unbewusst eine Appetenzstörung zu produzieren und sich dadurch den »Machtansprüchen des Mannes« zu widersetzen (Schmidt, Arentewicz, 1980, Seite 40/41). Indem die Frau sich den Wünschen ihres Partners verweigert, bewahrt sie sich einen »Rest von Autonomie« (ebenda) und lebt gleichzeitig ihre Enttäuschung und Wut an ihrem Liebesobjekt aus. Das gestörte Gleichgewicht wird in seinen Auswirkungen dadurch ein bisschen gemildert. Der Verlust der sexuellen Appetenz und damit verbunden die chronische Frustration der sexuellen Bedürfnisse des anderen kann in manchen Fällen zu einer schnellen Trennung des Paares führen.

d) Intimität als Lustbremse

Manche Menschen – sowohl Männer als auch Frauen – können den sexuellen Vollzug vorwiegend dann genießen, wenn sie ihn mit einer fremden, ihnen unvertrauten Person ausführen. Je weniger sie über den anderen wissen und je rätselhafter er ihnen ist, desto größer erscheint seine sexuelle Anziehungskraft. Sie ihrerseits verstecken sich hinter einer Maske der Schwerdurchschaubarkeit und kommunizieren im Kontakt mit dem Sexualobjekt eben gerade nicht ihren wahren innersten Kern. Solange der andere nur per Streifkontakt das eigene Leben oberflächlich tangiert, besitzt die Sexualität mit ihm einen erregenden und leidenschaftlichen Charakter. In dem Moment aber, wo infolge einer etwas länger dauernden Bekanntschaft die eigene Geschichte und die eigene innerseelische Welt vom Partner nicht mehr ferngehalten werden kann, lässt die sexuelle Appetenz schnell nach. Plötzlich wird der Protagonist von Eifersucht oder Neid, von Insuffizienzgefühlen oder Scham, von Verlustängsten oder der Furcht, entlarvt zu werden, von symbiotischen oder regressiven Wünschen oder ambivalenten Gefühlen heimgesucht. Er gerät auf eine beunruhigende Konfliktebene, bisher latent gebliebene kindliche Sehnsüchte brechen auf und melden sich gebieterisch zu Wort. Der andere wird zur Konfliktperson und verliert dadurch die Qualität, ein Sex-Partner zu

sein. Das Verlangen wird ohne bewusstes Zutun unterdrückt, der andere kann ohne großes Bedauern wieder aufgegeben werden.
Es gibt aber noch eine andere Variante: Bei Personen, die frisch verliebt zu übermäßiger Idealisierung des Partners neigen, kann es im Zuge des Intimwerdens zu Enttäuschung und Rücknahme der schwärmerischen Verehrung kommen. In dem Moment, wo sich der andere in seinen Schwächen, Verletzlichkeiten und seiner Durchschnittlichkeit offenbart und »in der Unterhose« vor seinem Liebesobjekt steht, verliert er schlagartig an Attraktivität. Die ihm angedichtete Großartigkeit kann nicht mehr aufrechterhalten werden, das sexuelle Begehren erlischt.

e) verminderte sexuelle Erlebnisfähigkeit

Wir konstatieren an dieser Stelle eine beobachtbare Tatsache, ohne auf ihre Entstehungsbedingungen näher einzugehen: Es gibt Personen, die im Bereich der Sexualität einen teilweisen oder weitgehenden Ausfall des Befriedigungserlebens aufweisen. Sie werden von sexuellen Wünschen und Spannungen gequält, ohne dass der sexuelle Vollzug einen erlösenden Abschluss findet. Bei einigen lässt die sexuelle Erregung bald nach Aufnahme der genitalen Aktivität wieder nach, bei anderen – insbesondere Frauen – wird ein bestimmtes Erregungsniveau erreicht, ohne dass es zu einer Entspannung im Orgasmus kommt. Dieses Ausbleiben der sexuellen Befriedigung kann zu einer ruhelosen Nervosität und Umtriebigkeit führen, aber auch dazu, Sex ganz zu meiden. Im ersteren Fall müssen sich die Betreffenden in Gedanken sehr häufig mit sexuellen Phantasien beschäftigen. Die nie zu Ende gekommene Triebabfuhr wirkt emotional wie eine unerledigte Aufgabe und bringt sie unter Umständen dazu, häufig den Partner zu wechseln in der Hoffnung, beim nächsten jenes heiß ersehnte Glücksgefühl zu finden. Sobald ein neues Liebesobjekt in gewohnter Weise enttäuscht – weil es nicht die Erlösung bringt –, flaut die sexuelle Lust schnell ab, der andere verliert an sexueller Anziehungskraft. Diese Konstellation findet sich häufig bei latent homosexuellen Personen. Sie unternehmen heterosexuelle Aktivitäten und wundern sich über die ausbleibende Befriedigung.

6.3.9 Triebhaftigkeit bei mangelnder Steuerung

Es ist biologisch erwiesen, dass die sexuelle Triebstärke bei Menschen auch genetisch mitbedingt ist und eine große Streubreite aufweist. Insbesondere beim Mann wird sie hormonell gesteuert und kann in den Grenzen: »reißender Strom – klägliches Rinnsal« variieren. Liegt eine große Triebstärke vor, dann kann die imperative Macht des Geschlechtes alle Rücksichtnahmen und Schicklichkeitsnormen sprengen. Wenn der betreffende Mensch obendrein noch eine mangelnde Steuerungsfähigkeit besitzt, wird er seine massiven sexuellen Impulse hemmungslos auszuleben versuchen und relativ wahllos jede Gelegenheit zum Verkehr beim Schopf ergreifen. Er steht ganz im Banne des Sexus und wird von seinem Unterleib beherrscht. Die Qualität und Eigenart seiner »Liebesobjekte« spielt meist eine geringe Rolle, sie sind beliebig austauschbar und nur die leibliche Hülle für seine Gier.

6.3.10 Häufig wechselnder Geschlechtsverkehr aus Ich-Schwäche

Ich bin im Laufe meiner 38-jährigen Berufspraxis immer wieder einmal Patientinnen begegnet, die eine nicht endende Kette von sexuellen Affären hinter sich hatten, ohne selber besondere Lust an der Sexualität zu empfinden. Ihre sexuelle Bereitschaft entsprang einer Gefälligkeitshaltung. Sie litten manchmal an übertriebener Verlustangst und glaubten, sofort auf Ablehnung und Zurückweisung zu stoßen, wenn sie dem begehrenden Mann nicht zu Willen waren. Häufig mochten sie ihren Verehrer gar nicht. Aber wenn er sie umwarb, zum Essen einlud oder mit ihnen tanzte, hatten sie das Gefühl, ihm etwas schuldig zu sein. Sie konnten seinem Verlangen und Drängen kein entschiedenes »Nein« entgegensetzen, weil sie aggressiv gehemmt waren und unfähig zu selbstbestimmtem Handeln. Manchmal überkamen sie ein kindliches Anlehnungsbedürfnis und der naive Glaube, um ihrer selbst willen geliebt zu werden. Häufig besaßen sie eine neurotische Gebe-Bereitschaft. Schon die Tatsache, dass ein Mann sich mit ihnen befasste und abgab, verpflichtete sie, dieses Entgegenkommen mit sexueller Hingabe zu entlohnen. Sie waren Wachs in der Hand fast jedes Mannes, ich-schwach, ohne inneren Kompass und ohne Vorstellungen darüber, was sie von der Liebe und dem Leben eigentlich wollten. So schlitterten sie von einer Affäre in die andere, wurden schnell wieder verlassen und schnell wieder das Objekt männlicher Begierde. Sie waren der Spielball fremder Lust.

6.3.11 Der hysterische Mann als Don Juan

Nach U. Rupprecht-Schampera (1995) ist der hysterische Grundkonflikt für den Mann auch ursprünglich ein nichtsexueller. Es geht primär um einen nicht gelösten Separations-Individuationskonflikt, d. h. die nicht gelungene Lösung des jungen Kindes von der Mutter, weil der frühe Vater fehlte. Der spätere männliche Hysteriker hatte eine »wie auch immer geartete bedrohliche Frühbeziehung mit der Mutter« (Rupprecht-Schampera, 1995, S. 650). Da der Vater für seinen Sohn nicht verfügbar war (nicht existent, dauernd abwesend, uninteressiert), ihn also alleine ließ, musste er sich um eine andere Form der Konfliktbewältigung bemühen.
»Eine mögliche Lösung ist auch für das männliche Kind die Entdeckung der Ödipalität, d. h., der Junge kann eine forcierte sexuelle Hinwendung zur Mutter versuchen« (ebd., S. 650).
Der Umgang mit dem bedrohlichen primären Objekt (der Mutter) soll durch die Einführung einer neuen, d. h. durch eine sexuelle Beziehungsqualität in die Mutter-Kind-Dyade entschärft werden. »Da der Hysteriker bei den Versuchen, die Mutter zu verführen, es mit dem gleichen Objekt zu tun hat, das es in der frühen Erfahrungssituation als ablehnend, missbrauchend oder bedrohlich erlebt hat, ist jederzeit in der Annäherung an sie ein Umschlag in diese bedrohliche frühe Beziehungssituation möglich« (ebd., S. 650–651). Diesen Beziehungsumschlag muss er zu verhindern suchen. »Sein sexuelles Angebot ist also nicht nur werbend, sondern hat auch eine zentrale bannende Funktion. Es muss außer der Annäherung an die Frau vorrangig Sicherheit und das Gefühl einer relativen Getrenntheit vermitteln. Frauen sollen angelockt, aber gleichzeitig auf Distanz gehalten werden, z. B. in dem massenhaften Verbrauch beim Don-Juan-Typ …« (ebd., S. 651).

Der hysterische Mann steht bei Beziehungen zum anderen Geschlecht in der ständigen Gefahr einer erneuten Traumatisierung, wenn hinter der Geliebten die frühe böse Mutter zum Vorschein kommt. Indem er Frauen idealisiert oder entwertet, errichtet er eine Distanz zu ihnen und vergrößert auf diese Weise die eigene Sicherheit. Er versucht »eine Scheinseparation zu erreichen, die ihm Unabhängigkeit und Kontrolle garantiert« (ebd., S. 651). Eine Möglichkeit, die Gefahr der Wiederkehr der bedrohlichen Mutter in der Beziehung zu einer geliebten Frau zu minimieren, ist es, Nähe erst gar nicht aufkommen zu lassen, d. h. die Partnerin häufig zu wechseln.

Mit dem Hinweis auf den hysterischen Mann als Don Juan möchte ich das Kapitel über »häufig wechselnde Partnerschaften« abschließen. Dabei kam es mir nicht darauf an, das menschliche Abwechslungsbedürfnis zu pathologisieren. Es sind gerade ja die hohen Scheidungsziffern (bis 50% in Großstädten) in den westlichen Demokratien, den technisch, gesellschaftlich und kulturell am weitesten entwickelten Ländern, die nahe legen, wie stark die Bindungskräfte zwischen zwei Menschen in Partnerschaft oder Ehe vom Zeitgeist und den wirtschaftlichen Gegebenheiten mitbedingt sind. Ich habe in meinem Beitrag das Bindungsverhalten seelisch gestörter Personen aufgezeigt, die häufig unter ihrem Schicksal leiden und die aus einer neurotischen Dynamik heraus, d. h. unfreiwillig, immer wieder Beziehungen aufgeben und in einer neuen – leider vergeblich – ihr Glück suchen.

7. Kapitel

Die Angst vor der Nähe

Wir können davon ausgehen, dass jeder – seelisch nicht gestörte – Mensch ein mehr oder weniger großes Bedürfnis nach Nähe hat. Dieser Wunsch nach emotionaler oder körperlicher Berührung eines Partners ist eines der mächtigsten Antriebskräfte unserer Spezies, seine Nichtbefriedigung die Quelle mannigfacher Partnerprobleme. Nähe haben oder herstellen bezeichnet eine ganz bestimmte Form eines Aufeinander-Bezogenseins. Zwei Menschen kommen sich emotional nah, wenn sie ihre Alltagstarnungen aufgeben und sich annähernd so zeigen, wie sie sind: mit ihren Stärken und Schwächen, ihren Wünschen, Träumen, aber auch Problemen. Sie tauschen sich aus und gewinnen Verständnis füreinander. Manchmal pendeln sie sich auf die gleiche Schwingungsebene ein und entwickeln Vertrauen. Nähe ist die intensivste Kontaktform, die Menschen miteinander haben können. Wir verstehen ihre Natur vielleicht am besten, wenn wir uns die Situationen vor Augen führen, aus denen heraus sie entsteht.

7.1 Nähe kommt häufig dann auf:

- wenn sich zwei Menschen ihre Lebensgeschichte erzählen;
- wenn man sich zuhört und empathisch mitschwingt;
- wenn die beiden sich ihre Geheimnisse mitteilen;
- wenn sie über ihre Träume, Pläne, Lieblingsbeschäftigungen, aber auch über ihre Ängste, Probleme und Schwächen reden;
- wenn sie feststellen, dass sie ähnlich denken, ähnliche Standpunkte vertreten, die gleichen Dinge wertschätzen, dieselben Ziele, Interessen und Vorlieben haben;
- wenn ein heftiger Streit zwischen ihnen konstruktiv gelöst wird und keinen Sieger und Verlierer zurücklässt;

- wenn sie sich gegenseitig ihre Wertschätzung und Zuneigung ausdrücken;
- wenn sie sich helfen, unterstützen, einander Gutes tun, ohne ihre Liebesdienste gegeneinander aufzurechnen;
- wenn sie sich berühren, zärtlich zueinander sind und miteinander schlafen.

Als tiefster Ausdruck von Nähe kann die sexuelle Hingabe an einen begehrten Partner und die Verschmelzung mit ihm gelten. Hingabe ist weitgehend frei vom Modus der Ich-Bezogenheit. Das Ego als individuelles Daseinszentrum wird transzendiert, es fehlt die Rückbezogenheit auf die eigene Interessenslage. Im Akt der Hingabe gibt der Mensch seine Selbstabgrenzung weitgehend auf. Er überlässt sich dem Lebensstrom in ihm oder wendet sich selbstvergessen an sein Liebesobjekt. Es kommt fast regelmäßig zu einer partiellen Lockerung von Selbstkontrolle und selbstbewahrenden Abwehr- und Schutzmechanismen. Im Sonderfall intendiert Hingabe die Wiederherstellung der ursprünglichen Harmonie, der unio mystica, die Verschmelzung mit dem Urgrund der Welt und allen Lebewesen und »die unmittelbare Teilnahme an der fundamentalen Einheit von Mensch und Makrokosmos« (Sudhir Kadar, 1975). Letzte Hingabe bedeutet grenzenlose Ich-Erweiterung und damit vorübergehenden, aber sehr glückhaft erlebten Verlust der eigenen Identität. Sie ist fast immer mit einem Sich-fallen-Lassen verbunden: Die betreffende Person überlässt sich dem inneren Erlebnisstrom ihrer Empfindungen, Gefühle und Triebimpulse und gerät manchmal dabei auch in den Strudel regressiver Prozesse. Sie fühlt oder spricht oder begehrt oder handelt wie ein Kind. Auch das kann ein beglückendes Moment sein.

Im Zusammenhang mit unserer Thematik interessieren uns allerdings nicht die gelungenen, sondern scheiternden Versuche, eine stabile und dauerhafte Intimität herzustellen. Unter den gestörten Paarverbindungen findet sich nämlich ein nicht geringer Anteil von solchen Beziehungen, in denen Nähe missglückt oder mit Problemen befrachtet ist. Wir müssen allerdings erst einmal hinsichtlich des zeitlichen Horizontes differenzieren: Es gibt Menschen, die Nähe zwar grundsätzlich wollen und auch herstellen können, die sie aber nur für einen begrenzten Zeitraum ertragen:

für Stunden, für einen Tag, für 1–2 Wochen, dann aber wieder eine entschiedene Distanzierung vornehmen bzw. die Flucht antreten. Frauen sind in puncto Nähe und Verschmelzung in der Regel bedürftiger als Männer; letztere können ihre diesbezüglichen Bedürfnisse besser verdrängen bis hin zur Meidung jeglicher Intimität. In der Regel besteht bei den Betroffenen aber ein Dauerkonflikt: sie sehnen sich nach Nähe und Verschmelzung und haben gleichzeitig Furcht davor. Als Folge dieser Ambivalenz können sich die unterschiedlichsten Interaktionsmuster herausbilden:

7.2 Die vier Nähe-Beziehungs-Typen

a) Beide Partner haben Angst vor Verschmelzung

Sie lösen dieses Problem durch eine bestimmte Rollenaufteilung: Der eine wird zum Nähesucher, der andere zum Näheflüchter, gewissermaßen im unbewussten Einverständnis mit dem anderen. Der eine beklagt sich über mangelnde Intimität und Zeit füreinander, der andere arrangiert berufliche und familiäre Verpflichtungen, Krankheit oder Erschöpfung und hat damit immer eine Ausrede, warum ein inniges Beieinander nicht klappt. Der Näheflüchter befriedigt ansatzweise per partizipatorischer Teilhabe seine eigenen Gefühlsbedürfnisse an den Näheangeboten seines Partners (ohne sie jedoch anzunehmen). Der Nähesucher kann, da der andere fortläuft, seine eigenen Verschmelzungswünsche voll zulassen, weil nun ohne Angst erleben, und sich einbilden, keine Angst zu haben. Er kommt ja gar nicht in die Verlegenheit, es ausprobieren zu müssen. Auf diese Weise profitieren beide von ihrem Arrangement. Häufig kommt es auch zu einem Rollentausch: Der einst Flüchtige geht auf den anderen zu, ein wechselseitiger Genuss von wiedergewonnener Intimität wird möglich, bis plötzlich der vormals Nähebedürftige es mit der Angst zu tun bekommt, auf Distanz geht und ausreißt. Dieses Wechselspiel kann sich bis »in alle Ewigkeit« fortsetzen.

b) Es gibt zweitens einen Beziehungs-Typ,

der weder Nähe noch Distanz ertragen kann und notgedrungen zwischen diesen beiden Polen hin- und herpendelt. Er stürmt ein

Stück weit in die Richtung der ausgebreiteten Arme seines Partners, bleibt erschrocken stehen, tritt wieder einige Schritte zurück und findet endlich jene Komfortzone, wo sich die lockenden und angstmachenden Kräfte in etwa die Waage halten. In der psychologischen Literatur wird diese Konstellation als doppelter Appetenz-Aversionskonflikt beschrieben.

c) Wiederum ein anderes Bild bietet jene Person,
die sich zwar nicht vor der Intimität fürchtet, aber sie deshalb nur begrenzt erträgt, weil genauso starke Tendenzen sie in Richtung Autonomie bewegen. Sie möchte sich einerseits bei ihrem Partner aufhalten, Nähe und vertrauensvolle Verbundenheit genießen, aber gleichzeitig verlangt es sie danach, ein eigenständiger Mensch zu sein und unabhängig von ihrem Liebesobjekt anderen Aktivitäten nachzugehen.

d) Wir kennen viertens eine Paar-Konstellation,
in der sich eine durch Nähe ausgelöste Verschmelzung mit Zeiten der Beziehungslosigkeit abwechselt (siehe M. Karpel, 1977, S. 5).

7.3 Die Angst vor der Nähe

Es ist nun an der Zeit, auf die »Angst vor der Nähe« einzugehen und ihre vielfältigen Ausprägungsformen zu beschreiben. Vorab sei festgestellt, dass Angst aus einer Bedrohung resultiert, die erstens vom Liebesobjekt selbst oder zweitens vom Protagonisten selbst ausgehen kann. Letztendlich stammt die Näheangst natürlich aus einer einzigen Gefahrenquelle: Es ist die spezielle Persönlichkeitsstruktur eines Menschen, die bestimmte Erlebnis- und Wahrnehmungsmuster, eine bestimmte Triebstruktur und eine bestimmte narzisstische Verfassung beinhaltet und die darüber entscheidet, was und warum etwas als Bedrohung erlebt wird.

7.3.1 Die Bedrohung, scheinbar ausgehend vom Liebesobjekt

a) Die Angst, nur benutzt, ausgenutzt, ausgesaugt oder ausgebeutet zu werden, der Erfüllungsgehilfe der Bedürfnisbefriedigung des Partners zu sein;

b) Die Angst, vom anderen vereinnahmt und verschlungen zu werden, nur noch sein Anhängsel zu sein. Das Liebesobjekt wird als eindringend und überwältigend erlebt, das eigene Selbst absorbierend.

Fallbeispiel:

Gernot M. fürchtete sich vor der vermeintlichen Zudringlichkeit seiner Freundin. Er liebte es, seinen Gedanken nachzuhängen und zu träumen. Er zog sich zeitweilig zurück, wollte dann in Ruhe gelassen, nicht angesprochen oder etwas gefragt werden. Das aber konnte seine Freundin schwer ertragen: Sie umsorgte und umwieselte ihn und wollte permanent etwas von ihm haben. Gernot fühlte sich dann sehr schnell eingeengt, kontrolliert und bedrängt. Als Abwehrreaktion dagegen wurde er immer stachliger und verschlossener, ging auf Distanz und hielt sich sein Liebesobjekt vom Leibe. Die Folge davon waren schwerwiegende Partnerprobleme. Während der analytischen Einzeltherapie kam Gernot M. häufig und sehr intensiv auf seine Kindheit und da insbesondere auf seine Mutter zu sprechen. Es wurde deutlich, dass seine Angst vor Nähe eine lange Vorgeschichte hatte. Gernot fürchtete sich schon als kleiner Junge vor der Zudringlichkeit seiner »Mami«. Ich fasse hier einige seiner Kommentare zu diesem Thema zusammen.

Gernot M.: »Das waren böse Zeiten. Mutter quetschte mich aus, bohrte nach, wollte alles über mich wissen: wo ich war, was ich gemacht und wen ich getroffen hatte, was ich dachte. Wenn ich still war, fragte sie: ›Was hast du jetzt, du sagst ja gar nichts? Ich sehe dir doch an, dass du was hast!‹ Sie wollte alles über mich in Erfahrung bringen, um mich zu kontrollieren. Aber oft interessierte sie das Inhaltliche gar nicht: nicht, was ich erlebt hatte und fühlte und was mir Spaß gemacht hatte. Ich dachte immer: Lass mich bloß in Frieden!«

c) Die Angst, manipuliert und kontrolliert zu werden: »Der andere will mich beherrschen und klein kriegen, ich muss nur noch nach seiner Pfeife tanzen.« Die betreffende Person hat Furcht vor Fremdbestimmung und Unterlegenheit. Für sie ist Liebe der »Kampf der Geschlechter«, der Versuch des einen, über den anderen zu triumphieren. Bereits das Zeigen einer kleinen Schwäche mobilisiert die Unterwerfungsgelüste des Partners.

d) Vernichtungsangst: Der betreffende Mensch hat Angst vor der Kritik und den Angriffen seines Partners, weil er selbst eine »Wutbombe« ist. Er muss seine eigenen aggressiven Impulse aber in der Verdrängung halten, da er unbewusst das Ausmaß ihrer Heftigkeit fürchtet. Das hat zur Folge, dass er sie auf seinen Partner projiziert und nun ihn als eine total gefährliche Person erlebt. Im Extremfall befürchtet er, von seinem Liebesobjekt vernichtet zu werden.

e) Die Angst, der Partner entpuppe sich als das »böse Objekt« aus der Kindheit.
Eine Patientin berichtet: »Ich fühle mich jedem Mann, den ich neu kennen lerne und der mein Freund werden will, regelrecht ausgeliefert. Irgendwie meine ich, er will mir schaden, wehtun, mich verletzen. Vielleicht mäkelt er an meinem Körper herum oder schlägt mich oder wirft mir vor, ich sei an seiner schlechten Laune schuld. Ich habe die Befürchtung, in meinem Liebsten, da steckt ein Schwein drin. Hinter seiner Wärme und Offenheit und Originalität verbirgt sich ein böser Mensch, der mich vernichten will. Er ist wie meine heimtückisch grinsende, boshafte Mutter!«
Eine andere Patientin meinte im Zusammenhang mit der gleichen Thematik: »Nähe bedeutet Gefahr, da taucht eine Fratze auf.« Und in der Tat: Die in Kindertagen verinnerlichte böse Mutter, deren Quälereien sich der junge Mensch ausgesetzt fühlte, kann auf das Liebesobjekt übertragen und hier als ein monsterhaft-gefährliches Wesen wahrgenommen werden, vor dem man schnellstens fliehen muss.

f) Die Angst vor einem erneuten Reinfall: Menschen, die in der Liebe mehrere Male ein böses Fiasko erlebt haben, fürchten sich vor der Frustration einer erneuten Enttäuschung. Sie machen für das Scheitern ihrer bisherigen Beziehungen die mangelnden Qualitäten ihres jeweiligen Partners verantwortlich. Aufkommende Nähe erweckt in ihnen die vermeintlich trügerische Hoffnung, mit einem neuen – ganz und gar guten – Liebesobjekt könnte die gewünschte Verbindung glücken. Aber die Angst, sich emotional einzulassen und wiederum schmerzlich enttäuscht zu werden, lässt sie Intimität scheuen.

g) Die Angst vor der vermeintlich geforderten Aufopferung
Ein Patient von mir bereitete sich auf jedes Treffen mit seiner Freundin intensiv vor: Er sammelte Gesprächsthemen; dachte sich Scherze und Gags aus, mit denen er sie erheitern wollte; überlegte Vergnügungsmöglichkeiten; studierte das Kino-Programm und erforschte unbekannte Parks und Ausflugsziele, wohin er seine Angebetete eventuell entführen könnte. Liebe war für ihn ein »Menuetttanzen«, ein anmutiger Reigen von höchster Gekonntheit. Und immer war es an ihm, für das Gelingen des »Unternehmens Liebe« zu sorgen.
Zahlreiche Menschen fühlen sich erst in dem Moment vor die innere Entscheidung gestellt, ein wirkliches Verhältnis zu ihrem Liebesobjekt einzugehen, wenn sich in ihrer Zweier-Beziehung Nähe und Intimität eingestellt haben. Viele Näheängste kommen erst dann auf, sobald eine bisher offene Verbindung eine bestimmte Verbindlichkeit annimmt und der Freund/die Freundin vor dem eigenen Selbst und den Mitmenschen als Partner ausgewiesen werden. In demselben Moment nun kann es dann zu einer weitgehenden Anpassung an die vermuteten Bedürfnisse des anderen kommen. Der Protagonist verwöhnt sein Liebesobjekt und gibt eigene Interessen auf, weil er glaubt, eine Bringeschuld zu haben. Er empfindet die Zuneigung seines Partners – den er attraktiver und wertvoller als sich selbst einschätzt – als ein Geschenk, dessen er sich durch vermehrte Anstrengungen würdig erweisen muss.
Patientin: »Da rastet meine totale Anbetung ein. Ich muss ganz stark Rücksicht nehmen auf den anderen, für ihn denken und planen, immer für ihn da sein und mir überlegen, was ich zu seinem Wohl alles tun kann. Liebe wird dann Schwerarbeit.«
Menschen dieses Zuschnitts geraten sehr schnell in eine Position

der Überforderung. Sie spüren mit zunehmender Angst, dass sie sich im Dienste am Partner aufreiben und im schlimmsten Fall ihre eigene Individualität preisgeben. Sie verleugnen ihre eigenen Bedürfnisse so lange, bis es nicht mehr geht. Dann aber sprengt die Furcht vor dem Selbstverlust die Beziehung: Bevor von ihnen selbst nichts mehr übrig bleibt, gehen sie auf Distanz oder entfliehen der Verbindung.

h) Die Angst vor dem Verlassenwerden

Die Furcht, den Partner oder seine Liebe zu verlieren, ist weit verbreitet. Häufig ist bei diesen Menschen das Vertrauen in die Beständigkeit einer emotionalen Bindung durch Verlust- oder Abrisserlebnisse in der Kindheit nachhaltig erschüttert. Häufig benötigen sie ein Liebesobjekt infolge der übergroßen eigenen Bedürftigkeit so verzweifelt dringlich, dass sie sich erst gar nicht auf eine Beziehung einlassen aus Angst, sie könnte wieder kaputtgehen. Von weniger zuneigungsverwöhnten und in ihrem Selbstwertgefühl erschütterten Personen wird Liebe manchmal als etwas so Kostbares und Zerbrechliches angesehen, dass sie in dem Moment, wo sie ihnen zuteil wird, vor Schreck die Luft anhalten.

Eine junge Frau erlebt die erste große Liebe. Sie findet ihren Freund hinreißend attraktiv, aufmerksam und verständnisvoll. Als sie mit ihm die erste Nacht in einem gemeinsamen Bett verbringt, wagt sie nicht richtig durchzuatmen, sich umzudrehen und zu bewegen, nachts auf die Toilette zu gehen und in der Früh zu duschen aus Furcht, sie könnte ihn stören, seinen Unwillen erregen und im Anschluss daran seine Liebe verlieren. Sie war überzeugt, seine Zuneigung gar nicht zu verdienen. Für sie war Liebe etwas sehr Gefährdetes, das schon durch kleinste Unstimmigkeiten wieder verlustig gehen konnte.

Andere wiederum können eine zeitweilige Abkühlung in einem Liebesverhältnis nicht ertragen, weil sie sie als eine totale Ablehnung erleben und die Beziehung dann als gescheitert ansehen. Die eben zitierte junge Frau hielt die Angstspannung, ihren Freund wieder zu verlieren, nicht aus. Sie trat die Flucht nach vorne an und wurde ihm gegenüber so unleidlich, dass sie das provozierte, was sie am meisten befürchtete: den Rückzug ihres

Liebsten. Erst durch die Aufarbeitung dieser Situation in ihrer analytischen Einzeltherapie wurden ihr ihre Ängste und Abwehrmechanismen richtig bewusst und verstehbar. Sie konnte den angerichteten Schaden wiedergutmachen.

7.3.2 Bedrohungen aus dem eigenen Trieb-, Bedürfnis- und Gefühlsbereich

Wie bereits eingangs festgestellt, entstammen die meisten Näheängste einer bestimmten innerseelischen Verfassung. Sie sind, objektiv gesehen, unberechtigt, spiegeln aber die besondere Entwicklungsgeschichte des Betreffenden wider, d. h. seine schlimmen Erfahrungen in der Kindheit mit menschlichem Kontakt.

a) Die Angst vor der eigenen Destruktivität

Unausbleibliche (normale) Frustrationen und Enttäuschungen im Raum von Partnerschaft und Liebe können bei einem bestimmten Charaktertyp Hass und Wutaffekte von archaischen Ausmaßen lostreten und gegen den eigentlichen Willen ihres Trägers eine bestehende Beziehung stark gefährden oder zerstören. Die betreffenden Menschen fürchten sich vor ihren destruktiven Impulsen und versuchen deshalb, Nähe und Intimität zu vermeiden (um damit ihrer Beziehung den Ernstcharakter zu nehmen). Ein Patient von mir fühlte sich von vermeintlichen Zurückweisungen von Seiten seiner Frau »wie eine Fliege vom Tisch gewischt«. Er spürte daraufhin »tödlichen Hass und den Wunsch, sie zu vernichten«. Es kam zu heftigen Auseinandersetzungen, in deren Verlauf er die demütigsten Dinge sagte und alles, was ihnen sonst lieb und teuer war, mit schneidender Kälte zerfetzte. Zu guter Letzt kündigte er an, dass man so ein Miststück wie sie nur zum Mond schießen könnte, nahm seinen Mantel und ging. Schon Stunden danach tat ihm seine aggressive Entgleisung Leid. Er kam zurück und versuchte, den Schaden zu reparieren. Ihm war allerdings klar, dass seine Ehe nur eine begrenzte Anzahl dererlei Ausbrüche würde verkraften können, ohne daran zu zerbrechen.

b) Die Angst vor der eigenen Bedürftigkeit und Gier

Manche Menschen sind emotional so ausgehungert, dass ihnen die üblicherweise zuteil werdenden Gunstbezeugungen in einer Paarverbindung nicht ausreichen. Bei aufkommender Vertrautheit und Nähe mit einem Liebesobjekt brechen bei ihnen bisher aufgestaute Riesenansprüche auf und verlangen gebieterisch nach Befriedigung (z. B.: »Ich möchte eine Woche lang und 24 Stunden am Tag mit dir im Bett liegen, nur küssen, streicheln, bumsen und essen und dich für mich ganz allein haben. Du musst alle deine Freundschaften meinetwegen aufgeben.«). Die deutlich gespürten gierigen Einverleibungswünsche machen dem Betreffenden Angst. Er kommt sich wie eine gefräßige Raupe vor, die ihren Partner am liebsten mit Haut und Haaren verschlingen möchte. Das Offenbarwerden dieser kolossalen Bedürftigkeit erweckt Scham und verrät das dringende Angewiesensein auf die Zuwendungen des anderen. Es sind die Maßlosigkeit und Intensität der auf den Partner gerichteten Wünsche, die erschrecken und seinen Träger in peinlicher Weise bloßstellen.

c) Die Abwehr des Abhängigkeitsbedürfnisses

»Wenn ich erst einmal liebe und mir deine Streicheleinheiten unendlich wichtig sind; wenn meine Leidenschaft geweckt ist und ich am liebsten jeden Tag mit dir schlafen möchte; wenn ich es himmlisch finde, von dir verwöhnt zu werden und du mir einen Teil meiner Verantwortung und Pflichten abnimmst – ja, dann kann ich ohne dich nicht mehr leben! Aber was ist, wenn du mich eines Tages nicht mehr küsst und keine Lust auf Sex hast; wenn deine Zuwendungen und Liebesbeweise ausbleiben und du mir sagst, ich solle meinen Kram alleine machen – ja, dann stehe ich dumm da: grenzenlos beschämt und hilflos und ohne meine lebensnotwendige Nahrung!«

Mit diesen Worten etwa schilderte mir eine Patientin ihre Angst vor Nähe und vor dem damit verbundenen Sich-Einlassen auf eine Beziehung. Sie fürchtete sich davor, den anderen verzweifelt nötig zu brauchen, wenn sie sich erst einmal an die Milch- und Honigströme der Liebe gewöhnt hätte.

Egal, wozu man den Partner benötigt: Als steuerndes Objekt, als Lieferant für Triebbefriedigung, als Hilfs-Ich oder Steuermann im

Einsatz gegen die eigene Verwahrlosung – in jedem Fall droht Abhängigkeit, die den eigenen Stolz kränkt oder die Gefahr heraufbeschwört, im Falle des Verlassenwerdens hilflos in einer Welt zu stehen, die man aus eigenen Kräften nicht bemeistern kann.

Manche Personen empfinden die Tatsache, dass sie nicht in allen Lebenslagen autark sind und ohne die Mitwirkung eines anderen nicht auskommen, bereits schon als unerträgliche Zumutung und Kränkung. Sie können den Gedanken nicht ertragen, bei der Stillung mancher ihrer Bedürfnisse auf die Zustimmung und Gebebereitschaft eines Partners angewiesen zu sein. Von der Gnade des anderen abzuhängen, erscheint ihnen als eine nicht verwindbare Demütigung.

Ein weiterer Gesichtspunkt, den ich mit Hilfe eines Zitats darstellen möchte, verdient Erwähnung.

Patientin: »Angenommen, mein Freund würde auf meine Wünsche eingehen und sie erfüllen, dann geriete ich in Abhängigkeit von ihm und lieferte mich ihm aus. Er bekäme Macht über mich und ich wäre darauf angewiesen zu hoffen, dass er seine Macht mir gegenüber nicht ausspielt. Aber mir fehlt das Vertrauen, d. h. die Sicherheit, dass er es vielleicht nicht doch tut.«

Wir sehen also: Abhängigkeitsbedürfnisse enthalten eine dreifache Gefahrenquelle: Erstens die Möglichkeit, in eigenen wichtigen Bedürfnissen frustriert und damit enttäuscht zu werden, zweitens die Möglichkeit des Machtmissbrauches durch den Befriedigung spendenden Partner, dem sich der Abhängige ausliefern muss, und drittens die Gefahr, ohne den Partner und dessen Zufuhr oder Unterstützung nicht mehr existenzfähig zu sein.

d) Die Angst vor dem Aufbrechen bisher zurückgehaltener Gefühle

Menschen, die eine schlimme und lieblose Kindheit hatten, die in jungen Jahren gedemütigt, allein gelassen, geschlagen, missbraucht, ins Abseits gestellt, überfordert, ausgebeutet, massiv geängstigt, überstimuliert, weder getröstet noch in ihrer wahren Wesensart erkannt wurden, schleppen in der Regel ein Riesenpaket an aufgestauten Gefühlen mit sich herum. Sie konnten ihr Kinderleid und die damit verbundenen Schmerzen nicht in den Raum des bewussten Erlebens einlassen, weil es bisher keine liebevoll anteilnehmenden Personen gab, die sie getröstet, in den Arm genommen und gehalten hätten. Sobald sie nun aber mit einem Partner Nähe herstellen und vielleicht zum ersten Mal im Leben Intimität erleben, überfällt sie eine große Sehnsucht, die emotionalen Schleusen zu öffnen, um ihre unerlöste Traurigkeit, ihre Ängste, ihre Verzweiflung und ihre Schreckensbilder aus frühen Kindertagen herauszulassen. Mitunter werden sie auch nur von einem unbezwingbaren Drang zu weinen überfallen und haben die Furcht, überhaupt nicht mehr aufhören zu können. Nähe ist eine Versuchungssituation, innerlich loszulassen und sich dem Strom der aufbrechenden Emotionen anzuvertrauen. Was aber ist, wenn man sich vor der Heftigkeit dieser Gefühle erschreckt, Angst hat, sich in der eigenen Tränenflut aufzulösen, oder befürchtet, den Liebsten durch die Wucht und die existenzielle Tiefe dieser Leidensäußerungen zu verprellen? Dann wird man schon im Vorfeld darauf achten, Nähe-Situationen erst gar nicht aufkommen zu lassen oder bereits entstandene Intimität durch Fortlaufen oder aggressive Distanzierung wieder zu zerstören.

7.3.3 Bedrohungen aus dem Bereich eines leicht störbaren Selbstsystems

Das Selbst eines jeden Menschen umfasst u. a. Phänomene wie: Selbstwertgefühl, Identität, Selbst- und Objektrepräsentanzen, das Gefühl von einem integrierten Selbst, überdauernde Grundbefindlichkeiten und die Beziehung des Selbst zu den verinnerlichten Bezugspersonen – also alles das, was wir als den narzisstischen Strukturanteil der menschlichen Psyche auffassen.

Die intensivsten Näheängste, die Menschen überhaupt haben können, hängen mit der Bedrohung eines fragilen Selbstsystems und der Gefahr seiner Desintegration oder Auflösung zusammen. Aber auch die Erschütterung eines instabilen und sowieso schon geminderten Selbstwertgefühls oder einer ungefestigten Identität durch Scham- und Kränkungserlebnisse kann die seelische Balance eines Menschen erheblich aus dem Gleichgewicht bringen und schwere narzisstische Krisen heraufbeschwören. Im Einzelnen begegnen uns hier folgende Gefahrensituationen:

a) Die Angst vor der Verschmelzung und der Hingabe

Zwei Menschen sind dann miteinander verschmolzen, wenn sich die Grenzen ihres Ichs teilweise oder ganz aufgelöst haben und sich die beiden »wie eins« fühlen.

Dieser Zustand wird in der Regel als sehr beglückend erlebt und entsprechend genossen. Er befreit die Betreffenden aus dem Käfig ihrer Individualität und überlässt sie zeitweise einem lustvoll pulsierenden Lebensstrom.

Für Menschen allerdings, die nur ungenügend von ihrer Mitwelt abgegrenzt, d. h. nur durch eine dünne und vielfach durchlöcherte Membran von anderen getrennt sind, kann die Möglichkeit zur Verschmelzung lebensbedrohliche Ängste auslösen, weil sie die Gefahr des Identitätsverlustes beinhaltet. Sie gehen dann buchstäblich in ihrem Partner auf und fühlen sich so, als bliebe von ihnen selbst nichts mehr übrig. Beschrieben wird dieser Zustand von ihnen als seelischer Tod oder Verrücktwerden, und nichts auf der Welt löst eine größere Panik aus als der Selbstverlust. Für Personen dieses Zuschnitts ist Nähe geradezu Gift, und es verwundert nicht zu hören, dass sie alles tun, um Intimität zu vermeiden.

Hingabe hat auch immer etwas mit Geben zu tun, wie es auch schon der Wortlaut nahe legt. Der hingabebereite Mensch bringt sich seinem Partner als Geschenk dar. Es ist, als sage er voller Lust und Liebe: »Nimm mich! Du kannst mit mir machen, was du willst!« Wer so spricht, muss seinem »Schatz« vertrauen und die Gewissheit haben, dass der andere ihm zutiefst zugetan ist und nichts unternehmen wird, was ihm schaden könnte. Er ist sich seines hohen Sympathie-Kontos bewusst. Diese unhinterfragte Sicherheit besitzt der Hingabegestörte eben nicht. Er zeichnet sich durch eine misstrauische Grundhaltung aus und glaubt eben nicht an das fundamentale Wohlwollen seines Partners ihm gegenüber. Ausgeprägte Selbstsicherungstendenzen versetzen ihn in eine ständige innere Alarmbereitschaft. Er erwartet, von seinem Liebesobjekt enttäuscht, reingelegt, ausgenutzt oder »untergebuttert« zu werden. Er hat die Neigung, unschuldige Gesten und Gebärden des anderen als Zurückweisungen oder Kriegserklärungen zu erleben und sich damit in seinem Verdacht bestätigt zu sehen, eben doch nicht geliebt zu werden. Die eigene, oftmals latente Feindseligkeit wird dem anderen angedichtet oder führt dazu, die trennen-

de Schranke zwischen Ich und Du noch zu verfestigen. Die lauteren Absichten des Partners geraten in den Mahlstrom des Zweifels. Liebe wird als Taktik erlebt.
Frau Nina W., eine Patientin von mir, litt unter anderem an einer tiefen Vertrauenslosigkeit. Sie hatte als Kind erfahren müssen, dass ihre primären Bezugspersonen – Mutter, Vater, Oma – auf ihre Probleme, Kümmernisse, Fragen, ihre Liebeswünsche und -angebote mit Unverständnis und Zurückweisungen reagierten. Sie wurde weder in ihrer eigenen Wesensart noch in ihrer besonderen kindlichen Bedürftigkeit erkannt und angenommen. Die Mutter reagierte mit Säuernis, Vater mit Zynismus und Oma mit Hilflosigkeit auf viele ihrer Lebensäußerungen. Manchmal fühlten sich alle drei durch das kleine Mädchen und deren Wünsche belästigt, lachten sie aus und machten Witze auf seine Kosten. Nina W. war es auch nicht gegeben, das fehlende Vertrauen in die aufrichtige Herzlichkeit ihres Freundes durch intensiven Körperkontakt hinwegzuschmelzen. Sie hatte nämlich zu Berührungen und Streichelkontakt ein sehr gespanntes, ja abwehrendes Verhältnis. Das rührte von negativen Kindheitserfahrungen her. Sie wurde als Mädchen häufig von nahen Bezugspersonen überfallsartig mit Zärtlichkeitsausbrüchen eingedeckt, dabei gepresst, abgeküsst und lange festgehalten. Sie meinte häufig, unter dem Ansturm dieser körperlichen »Vergewaltigungen« schier ersticken zu müssen, und bildete als Gegenwehr einen Reflex aus, der sich mit den Worten »Rückt mir ja nicht auf die Pelle, igittigitt, ist ja eklig eure Absabberei!« umschreiben ließ. Andererseits hatte Nina die Erfahrung als Kind gemacht, dass ihre spontanen, eher seltenen Zärtlichkeitsangebote an den Vater auf wenig Gegenliebe stießen. Er übersah sie oder ließ sie, aus Zeitmangel, unberührt stehen und somit ins Leere laufen. Sie schämte sich ihrer unerwiderten Gefühle, hatte aber keine Sprachmittel für das Schwerbenennbare, das ihr widerfuhr. Da sie keine emotionale Resonanz bekam, gab sie ihre Versuche, körperlichen Kontakt zu bekommen, mit der Zeit gänzlich auf.
Hingabe umfasst neben leiblicher Berührung immer auch das entspannte Strömenlassen der andrängenden Gefühle. Manchen Menschen wird die Fähigkeit zum Loslassen bereits während ihrer Sauberkeitserziehung in der Frühphase der Kindheit abtrainiert. Die Kinder werden zu strikter Körperbeherrschung erzogen. Das

normale Laufen- und Kommenlassen von Urin und Stuhl kann auf diese Weise blockiert werden. Natürliche biologische Mechanismen geraten so unter die Herrschaft eines streng kontrollierenden Willens. Unter dieser Übersteuerung leidet auch die mit diesen Funktionen eng verknüpfte Gefühlswelt. Die betreffende Person verliert die Fähigkeit, sich von strömenden Gefühlen überwältigen zu lassen, und wird als erwachsene Person eventuell große Probleme mit emotionaler Hingabe und sexuellem Genuss haben (siehe auch Meyer, 1971, S. 989). Im Nebensatz sei erwähnt, dass alle Formen von intensiver Sexualangst – welchen Ursprungs sie auch immer sein mag – die Fähigkeit zur Hingabe beeinträchtigen oder gar ganz blockieren. Wer Angst vor der Sexualität hat, kann weder körperlich entspannen noch den Strom der Erregung aufkommen und fließen lassen.

Kehren wir zu Nina W. zurück. Für sie bedeuteten die Aufgabe ihres Widerstandswillens und das Zulassen von Weichheit und genussvoller Passivität so viel wie demütigende Schwäche. »Nun triumphiert der andere und hat mich endlich dahin gekriegt, wohin er mich haben wollte: in die unterwürfige Position!« Sie kam sich klein gemacht und lächerlich vor und als der große Verlierer. Ihre chronisch verfestigte Selbstbehauptungsanspannung ließ aber einen derartigen Kniefall nicht zu.

Wie komplex und feingesponnen eine Hingabestörung sein kann und wie verflochten mit der Vergangenheit und der speziellen Familiendynamik der Primärfamilie, soll uns zum Schluss folgendes Beispiel verdeutlichen:

Hiltrud F. hat ein sehr ambivalentes Verhältnis zu beiden Elternteilen. Sie ist mit ihren 35 Jahren noch heute eine stark muttergebundene Tochter. Obwohl sie mit ihrem Lebensgefährten schon fünf Jahre zusammenlebt, kann sie sich eine Heirat und Kinder nicht vorstellen. Immer wieder kommt es zwischen den beiden – ihrerseits ausgelöst – zu längeren Phasen des emotionalen Rückzugs und der sexuellen Inappetenz. Sie selber hat das Gefühl, noch ganz am Anfang ihrer Beziehung zu stehen. Hiltrud F. krankt an einem tiefsitzenden Misstrauen. »Männer« – sagt sie – »versuchen, mir zu schaden, mich zu verletzen und einzuschränken, mir meine Lebensmöglichkeiten zu nehmen. Ich kann mir keine Übereinstimmung und keinen Interessenausgleich zwischen den Geschlechtern vorstellen, obwohl ich mit meinem Freund so viele positive Erfahrungen gemacht habe. Zwischen uns ist eine Art Feindschaft meinerseits. Ich muss kämpfen und auf der Hut sein, damit ich nicht für die Zwecke des anderen benutzt werde. Diese Angst, verletzt und benachteiligt zu werden, schwingt stets und ständig mit, egal, um welchen Mann es sich handelt.«

Als Hiltrud F. obige Aussage macht, hat sie ein Aha-Erlebnis. Ihr wird deutlich, dass sie eben nicht nur sich, sondern auch die Gefühlskonstellation ihrer Mutter beschrieben hat, »die in dieser Hinsicht genauso ist wie ich«. Und sie ergänzt: »Die Beziehung meiner Mutter zu ihren beiden Söhnen und ihrem Ehemann war immer von einer unterschwelligen Feindseligkeit getönt, es ist ein Kampfverhältnis. Meine Großmutter, die Mutter meiner Mutter, hatte fünf Töchter, und für alle sechs Frauen war Großvater der Bösewicht. Er galt als der Patriarch, der verbot, einschränkte und das Leben der Frauen verunmöglichte. Wäre er nicht existent gewesen, so wären seine Gattin und seine fünf Töchter aufgeblüht und hätten ein erfülltes und glückliches Leben führen können. Bei meiner Mutter ist es ähnlich. Für sie sind die Männer am Elend der Frauen schuld – und ich habe das voll übernommen!« Ich werfe ein: »Und wenn Sie sich nun weiter entwickeln und eines Tages diese Einstellung änderten?« Hiltrud F.: »Wenn ich aus diesem Denkschema aussteige, steht Mutter alleine da. Es ist, als hätten wir beide einen Pakt geschlossen: Ich bleibe immer bei meiner Mutter und fühle wie sie, nämlich: ›Mit einem Mann kann eine Frau nicht glücklich werden!‹ Wenn ich es doch werden sollte, dann verrate ich Mutter, nein, alle Frauen!« Ich: »Sollte sich herausstellen, dass Mutters Weltbild nicht stimmt, dann trüge Ihre Mutter noch schwerer an ihrem Schicksal. Denn dann wäre es ihr ganz individuelles – lebensgeschichtlich bedingtes – Los, unglücklich zu sein, und nicht das aller Frauen.« Hiltrud F.: »Ja, dann könnte sie die Schuld an ihrem Desaster nicht generell den Männern zuschieben, sondern müsste sich nach ihrem eigenen Anteil fragen. Aber dieses Thema ist für sie absolut tabu.« Ich: »Mutters Männerhass und Schuldzuweisung ist der Versuch, die Verfehlung der eigenen Lebenschancen nicht mitverantworten zu müssen, und Ihr Misstrauen, Frau F., entspringt unter anderem der Loyalität zu Ihrer Mutter, die Sie nicht enttäuschen und verraten dürfen.«

Der Akt der Hingabe führt nicht selten auch zu einer so genannten Regression. Das ist: die Rückkehr der Person auf eine zurückliegende, längst aufgegebene Reifestufe der eigenen Entwicklung. Im nun folgenden Abschnitt will ich auf dieses Thema eingehen.

b) Die Angst vor der Regression

Regression als Rückgriff auf kindliche Erlebnis- und Verhaltensweisen ist ein sehr bekannter seelischer Mechanismus. Die betreffende Person begibt sich partiell in ihre Kindheit zurück und erlebt Welt und Menschen mit den Augen, mit dem Verstand und dem Herzen eines Kindes. Sie aktiviert unter dem Ansturm von Konflikten oder emotional aufwühlender Nähe ihr Kindheits-Ich und wiederbelebt unter Umständen frühkindliche Modi des Fühlens und Begehrens. Dabei muss aber nicht jede Art von Regression gefürchtet werden. Der eine kann die Regression von Ich-Funktionen auf kindliche Entwicklungsstufen durchaus zulassen (z. B. wenn sich Verliebte in einer Babysprache unterhalten), nicht aber den Rückgriff auf infantile Triebbefriedigungsmuster (z. B. Lutschen an der Brust des Partners, an dessen Finger etc.) oder die Rückkehr zu frühen Triebobjekten (Urin und Kot).

Andere, insbesondere seelisch gesunde, Menschen genießen ihren veränderten Status, geben sich oral-sexuellen Freuden hin, strampeln mit den Beinen, piepsen wie ein Baby oder lassen sich, selber passiv, sexuell bedienen. Vordergründig erscheint der Ausfall der Steuerungsfähigkeit des Ichs als die eigentliche Bedrohung. Die Person hat sich nicht mehr in der Hand, sondern liefert sich Prozessen aus, die über sie hereinbrechen und deren Ausgang ungewiss ist. Bei näherer Analyse dieser Gefahrenmomente lassen sich folgende Ängste aufweisen:

- Die Furcht vor der Rückkehr der »bösen Mutter« in Übertragung auf das gegenwärtige Liebesobjekt!

Für einen Laien sicherlich schwer einfühlbar ist die Tatsache, dass im Verlauf von regressiven Prozessen die machtvollen – im täglichen Lebensablauf aber verdrängten – Erinnerungen an eine als schrecklich erlebte Mutter/Vater wieder auftauchen und mit der Gestalt des Partners verschmelzen können. Der Betreffende erlebt sein Liebesobjekt dann so, als hätte es Züge seiner gefürchteten

Mutter/Vater oder als würde es sich als ein Mensch entpuppen, der genauso grauenvoll ist, wie es seine primäre Bezugsperson einst war. Die Verwandlung eines vorab angstfrei und als sympathisch erlebten Menschen in ein monsterhaftes Wesen passiert nicht selten während eines Beischlafes und der oft damit verbundenen Regression.

– Furcht vor der Stärke und Intensität der (möglicherweise auftretenden) Gefühle

Seelisch beeinträchtigte Menschen kranken häufig an einem Gefühlsstau, ja, ihre Störung kann geradezu darin bestehen, dass sie aus notvoller Leiderfahrung heraus gelernt haben, ihre Emotionen zu unterdrücken (warum sie es mussten, kann ich hier nicht diskutieren). Regressive Prozesse stellen für sie deshalb eine enorme Versuchung dar, ihre bisherige Abwehr zu lockern und die unerlöst gebliebenen Affekte herauszulassen. Aber diese möglicherweise aufbrechenden Gefühlsströme – angesichts eines liebevoll zugewandten Menschen – fürchten sie. Es ist der Ansturm von überwältigenden Affekten mit seinen Tränenfluten oder Verzweiflungsausbrüchen oder Hasstiraden, der den dünnen Belag ihrer zur Schau gestellten Normalität hinwegschmelzen und ihre schambesetzte Andersartigkeit sichtbar machen könnte.

– Angst vor dem Wiederbeleben und Anheimfallen an die Schreckensbilder der Kindheit

Regression bedeutet immer auch die Möglichkeit des erneuten Durchlebens kindlicher Traumata. Die psychoanalytische Therapie macht sich diesen Umstand zunutze, indem sie regressive Prozesse fördert, den Patienten aber möglichst schrittweise und dosiert kindliches Elend wiedererleben lässt, um es zu bearbeiten, zu entschärfen und letztlich zu integrieren. Im »freien Fall« einer durch Nähe provozierten Regression im Rahmen von Liebe und Partnerschaft kann dieses behutsame Auffangen in der Regel nicht geleistet werden. Die betreffende Person erlebt die schmerzvollen Episoden aus ihrer Kindheit in oft heftiger Stärke wieder (z. B. Verlust der Mutter, Elternstreit, Brutalitäten des Vaters, Alleingelassensein, fortdauernde Ungerechtigkeiten, Strafen) und sieht sich mit Schreckensbildern konfrontiert, die sie nicht bewältigen kann. In Erinnerung an alte schmerzhafte Wunden können die Hilflosigkeit von einst, die Depression von einst, der ungestillte Hunger von einst und das grenzenlose Verlassensein von einst wieder lebendig werden.

– Die Angst, dauerhaft »verrückt« zu bleiben

Manche Menschen erleben den unbeabsichtigten Rückfall in frühkindliche Erlebnis- und Verhaltensmuster deshalb als große Gefahr, weil sie befürchten, aus diesem »verrückten« Zustand nicht wieder auftauchen zu können. Sie halten den Prozess für irreversibel und äußern: »Dann kriege ich mich nicht mehr ein! Dann geht was in mir kaputt. Dann hakt was bei mir aus. Dann muss ich in die Klapsmühle!« In der Regel verfügen sie über ein feines Gespür für die tatsächliche Fragilität ihrer Psyche. Sie haben nicht selten auch schon seelische Ausnahmezustände (z. B. Depersonalisation) kennen gelernt und fürchten nichts so sehr wie deren Wiederholung. Die Gefahr, für immer abzudriften und auf einer archaischen Organisationsstufe des Selbst fixiert zu bleiben und damit aus dem Rahmen menschlicher Normalität zu fallen, entsetzt sie. Deshalb meiden sie Nähe.

– Die Angst vor dem Auftauchen unbewussten Materials

Jede Lockerung der Abwehr in einer Regression erhöht die Durchlässigkeit für unbewusstes Material. Was sonst sorgfältig unter Verschluss gehalten wird, kann im Moment des Loslassens auf die Bühne des Bewusstseins vordringen und seinen Träger nachhaltig erschrecken, weil es Scham- und Peinlichkeitsempfindungen auslöst oder Schuldgefühle erweckt. Mitten im schönsten Liebesspiel tauchen beispielsweise Neid- oder Feindseligkeitsregungen gegenüber dem anderen Geschlecht auf. Die näheängstliche Person spürt unvermittelt eine Abwehr gegen jede Form körperlicher Berührung und Ekel vor den Geschlechtsteilen des Partners in dumpfer Erinnerung an ihren sexuellen Missbrauch in der Kindheit. Sadistische Gelüste überfallen sie. Sie möchte der/dem anderen in die Brust beißen, dass es blutet, sie/ihn fesseln und vergewaltigen. Willkürimpulse machen sich gebieterisch breit und verlangen von ihr Dinge zu tun, die sie in den Augen des

Partners diskreditieren (z. B. obszöne, abwertende Worte zu gebrauchen, seine/ihre Uhr aus dem Fenster zu werfen, wie eine Katze zu miauen, das Bild von der Wand zu nehmen und es auf dem Kopf stehend aufzuhängen usw.).
Die Wiederkehr verdrängter Triebregungen verletzt den Betroffenen in seiner Integrität. Er wird deshalb alles tun, um derartige Entgleisungen zu vermeiden. Wir können ergänzend hinzufügen: Das Ausleben kindlicher Verhaltensmuster unter dem Einfluss regressiver Prozesse (z. B. in das Sektglas pinkeln, am Schnuller lutschen, strampeln, wimmern etc.) ist häufig mit dem eigenen Selbstbild nicht vereinbar und gefährdet deshalb die Selbstachtung der Person. Es droht außerdem die Gefahr, in den Augen des Partners lächerlich zu erscheinen oder aufgrund des infantilen Gebarens an Attraktivität und Liebenswertheit zu verlieren.

- Die Angst vor der eigenen Hilflosigkeit und vor der mangelnden Präsenz des Partners

Für manche Menschen bedeutet Regression der Absturz in die Position des bedürftigen Pfleglings. Letzterer ist trost- und hilfsbedürftig und benötigt Schutz und Zuspruch. Wenn er Kummer hat, möchte er gehalten werden. Der Partner sollte sich in solchen Zuständen als der Fels in der Brandung bewähren und genau das Richtige tun: Den anderen auffangen und verlässlich zur Stelle sein, wenn er gebraucht wird. Nähegeschädigte haben in der Regel keine Zuversicht in die Tragfähigkeit einer Beziehung. Sie misstrauen der Präsenz und Hilfsbereitschaft ihres Liebesobjekts und fürchten sich vor der Wiederholung eines Kindheitstraumas: »Ich löse mich auf, und keiner ist da, der mich hält!«
Natürlich geht diese Einstellung auf böse Kindheitserfahrungen zurück. Diese Menschen haben in den frühen Phasen ihrer Entwicklung, als sie noch sehr klein und bedürftig waren, nicht die beruhigende Gegenwart und gefasste Umarmung einer mütterlichen Pflegeperson erleben dürfen, die nötig sind, um Urvertrauen auszubilden. Aus diesem Grund vermeiden sie auch als Erwachsene, in den Sog von Nähe zu kommen und die Situation der Hilfsbedürftigkeit wieder erfahren zu müssen.

– Die Angst vor der eigenen Schwäche

Es gibt Menschen, die das Strömenlassen weicher Gefühle und kindlicher Anlehnungsbedürftigkeit im Kontext von argloser Hingabe gar nicht erst zuwege bringen, weil sie ihre innere Habacht-Stellung nicht aufgeben können. Sie interpretieren Weichheit als Schwäche und Unterlegensein und phantasieren sich einen Partner, der diese Schutzlosigkeit ausnützt und im Moment der Regression über den anderen triumphiert: »Nun habe ich dich endlich dort, wo ich dich schon immer haben wollte – auf den Knien!« Hier wird entweder dem Wohlwollen des Partners grundsätzlich misstraut oder die eigene Feindseligkeit auf ihn projiziert.
»Wer schwach ist, wird kaputtgemacht«, das ist die Logik eines Menschen, der im Dschungel groß geworden ist und für den es in der Manier des Schwarz-Weiß-Denkens nur das Gegensatzpaar »stark–schwach« gibt.

– Die Angst vor der eigenen Abhängigkeit

Regressive Prozesse können befürchtet werden, weil sie dem Betreffenden eine Tür öffnen, die auf ein hoch ambivalent erlebtes Terrain führt. Der Protagonist spürt einerseits dumpf, aber zwingend, wie groß für ihn die Verlockungen der regressiven Position sind: versorgt, umhegt, gehätschelt und liebkost zu werden, bar jeder Verpflichtung und Verantwortung zu sein; unbeschwert in den Tag hineinzuleben unter der warmen Glocke zärtlicher Mütterlichkeit; passiv sein dürfen und an Brüsten hängen, die so viel geben, wie man eben nur möchte. Andererseits fürchtet sich der Betreffende vor dieser Form der Abhängigkeit, weil sie ihn der Willkür und Gnade seines Partners ausliefert. Er bangt um den Verlust seiner Erwachsenenreife und darum, vielleicht nie wieder den Weg in die Selbstständigkeit und Unabhängigkeit zurückzufinden. Sein mächtiges Abhängigkeitsbedürfnis macht ihm zu Recht Angst. Aus diesem Grund wehrt er es erschrocken ab. Das hat natürlich zur Folge, dass er auch allen Nähesituationen aus dem Weg geht, die ihn eventuell in einen regressiven Sog bringen könnten. Für Menschen, die einen langwierigen Lernprozess in Sachen Eigenständigkeit hinter sich haben, ist es besonders wichtig, die gerade erst erworbene und mühsam behauptete Autonomie nicht wieder zu verlieren. Auch sie werden Schwierigkeiten haben, zu regredieren, denn Regression heißt ja immer auch die partielle Aufgabe des Erwachsenseins.

– Die Haltung des Misstrauens

Dem misstrauischen Menschen fehlt der Glaube an die Möglichkeit einer grundsätzlich positiven Einstellung eines anderen ihm gegenüber. Er kann im Grunde seines Herzens nicht an die Existenz von uneigennütziger Liebe glauben. Er misstraut der Beständigkeit einer Beziehung und der Verlässlichkeit von Gefühlen. Und weil er selbst voller Feindseligkeit und Ablehnung steckt – ohne dass ihm das bewusst sein muss –, vermutet er die gleiche emotionale Grundhaltung auch bei anderen Personen. Auf entgegengebrachte Zuneigung fallen tiefe Schatten des Zweifels. Er ist von der Ehrlichkeit dieser Liebesangebote nicht überzeugt, sondern wittert Verrat oder eine böse Absicht dahinter. Er flüchtet sich selber in Zynismus und abwartende Distanz und entwertet das liebevolle Werben eines potenziellen Partners durch schrille Zurückweisungen oder der Zurschaustellung der eigenen Bedürfnislosigkeit (»Ich brauche dieses Abgesabbere nicht!«). Der Vertrauenslose kann Nähe nicht zulassen, weil dann sein sorgfältig getarnter Riesenhunger nach Liebe wie ein Sturzbach hervorbrechen und wieder auf die – durch schreckliche Kindheitserfahrungen immer wieder bestätigte – Ablehnung stoßen würde. Er könnte die tödliche Frustration einer erneuten Enttäuschung nicht überstehen und damit des letzten Restes seiner geheimen Glückshoffnungen verlustig gehen.

c) Die Angst vor der Enthüllung des wahren Selbst

»Je intimer zwei Menschen werden, desto mehr erfahren sie voneinander. Geringer Selbstwert aber führt in diesen Situationen zu Angst. Die Angst, als schwach, unzureichend, zurückweisend etc. erkannt zu werden, steigert das Gefühl von Unterlegenheit und Scham.« (L. Reiter, 1983, S. 93)

Eine Patientin von mir berichtet:
»In der Distanz, zur Zeit des Kennenlernens, kann ich meinem neuen Freund meine Wunsch-Ich-Rolle vorspielen. Kommt es aber

zu einer engeren Beziehung, in der ich mich emotional engagiere, dann bin ich nicht mehr in der Lage, bestimmte Seiten meiner Person zu unterdrücken.« Als ich die Patientin nach ihren abgelehnten Selbstanteilen frage, zählt sie folgende Eigenschaften auf: »Ich leide an Stimmungsschwankungen. Oft bin ich ganz mies drauf und könnte alle Leute zum Mond schießen. Ich bin launenhaft und nörgele an allem rum. Im tiefsten Grunde meines Herzens bin ich böse. Ich überschütte andere gerne mit Klagen über meine Kümmernisse und will, dass sie sich intensiv mit mir beschäftigen. Wenn ich jemanden wirklich mag, dann möchte ich wie ein Magnet an ihm festkleben und ihn nicht mehr loslassen.«

Eben genannte Patientin klagt unter anderem über tiefgreifende Partnerprobleme. Sie gelangt in jeder Beziehung immer dann, wenn es anfängt, intim zu werden, an einen kritischen Punkt. Sie bekommt Angstanfälle, Schlafstörungen und Grübelphasen. Sie muss den Freund entwerten, wird selber unleidlich und denkt an Trennung. Wir finden in der Psychoanalyse heraus, dass sie ein negatives, stark schambesetztes Selbstbild hat und damit verbunden die Befürchtung, ihr Freund könnte sich »schreiend von mir abwenden«, sobald er nur ihren wahren, d. h. durch und durch miesen Charakter erkennen würde.

Ein männlicher Patient von mir lebte mit seiner Freundin in einer Art Kampfbeziehung. Jedes Mal, wenn das Einvernehmen zwischen ihnen länger als zwei Tage anhielt, musste er die harmonische Idylle durch gemeine Provokationen wieder zerstören. Er konnte es nämlich nicht ertragen, dass ihn seine Partnerin mit tief empfundenen Liebesbezeugungen verwöhnte, während er – wie immer – keine echten Liebesgefühle empfinden konnte. Seine schmerzlich erlebte Liebesunfähigkeit machte ihn »verrückt«. Er kam sich seelisch amputiert und wie ein Krüppel vor. Um seinen emotionalen Defekt vor einer möglichen Enthüllung zu schützen, schaffte er immer wieder mit Hilfe von mutwillig inszenierten Krächen Distanz.

Ch. Rohde-Dachser (1979) berichtet in ihrem Buch über das Borderline-Syndrom über einige Autoren, die als Grundangst des Borderline-Patienten »die Angst vor der Enthüllung des wahren Selbst« herausstellen. Diesen Personen sei es stets nur möglich gewesen, ihr wahres Selbst zu schützen und zu bewahren, »indem sie es durch eine falsche Fassade sorgfältig vor der Umwelt verborgen hatten. Mit diesem wahren Teil ihres Selbst fühlten sie sich schutzlos, verwundbar, zerstörbar« (ebd., S. 166).

d) Die Angst vor der eigenen Stör- und Verletzbarkeit

Nähe und die Hoffnung auf den Beginn einer intimen Liebesbeziehung stellen für manche Menschen ein erhebliches Risiko dar. Die nun gewagte und notwendige Offenheit beraubt sie ihres Schutzpanzers, den sie um ihre verletzliche Seele errichtet haben. Plötzlich sind sie ohne schützende Haut, unendlich bedürftig, jedem Windhauch ausgesetzt, von der kleinsten Kritik getroffen, in einem ständigen Aufruhr der Gefühle, zwischen Seligkeiten und abgrundtiefer Angst hin- und hergeworfen. Sobald sie echt verliebt sind und mit ihrem ureigensten Wesenskern kommunizieren, potenziert sich für diesen Personenkreis die Störanfälligkeit. Das Konfliktpotenzial ist erhöht, die Möglichkeit, enttäuscht zu werden, ebenfalls. Ihr Herz schlägt permanent schneller, der Grundumsatz klettert in die Höhe, der Appetit sinkt, sie verlieren an Gewicht und geraten in einen Ausnahmezustand.

Es gibt unter der hier beschriebenen Gruppe der leicht Störbaren allerdings zwei Varianten:

Die einen befürchten, dass ihnen der Partner schadet; die anderen, dass sie dem Partner schaden!

Die einen bangen darum, durch eine nicht optimale Behandlung von Seiten ihres Liebesobjekts in schlimme innere Turbulenzen zu kommen. Die anderen fürchten, sie könnten ihren Partner falsch behandeln, seine Erwartungen nicht erfüllen und so dessen Unwillen erregen.

In beiden Fällen kommen sie selber aus dem seelischen Gleichgewicht.

Erste Gruppe: Nähe macht diese Menschen hyperempfindlich, weil ihre Abwehr nicht mehr funktioniert und sie schutzlos zurückbleiben. Sie sind aber auf besondere Schonung, grenzenlose Einfühlung und darauf angewiesen, dass der Partner genau das tut, was der Struktur ihrer Sehnsüchte entspricht bzw. was ihren besonderen Verletzbarkeiten Rechnung trägt. Wenn sie schon einmal das »Wagnis des Vertrauens« eingehen, muss sich der andere dessen würdig erweisen.

Gruppe zwei: Häufig werden bei diesem Personenkreis innere Erdbeben immer dann ausgelöst, wenn der neue Partner anscheinend verspricht, ihre zentralen Beziehungswünsche zu erfüllen. Dann bekommt er für sie eine riesige Wichtigkeit. Sie wollen das errungene Glück festhalten und die Chance nutzen, mit Hilfe des Liebesobjekts gesund zu werden, lang ersehnte Befriedigung zu finden oder sich zu stabilisieren.

Birgit Q. hat große Angst vor der »überwältigenden Macht der Liebe«. Als sie einen Mann kennen lernte, der mit ihrem inneren Suchbild übereinstimmte, geriet sie total aus dem Häuschen. Für sie war diese Liebe etwas so Kostbares und Verletzliches, dass sie den Atem anhalten musste, um sie nicht zu zerstören. Sie hatte große Angst, durch eine unbedachte Äußerung, eine Unterlassung, eine Geste oder eine Bitte den Zorn ihres Freundes zu erregen und ihn auf diese Weise zu verlieren. Schließlich wusste sie gar nicht mehr, wie sie sich verhalten sollte. Mal gab sie sich devot-anbiedernd, mal erstarrte sie zur Marionette. Am Ende geriet sie in eine solche panische Desorientiertheit, dass sie das Befürchtete selber herstellte: Sie trennte sich von ihrem Freund.

e) Desolate Nähe-Erfahrungen in der Kindheit

Heutzutage weiß schon jeder psychologische Laie, dass ein kleines Kind im Rahmen einer ausreichend guten Bemutterung das von Erikson zuerst beschriebene Urvertrauen aufbauen muss, um später als erwachsener Mensch eine vertrauensvolle Beziehung zu einem Liebespartner eingehen zu können.

Werden dagegen die Bedürfnisse nach Hingabe und Vertrauenwollen schon in frühen Jahren nur mit Angst erlebt, weil sie eine »gefährliche Auslieferung an eine unbeständige, wechselhaft-bedrohliche Mutter, die kein Urvertrauen vermitteln konnte« (S. Elhard, 1974, S. 54), darstellen, so wird der Betreffende später alles tun, um diese gefürchtete Nähe zu vermeiden.

G. Heisterkamp (1993) beschreibt in seinem Buch »Heilsame Berührungen« das Schicksal einer Patientin »zwischen grenzenloser Sehnsucht nach Zärtlichkeit und furchtbarer Angst, in der Verschmelzung umzukommen« (S. 177). Diese Patientin wuchs im Schatten einer »heilig-unantastbaren« Mutter auf, die selber vermutlich unter starker Beziehungsangst litt und jedes Mal erstarrte,

»wenn ihr lebhaftes Kind einen leibhaften Kontakt mit ihr suchte« (ebd., S. 178). Die Patientin erschrickt – als böse Konsequenz dieser Entwicklung – jedes Mal, wenn es zu körperlichen Berührungen kommt. Es ist dies das »Erschrecken, einen geliebten Menschen anzufassen und dann zu erleben, dass er innerlich erstarrt, hart und leblos wird« (ebd., S. 178).
Ich selber hatte eine Patientin, die als ungeliebtes und herumgestoßenes Kind – das häufig Prügel bekam – in einem Kneipenmilieu groß wurde und von angetrunkenen Gästen häufig und gegen ihren Willen »abgeknutscht und befummelt« wurde und daraufhin eine ausgesprochene Berührungsangst ausbildete. Schon wenn sich ein Mensch neben sie auf eine Bank setzte, bekam sie »Zustände« und verspürte den Impuls, die betreffende Person fortzustoßen. Die Möglichkeit zu vertrauensvoller Nähe war ihr gänzlich genommen. Sie hatte das Verlangen nach Zärtlichkeit und Berührtwerden, nach Intimität und Körperkontakt so tief und gründlich verdrängt, dass sie keinerlei Sehnsüchte in dieser Richtung verspürte und das ganze »Gelabere um die Liebe« für ausgemachten Quatsch hielt. Jedes Mal, wenn sie bei einem Begrüßungszeremoniell umarmt und berührt wurde, zuckte ein schmerzhafter Widerwille durch ihren Körper, und ihre Finger spreizten sich in Abwehr. Wen wundert es zu erfahren, dass dieselbe Frau auch im Bereich von Partnerschaft keine Nähe wollte und ertragen konnte.

7.4 Die Entstehungsgeschichte der Nähe-Angst

Wie aus meinen Ausführungen ersichtlich, kann die Angst vor der Nähe das Ergebnis eines direkten Lernprozesses sein, der in der frühen Kindheit stattgefunden hat. Hier haben die betroffenen Kinder mit Nähe-Situationen und mit ihrem eigenen Bedürfnis nach Nähe so schmerzhafte Erfahrungen gemacht, dass ihnen dieser Erlebnisbereich gründlich verleidet wurde. Sie haben außerdem Angstreflexe erworben, die immer dann in Aktion treten, wenn körperliche oder seelische Intimität an sie herangetragen wird.
In anderen Fällen steckt ganz allgemein die Furcht vor Menschen

dahinter, bei deren Näherkommen der Nähe-Ängstliche seine Integrität bedroht fühlt. In der überwiegenden Zahl der Beispiele liegt es an der neurotisch verformten Charakterstruktur der Nähe-Ängstlichen selbst, wenn sie Intimität in einer Beziehung nicht verkraften können, sondern mit Konfliktspannungen, Panik und Distanzierungsmaßnahmen reagieren. Nähe-Angst ist hier keine primäre Störung, sondern eine sekundäre Bildung. Sie erwächst auf dem Boden mannigfaltiger neurotischer und psychotischer Persönlichkeitsstrukturen.

7.5 Der Umgang mit Nähe und die Strategien-sie abzuwehren

Wenn Nähe-Ängste ein bestimmtes Ausmaß nicht überschreiten oder wenn Nähe zumindest für einen begrenzten Zeitraum zugelassen werden kann, dann ist es den betreffenden Menschen durchaus möglich, eine feste Bindung, ja sogar eine Ehe einzugehen. Sie sind dann allerdings gezwungen, ihre stets lauernde Nähe-Angst durch bestimmte Manöver auf einem erträglichen Pegel zu halten. Für den Partner des Nähe-Meiders erwachsen aber aus dem Verhalten seines Liebesobjekts mannigfache Frustrationen. Wenn wir Eheleute über die Verschlossenheit und Sprödigkeit, die mangelnde Zärtlichkeitsbereitschaft und Abschottungstendenz ihrer »besseren Hälfte« klagen hören, sollten wir immer auch an das Vorliegen einer gestörten Nähe-Distanz-Balance denken.
Ich möchte mich jetzt den – oft nicht bewusst reflektierten – Taktiken zuwenden, die Menschen benutzen, um sich ihren Partner vom Leibe zu halten:

7.5.1 Die Berührungsflächen einschränken, Kontakte zeitlich begrenzen

Wenn sich zwei Individuen selten sehen und begegnen, können sie in der Regel auch keine große Vertrautheit entwickeln. Der Nähe-Ängstliche wird versuchen, das echte Zusammensein mit seinem

Liebesobjekt möglichst zu reduzieren: Er wird in einem eigenen Zimmer und nicht in einem gemeinsamen Ehebett schlafen; er wird abends lange lesen und erst dann zu Bett gehen, wenn sein wartender Partner endlich eingeschlafen ist; er wird seine Tage so mit Arbeit ausfüllen und ein so begehrter Chef oder Mitarbeiter sein, dass er 12 bis 14 Stunden täglich außer Haus sein muss; er wird Zweisamkeit vermeiden und sich eine dritte Person in Gestalt der besten Freundin, der eigenen Mutter oder Nachbarin in die eheliche Wohnung holen; er wird seine Kinder um sich scharen und sie als Puffer zwischen sich und dem anderen missbrauchen; er wird alleine ausgehen oder viele Aktivitäten mit seiner Clique oder seinem Verein unternehmen. Er wird viel fernsehen und darauf bestehen, im Moment gerade nicht gestört werden zu dürfen! Kurz, der Fantasie, Mittel und Wege zu ersinnen, um auf Abstand zu gehen, sind keine Grenzen gesetzt.

7.5.2 Dinge vermeiden, die Nähe herstellen könnten

Zu Beginn dieses Kapitels hatte ich bestimmte Verhaltensweisen aufgezählt, die dazu angetan sind, zwei Individuen einander näher zu bringen und Intimität entstehen zu lassen. Der Nähe-Ängstliche wird um die vertrauensbildende Kraft dieser Gesten und Umgangsformen wissen und sie deshalb tunlichst vermeiden. Er wird wenig Gefühl zeigen und verschlossen sein, nicht über seine Kümmernisse und Probleme reden, sich nicht helfen lassen, romantische Situationen (z. B. Essen bei Kerzenschein) meiden, Körperkontakte einschränken, keine Schwächen zeigen, Kräche nicht konstruktiv lösen, sondern unerledigt stehen lassen; mit Zärtlichkeiten geizen; meist anderer Meinung sein; wenig Wertschätzung äußern und die eigene Autarkie betonen (»Ich komme alleine gut zurecht!«). Auf diese Weise bringt er es fertig, über weite Strecken zwischen sich und seinem Partner eine gewisse Distanz aufrechtzuerhalten und die gefürchtete Nähe abzuwehren.

7.5.3 Dinge tun, die Distanz schaffen

Das klassische Mittel, um aufkommende Nähe wieder zunichte zu machen, ist der Streit. Aggressive Äußerungen und Attacken jeglicher Couleur eignen sich hervorragend dazu, den anderen zurückzustoßen und den gewünschten Abstand wiederherzustellen. Manche nähe-ängstlichen Personen sind geradezu Meister in der Kunst, die Gefühle ihres Partners zu verletzen und dessen gute Stimmung zu verderben. Sie verstehen es, ihn vorsätzlich zu enttäuschen und auflaufen zu lassen und ihm gerade nicht seine Wünsche zu erfüllen, wenn er darum bittet. Auch die Angewohnheit, alle seine Lebensäußerungen mit dem Mehltau gereizter Nörgelei zu überziehen, kann ein Klima unfreundlicher Distanz entstehen lassen.

Eine sehr beliebte Strategie, Ablehnung zu signalisieren, ist der schmollende Rückzug. Der Eingeschnappte bringt es fertig, tage-, ja wochenlang nicht mehr mit seinem Partner zu reden und ihm seine beleidigte Kälte entgegenzuschleudern. Große Popularität genießt im Zusammenhang mit unserem Thema die sexuelle Verweigerung. Mit dieser Verhaltensweise wird zweierlei erreicht: 1. Die durch Sex möglicherweise entstehende Nähe wird vermieden, 2. der Partner wird verärgert und tritt nun seinerseits ein Rückzugsverhalten an, welches dem Initiator der ganzen Aktion aber nur recht ist. Nun muss nicht er Distanz schaffen, der andere tut es für ihn.

7.5.4 Ausflüchte gebrauchen

Es gibt eine ganze Menge gut getarnter Möglichkeiten, sein Liebesobjekt auf Abstand zu halten. Die Frau, die immer dann Migräne bekommt, wenn Sex angesagt ist, gehört ja bereits zum Repertoire des Witzblattes. Körperliche Erschöpfung ist ebenfalls eine hervorragende Ausrede. Er oder sie sind von des Tagesmühen so ausgelaugt, dass sie keine Kraft mehr haben, sich auf den anderen einzustellen, geschweige denn Intimitäten auszutauschen. Wenn Ottokar seine Ehefrau Pia spontan umarmen oder küssen will, beginnt diese nervös zu strampeln: da gerade das Essen anbrennt; sie sich die Haare frisieren will; sie sonst den nächsten Bus verpasst; sie noch die Betten machen muss; gerade beim Bügeln ist; die neue Fernsehfolge sehen möchte usw. ...! Sie findet fast immer eine Ausrede und den Vorwand, etwas anderes in diesem Moment für wichtiger zu halten.

Vorwurfsvoll geäußerte Unzufriedenheit über die Unterlassungen und mangelnden Qualitäten des Partners in seiner Funktion als Liebhaber, Mensch oder Familienmitglied kann ebenfalls als Ausflucht vor intimer Zweisamkeit benutzt werden. Motto: »Wenn du liebevoller, aufmerksamer, verständiger, pflichtbewusster wärst, besser verdienen würdest, gepflegter wärst, dir mehr Mühe geben würdest, die Reparaturen im Haus gemacht, dich um eine bessere Stellung gekümmert, dich mehr um die Kinder bemüht hättest; ja, dann wäre ich auch zärtlicher und leidenschaftlicher zu dir!« Das Verstecken hinter Vorwürfen ist eine affektive Abwehr des Partners. Es macht ihm Schuldgefühle und stellt die wahre Situation auf den Kopf: Der Übeltäter tritt als der Geschädigte auf. Da auch keine Aussicht besteht, dass sich der Beschuldigte in seinem Verhalten ändert, hat der Nähe-Ängstliche eine Dauerausrede für seine abwehrende Haltung parat und stellt sich obendrein als der Bedauernswürdige hin.

Eine andere Masche besteht darin, die widrigen Umstände für das eigene spröde Verhalten verantwortlich zu machen. Der Nähe-Meider versucht dann seinem Liebesobjekt begreiflich zu machen, dass er ja ganz anders wäre, wenn sich nur die Lebensbedingungen änderten. Motto: »Solange wir noch bei deiner Mutter wohnen; solange wir noch nicht verheiratet sind; solange wir noch keine Kinder haben; solange ich meine berufliche Ausbildung noch nicht abgeschlossen habe; solange deine geschiedene Frau noch in unserer näheren Umgebung wohnt – ja, so lange fühle ich mich unglücklich und kann keine wirkliche Nähe zu dir herstellen!«

Der Leser ahnt natürlich sofort, dass die gewünschte Veränderung, würde sie eintreten, das Problem nicht löst. Der Protagonist ist aus inneren Gründen nicht in der Lage, Nähe zu ertragen, gesteht sich selber dieses Defizit aber nicht ein, sondern macht äußere Gegebenheiten für die unbefriedigende Beziehung verantwortlich.

7.5.5 Nähe auf Raten

Wir lernen jetzt eine letzte Gruppe strategischer Umgangsformen mit gefürchteter Nähe kennen. Ich will an dieser Stelle drei Varianten aufführen:

a) Allein wohnender Single mit fester Beziehung

Er kann das Ausmaß an zuträglicher Nähe hervorragend dosieren und sich immer dann in die eigenen vier Wände zurückziehen, wenn ihm danach ist. Auf diese Weise kann eine Beziehung über viele Jahre relativ konfliktfrei funktionieren, wenn auch der andere mit dieser Lebensform einverstanden ist und mit ihm konform geht.

b) Die Dreiecksbeziehung

Die am häufigsten auftretende Form einer Dreiecksbeziehung ist die, dass ein verheirateter Mann (oft mit Familie) eine Geliebte hat. Für beide kann dieses Arrangement der Abwehr von wirklicher Nähe dienen und deshalb zu beider Zufriedenheit funktionieren. Der untreue Ehemann geht gegenüber seiner Gattin auf Distanz, vermeidet Intimität und schaltet damit die erste Gefahrenquelle aus. Er kann das tun, weil er sein eingeschränktes Nähebedürfnis bei seiner Geliebten absättigt und nun nicht mehr auf seine Frau emotional angewiesen ist. Da er seine Freundin nur einmal wöchentlich sieht, und das in der Regel für eine knapp bemessene Zeit (einige Stunden, einen Tag, ein Wochenende), kann auch hier keine gefahrbringende Nähe entstehen, sondern nur punktuelle Intimität. Wenn seine Geliebte ebenfalls unter Nähe-Problemen leidet, wird ihr die Kürze der Begegnungen nur recht sein, auch wenn sie verbal etwas anderes verlauten lässt und sich sogar als Ehefrau des Geliebten fantasiert, ihr jetziges Los beklagend. Es muss aber ausdrücklich vermerkt werden, dass nur manche, bei weitem nicht alle Dreiecksbeziehungen nach diesem Muster gebaut sind.

c) Emotionale Wechselbäder

Wir kennen eine Paarkonstellation, bei der sich ein großes emotionales Angebot von Seiten eines Partners mit dessen emotionalem Rückzug in relativ schneller Folge abwechselt. Wenn der Protagonist aber auf sein Liebesobjekt bezogen ist, besticht er durch seine liebenswürdig-charmante Art. Er äußert Wertschätzung, gibt Liebeserklärungen ab, ist zärtlich und zu Sex aufgelegt. Er schafft durch seine warme Zugewandtheit und durch seinen Enthusiasmus eine wahre Flitterwochenstimmung und weckt im anderen Erwartungen auf ungetrübte Partnerwonnen. Einen Tag später oder beim nächsten Zusammentreffen erscheint er aber wie verwandelt, geradezu ein anderer Mensch. Er hat schlechte Laune, alles Strahlen ist weg, er gibt sich verschlossen, kühl und unnahbar. Er wirkt wie ausgewechselt. Die Wahrheit von gestern (ich liebe dich) ist heute nicht mehr gültig. Der betroffene Partner ist total irritiert und weiß nicht, woran er ist. Er muss die Liebesschwüre des anderen erschrocken in Frage stellen und schwankt nun zwischen der Hoffnung auf Wiederkehr der alten Innigkeit und schmerzender Skepsis. Auf Dauer muss er sich vor diesen Wechselbädern der Gefühle schützen, weil das Auf und Ab von Liebesglück und Liebesleid zutiefst beunruhigt und quält. Er tut dies, indem er versucht, gegenüber seinem Wunsch zu lieben und geliebt zu werden, gleichgültiger zu werden. Er nimmt seine Gefühle zurück und reduziert die Wichtigkeit des anderen für sein Lebensglück. Die Beziehung verflacht oder geht gar auseinander.

d) Die Leidenschaft für aussichtslose Fälle

Es gibt einen einzigartigen und sehr bemerkenswerten Weg, um Nähesituation zu meiden oder nur auf Augenblicke oder Stunden, manchmal auch Tage zu begrenzen. Der betreffende Mensch erwählt sich einen Partner, den er gar nicht oder nicht wirklich bekommen kann. Statt dessen malt er sich in der Fantasie die schönsten Liebesszenen und das innigste Liebesglück mit diesem unerreichbaren Menschen aus, ohne den Test durch die Realität je antreten zu müssen. Da dieses Beziehungsmuster manchmal ganze Lebensläufe bestimmt, widme ich ihm das letzte Kapitel in diesem Buch.

8. Kapitel

Die Leidenschaft für aussichtslose Fälle

Gelegentlich können wir in der Zeitung lesen, dass sich eine Frau in einen Mörder verliebt hat, den sie vor seiner Tat noch nicht kannte. In der Regel bezog sie alle Informationen über ihn aus Zeitungen und Illustrierten. Sie begann eine Korrespondenz mit dem Mörder, besuchte ihn und fing ein Verhältnis an. Die Eheschließung findet dann im Gefängnis statt, wo der Täter eine lebenslange Haftstrafe abzubüßen hat. Viel wird die neugebackene Ehefrau von ihrem Gatten nicht haben. Es sei denn, wir unterstellen ihr, dass es die »Hoffnung auf ein irgendwann stattfindendes Beziehungsglück« ist, die sie in erster Linie nährt und die Entbehrungen ertragen lässt.

Ich will in diesem Kapitel von der unerfüllten Liebe sprechen: Von all jenen Fällen, in denen sich eine Person ein widerspenstiges Liebesobjekt ausguckt und mit allen ihr zur Verfügung stehenden Mitteln versucht, seine dauerhafte Zuneigung zu gewinnen. Sowohl in der Welt- und Trivialliteratur als auch auf der Couch des Analytikers wimmelt es von Menschen, die in eine unglückliche Liebe verstrickt sind und gerade an jener Stelle nach liebevoller Bezogenheit hungern, an der so wenig Seelennahrung zu finden ist. Ich möchte außerdem eine kleine Typologie jener Individuen aufstellen, deren Beziehungsbereitschaft – in den vorliegenden Fällen – auffallend reduziert ist, ohne aber auf ihre spezielle Charakterologie einzugehen. Ich will lediglich ihr abweisendes Verhalten in seinen typischen Variationen schildern, so wie es mir aus den Mitteilungen der darunter Leidenden bekannt geworden ist.

8.1 Das Verhalten der schwer erreichbaren Persönlichkeit

Ich beschreibe jetzt also nicht den Menschen, der nach dem »unerreichbaren Partner« strebt, sondern jene Typen, die von ihrer Charakterstruktur und von ihrem Verhalten her gesehen bevorzugt als unerreichbar wahrgenommen werden. Männer oder Frauen, die nicht oder nur sehr schwer »zu haben sind«, zeichnen sich nämlich durch bestimmte Persönlichkeitseigenschaften aus, die ihre »Unnahbarkeit« begründen. Hier nun ihre spezielle Eigenart:

a) Ich nenne als ersten den uninteressierten, scheinbar unbedürftigen Typ, der jegliche Werbung vermissen lässt und der dem Zustandekommen einer Beziehung relativ gleichgültig gegenübersteht.
   Eine Frau berichtet: »Wenn zwischen mir und Hubert etwas laufen soll, dann muss ich Vorgaben machen, um meinen Freund werben, mein Interesse an ihm bekunden und ihm regelrecht hinterherlaufen. Er dagegen stellt ständig seine Unabhängigkeit zur Schau, indem er demonstriert, wie wenig er auf mich angewiesen ist. Er kommt zu Verabredungen zwei bis drei Stunden später. Er will mich nicht so oft sehen, wie ich es möchte. Er trifft von seiner Seite nie eine Verabredung mit mir. Immer muss ich fragen: ›Und wann sehen wir uns wieder?‹ Er bringt mir keine Blümchen mit und sagt auch nicht, dass er mich mag. Ich kann nicht erkennen, ob er mich liebt. Wenn ich mich über seine Indifferenz beschwere, dann gibt er lakonisch zur Antwort: ‚Wir sind doch nicht im Kintop!‘«

b) In die hier zu besprechende Kategorie gehört zweitens der »anderweitig Gebundene«.
   Er/Sie kann verlobt, verheiratet oder versprochen sein, bereits eine/n Freund/Freundin haben oder sich immer noch für die »große Liebe« aufsparen, die durch den augenblicklichen potenziellen Partner nicht verkörpert wird.
   Über die Liebe der jungen, ledigen Frau zu einem älteren, beruflich oft erfolgreichen und überhaupt respektablen, aber leider verheirateten Mann – der immer vorgibt, sich bald scheiden zu

lassen, es dann aber doch nicht tut – gibt es unzählige Abhandlungen in den Medien. Der »Geliebte« ist im öffentlichen Bewusstsein ein Begriff. Sie sitzt an den Wochenenden und zu den Feiertagen alleine da und beklagt tränenreich ihr Schicksal. Wenn sie diesen Zirkus länger als zwei bis drei Jahre mitmacht, wird ihr Verhalten (neurosenpsychologisch) erklärungsbedürftig.

c) Der *abweisende* Partner stellt eine weitere Variante in der Palette unseres Themas dar. Er benimmt sich einen »Zacken schärfer«, d. h. schroffer und unliebenswürdiger als der so genannte Desinteressierte. Er gibt sich weniger passiv-abwartend als vielmehr aktiv-abweisend. Er entwertet das um ihn werbende Liebesobjekt, treibt seine Scherze mit ihm, macht es in der Öffentlichkeit lächerlich, schmettert ihm seine Ablehnung manchmal offen ins Gesicht, weist seine Geschenke zurück, ja wird unter Umständen aggressiv und handgreiflich. Er »prügelt« sein Opfer in die Flucht und kann erleben, dass es um Verzeihung bittend wieder angekrochen kommt. So machohaft und rabiat er sich auch verhält, der andere gibt die Beziehung nicht auf.

d) Ich nenne als vierten Typ den *bindungsscheuen* Menschen, der sich zwar auf eine Beziehung einlässt, aber vor jeglicher Verbindlichkeit zurückschreckt. Er hält den anderen hin, vertröstet ihn, ist »noch nicht so weit«, will erst noch Erfahrungen sammeln, das Leben kennen lernen und zerstört durch seinen Zickzackkurs und seine Zaudermentalität jegliches Beziehungsgefühl bei seinem »unglücklichen« Partner. Der andere kann kein Bewusstsein von der Dauerhaftigkeit der Beziehung aufbauen und auch nicht die Gewissheit der Verbundenheit mit dem Liebesobjekt entwickeln.

e) Ein in der Fachliteratur häufig beschriebener Charakter ist die *distanzierte* Persönlichkeit, die wenig bis gar keine affektive Resonanz zeigt, gefühlskalt wirkt und als ausgesprochener Intimitätsmeider gilt. Ihr ausbleibendes Echo im menschlichen Kontakt und ein kaum vorhandener Sympathiefluss lassen ihren Partner manchmal schier verzweifeln. Sie besitzt eine erhöhte Kündigungsbereitschaft in puncto Beziehung und neigt zu gekränktem Rückzug.

f) Zum Schluss wollen wir noch an jene Individuen erinnern, die im wahrsten Sinne des Wortes schwer oder fast gar nicht erreichbar sind, weil räumliche, institutionelle oder moralische Schranken die Liebenden voneinander trennen. Ich denke da z. B. an den eingangs erwähnten lebenslänglich einsitzenden Mörder oder den Geliebten, der in Südamerika lebt und nur alle paar Jahre eine kurze Stippvisite in Europa machen kann. Es gibt die aussichtslose Liebe zu einem Idol, einem Gesangsstar oder berühmten Schauspieler, dem die verliebte Person überall hinterherreist, wo sie oder er gerade auftritt. Es gibt Fernlieben und das Nachtrauern um eine verflossene Liebe, die man nie wird vergessen können. Manchmal bleibt eine Person für Jahre oder Jahrzehnte an ein Liebesobjekt fixiert (Lehrer, Nachbar, Kollege/in, Pfarrer etc.), das gar nichts von seinem »Glück« ahnt oder sich allenfalls über ein gelegentlich merkwürdiges Benehmen des Betreffenden wundert.

8.2 Der Entfernungsgradient

Wenn wir uns die eben besprochenen fiktiven Paare anschauen, so fällt die jeweils unterschiedliche Distanz zwischen der unwilligen und der werbenden Person auf. Manche der geschilderten Konstellationen werfen bescheidene Befriedigungsmomente ab, andere bieten mehr Entbehrung als Sättigung, und wieder andere lassen fast jegliche Erfüllung durch den leibhaftigen Partner vermissen. Die Größe des Entfernungsgradienten (Maß des Abstandes zum Partner) ist meiner Meinung nach ein Maßstab für die Größe der jeweils vorhandenen seelischen Störung. Die Geliebte, die mit einem verheirateten Mann in aller Heimlichkeit ein Doppelleben führt, ist weniger emotional beeinträchtigt als jene Frau, die sich den lebenslang einsitzenden Mörder zum Ehegatten gewählt hat. Je weiter das Liebesobjekt als konkret fassbare Person von seinem Verehrer/seiner Verehrerin entfernt lebt, desto geringer sind die realen Befriedigungsmöglichkeiten, die aus dieser »Liebesbeziehung« geschöpft werden können. Wir werden nachher gleich erfahren, warum sich Menschen auf eine derartige Situation überhaupt einlassen.

8.3 Die Aussagen der Betroffenen

Um dem Leser ein anschauliches Bild von der Gefühlssituation der »unglücklich Liebenden« zu vermitteln, will ich in unsystematischer Aufzählung wiedergeben, wie sie selber ihre eigenen Liebesbedingungen formulieren:

- »Frauen, die mir lieb und hingebungsvoll entgegenkommen, mag ich nicht. Ich frage mich dann: ›Was veranlasst sie, mir so viele Vorleistungen zu erbringen?‹ Später präsentieren sie mir die Rechnung. Ich halte mich lieber an die Widerborstigen.«
- »Mein Freund ist unzuverlässig, launisch und lässt mich oft links liegen. Er bleibt nächtelang weg und stößt mich manchmal aggressiv von sich. Ich weiß nicht, woran ich bei ihm bin. Aber irgendwie gefällt mir gerade das.«
- »Abweisende Männer faszinieren mich besonders. Gerade, wenn ich das Erwünschte nicht bekomme, stehe ich total unter Strom. Männer, die meine Wünsche erfüllen, langweilen mich, da gibt es keine Spannung.«
- »Mich reizen Frauen, für die ich nicht reizvoll bin, Frauen, die mir signalisieren: Ich liebe dich nicht und will mich auch nicht binden!«
- »Ich mag die vorsichtigen, die zweifelnden Männer, die mir gegenüber erst einmal auf Abstand gehen.«
- »Ich bevorzuge die unerreichbaren Männer, die eine Frau nicht anbaggern oder mit ihren sexuellen Wünschen überfallen. Es sind Typen, wo ich hinterher muss, wenn ich etwas kriegen will.«
- »Ein Mann muss so tun, als bedeute ich ihm nichts, und den Rückzug antreten, nachdem er mir zuvor ein Stück Sympathie entgegengebracht hat. Ab sofort beschäftigt er mich; ab sofort hechele ich hinterher. An Männern, die mir ihre Liebe gestehen und die mich verwöhnen wollen, habe ich kein Interesse. Ich brauche die Unsicherheit. Am besten funktioniert es, wenn sie mir gestehen, dass sie schon eine Freundin haben.«
- »Nur, wenn meine Beziehung zu einer Frau ständig in ihrem Bestand gefährdet ist, erlebe ich intensive Gefühle. Das richtige Glück ist immer von seinem möglichen Ende bedroht. Sobald

eine Beziehung etabliert ist und sicher erscheint, wird sie langweilig, und meine Zuneigung erlischt.«

- »Ich kann nur den abwesenden Mann richtig begehren und mir das Zusammensein mit ihm schön vorstellen. Die banale Realität eines gemeinsamen Lebens zerstört jede Liebe.«
- »Ich suche Männer, die mich verschmähen, die sich mir entziehen, die nebenbei eine andere haben und die mich quälen und leiden lassen.«
- »Ich kann offenbar nur eine unerreichbare Frau lieben. Meine Freundin war verheiratet. Unsere Beziehung war eine Kette von Trennungen und Wiederannäherungen. Aber die ganzen Jahre war ich auf der vollen Höhe einer wunderbaren Verliebtheit.«

8.4 Was haben sie davon?

Um es noch einmal zu betonen: In diesem Kapitel geht es nicht um den widerspenstigen, häufig unerreichbaren Partner und dessen Charakter-Pathologie, sondern um diejenigen Menschen, die sich das untaugliche Liebesobjekt aussuchen. Zugegeben, es gibt auch schicksalhaft bedingte, nicht-gewollte Paarkonstellationen, die in die eben genannte Richtung abdriften. Es gibt Irrtümer, aber auch den schwer durchschaubaren Partner, der sich erst allmählich als ein Näheflüchter oder Bindungsscheuer entpuppt. Nicht, dass jemand an ein unerreichbares Liebesobjekt gerät, ist neurotisch, sondern dass er über Jahre oder Jahrzehnte bei ihm ausharrt, ist es. Ein halbwegs gesunder Mensch lässt sich nicht auf unabsehbare Zeit hinhalten. Er hat von diesem Theater bald die Nase voll und lässt die uneinnehmbare Festung unerobert, wenn auch unter Schmerzen. Aber ganz so leicht lässt sich das Festhalten am untauglichen Objekt nicht abtun. Hier kommen auch allgemein-psychologische Gesetzmäßigkeiten aus der Lern- und Bedürfnispsychologie zum Tragen. Ich will einige aufzählen:

- Was schwer zu bekommen ist, erscheint besonders kostbar und deshalb erstrebenswert. Dem knappen Gut, der Mangelware, jagen die Menschen mit besonderer Leidenschaft hinterher. Was uns dagegen mühelos in den Schoß fällt, besitzt oft keinen großen Wert.

- Die Frustration von Triebwünschen verstärkt ihre Intensität. Aus der Tierpsychologie wissen wir, dass viele Paarungsrituale überhaupt erst in Gang kommen oder vollziehbar sind, wenn sich das Weibchen erst einmal sträubt oder davonläuft. Eine erotisch lockende, aber sich geschickt entziehende Frau kann einen Mann in Liebesraserei versetzen.
- Die vergleichsweise sparsamen oder nur kurz befristeten Zusammenkünfte mit einem Liebesobjekt oder der Austausch mit ihm nur per Brief oder Telefon verhindert eine Realitätsprüfung. Die Beziehung muss sich nicht in der Wirklichkeit des Alltags bewähren und kann auf diese Weise unbekümmert weiter idealisiert werden. Das festigt die bestehende Verbindung.
- Gelegentliche Belohnungen in Form von Nettigkeiten oder Sex, eingestreut in eine Kette von bösen Frustrationen, gehorchen dem Gesetz von der »intermittierenden Verstärkung«. Aus der Lernpsychologie wissen wir, dass ein Verhalten besonders verstärkt wird, wenn es oft frustriert, aber gelegentlich auch belohnt wird. Das lehrt uns z. B. das Auftreten bettelnder Kinder. Es sind dies in der Regel Jungen oder Mädchen, die die Erfahrung gemacht haben, dass man ihre Bitten erst einmal ablehnt. Aber damit hat es nicht sein Bewenden. Eine zweite, viel wirksamere Erfahrung hat sie darüber belehrt, dass sie doch zum Ziel kommen, wenn sie lange genug ihre karge Mutter (Vater) bestürmen und so lange »nerven«, bis sie endlich nachgibt und den Wunsch erfüllt. Gelegentlich wird ihre Ausdauer doch belohnt. Die psychische Situation zwischen einem Uninteressierten und einem heftig werbenden Partner ist von ihrer Struktur her gesehen wie die eben beschriebene.
- Streifkontakte, Fernlieben oder nur gelegentliche Treffen mit dem ersehnten Partner bringen es mit sich, dass sich die Akteure dieses auf Sparflamme abspielenden Dramas nicht wirklich kennen lernen. Das Bild vom anderen kann nicht durch echte und häufige Begegnungen aufgebaut und korrigiert werden. Das erlaubt es dem Protagonisten, sein Wunschbild vom Traumpartner, unangefochten vom Mahlstrom der Zeit, aufrechtzuerhalten und

nach Lust und Laune zu kultivieren. Eine Enttäuschung bleibt aus.

- Ein Ziel wird umso wichtiger, je mehr Energie in dessen Erreichung investiert wurde. Wenn sich eine Person also jahrelang um die verlässliche Gunst einer anderen bemüht, ihr ganzes Sinnen und Trachten auf sie gerichtet, Niederlagen, Kränkungen und schmerzvolle Verzichte auf sich genommen und tränenreiche Nächte zwischen Bangen und Hoffen zugebracht hat, dann ist sie eben nicht so schnell bereit, ihre gesamte Mühewaltung für »umsonst« zu erklären.
- Unerwünschte oder wenig gemochte Kinder schützen sich vor der niederschmetternden Erkenntnis des Ungeliebtseins von Seiten der Eltern durch eine Art Wundergläubigkeit. Sie erfinden die These: »Rauhe Schale – weicher Kern!« Das bedeutet: »Die Wahrheit ist nicht das, was ich sehe und erfahre, sondern das, was mir verborgen bleibt. Lieblosigkeit ist nur Tarnung. Hinter der Fassade aus emotionaler Kälte und Desinteresse verbirgt sich ein warmes Herz, das mir zugetan ist, aber seine Liebe um alles in der Welt nicht kundgeben darf und kann. Aber eines Tages wird die harte Schale aufbrechen und abfallen, und unter Treue- und Liebesschwüren wird mein jetziger Partner (als Nachfolger meiner kalten Mutter oder als Mutter-Substitut) um Verzeihung bitten für all das, was er mir an Schrecklichkeiten zugemutet hat. Und dann leben wir glücklich bis an unser Ende.«

Wenn wir uns die »unglücklich« Liebenden anschauen, dann fällt auf, dass es unter ihnen zwei Gruppen gibt: Da sind einmal diejenigen, die ihren schwer oder nicht erreichbaren Partner wirklich wollen. Sie möchten ihn für sich gewinnen, ihn heiraten oder auch nur erobern oder mit ihm leben. Sosehr sie das strapaziöse Vorspiel auch begeistert und sosehr sie es als unabdingbare Voraussetzung brauchen, am Schluss der Plackerei wünschen sie sich ein Happyend. Das ersehnte Liebesobjekt soll in Besitz genommen werden. Die zweite Gruppe – zahlenmäßig bei weitem die größere – hat die unbewusste Absicht, die vorgefundene Distanz zu ihrem nichterreichbaren Liebesobjekt für immer so zu belassen. Sie wollen nicht, dass sich an der Situation etwas ändert. Natürlich können und würden sie das nicht offen zugeben und aussprechen. Und zwar deshalb nicht, weil ihr Wachbewusstsein meistens vom gegenteiligen Wunsch überzeugt ist. Sie erträumen sich ja ein inniges Beziehungsglück mit dem Objekt ihrer Begierde und bevölkern ihre Tagesfantasien manchmal mit den sentimentalsten Bildern (weiße Hochzeit, Kindersegen, heile Familie). Sie können angesichts dieser Vorstellungen eben nicht das Eingeständnis machen, zu einer normalen Partnerschaft seelisch gar nicht in der Lage zu sein. Und in der Tat: Die Wahl eines widerspenstigen, letztlich unerreichbaren Partners ist eine psychische Schutzmaßnahme und eine Kompromissbildung zugleich. Ich werde aufzeigen, aus welchen Gründen eben genannter Personenkreis zu einer dauerhaften Beziehungsaufnahme nicht fähig ist. Weil dem so ist, begnügen sie sich mit dem gerade noch Machbaren: einer verdünnten, bruchstückhaften, manchmal nur in der Fantasie existierenden Liebschaft.

Die Frage nach der Funktion dieser unbefriedigenden Verbindung führt uns zu der Frage nach ihren Ursachen. Ich werde jetzt versuchen, die seelischen Hintergründe für dieses ungewöhnliche Verhalten aufzuzeigen.

8.5 Die Wahl des nicht-erreichbaren Partners und ihre verborgenen Motive

8.5.1 Die erste Gruppe: Die Verhinderten

Hier geht es um all jene Kandidaten, die die scheinbar uneinnehmbare »Festung Liebesobjekt« stürmen und erobern möchten und die dann mit dem »besiegten« und zum Positiven veränderten Partner in der Regel eine auf Dauer angelegte Beziehung anstreben.

a) Libidinöse Fixierung an ein frühes Liebesobjekt

Hier wird ein Partner gesucht, der einem geliebten Menschen aus der eigenen frühen Vergangenheit in Aussehen und Temperament sehr ähnlich ist. Der Auserwählte soll ein Abklatsch eben dieser Person sein; einer Person, die man sehr begehrt hat, aber nie bekommen konnte. Nun, da der Betreffende erwachsen ist, möchte er das damals nicht lebbare Beziehungsglück mit einer Stellvertreterfigur realisieren. Das traurige Moment an dieser Partnerwahl aber ist, dass der Betreffende die geliebte Gestalt aus der Kindheit als eine unerreichbare erlebt hat. Die Eigenschaft der Unerreichbarkeit gehört nun zu seiner unverzichtbaren Liebesbedingung. Ohne dieses Attribut hat der andere eben nicht den schimmernden Glanz, die Attraktivität und die alle Sehnsüchte anfachende Ausstrahlung des ursprünglichen Objektes. Er sucht sich deshalb einen Partner, der in seinen Gefühlsäußerungen und in seinem emotionalen Angebot oft sehr sparsam ist und eben nicht das ersehnte Füllhorn über ihm ausschüttet.

Fallbeispiel: Ewald Z. wuchs bei seinen gefühlsmäßig recht kargen Großeltern auf, die wenig Körperkontakt mit dem Jungen hatten. Er hatte eine junge und sehr hübsche Lieblingstante, die fast täglich die großelterliche Familie besuchte und bei dieser Gelegenheit mit ihrem Neffen spielte und sprach. Sie wurde seine Vertraute und der angeschwärmte Mittelpunkt seines sonst so zärtlichkeitsarmen Lebens. Die beiden pflegten einen recht »intimen« Umgang miteinander, erzählten sich ihre Geheimnisse, ohne dass es jemals zu körperlichen Berührungen kam. Manchmal brachte die attraktive junge Tante ihren Neffen abends ins Bett und las ihm eine Geschichte vor. Zwei- oder dreimal kam es vor, dass sie ihm einen Gutenachtkuss gab. Ewald hütete diese seltenen Küsse als seinen kostbarsten Erinnerungsschatz. Sie waren für ihn der Inbegriff einer glücksverheißenden großen Liebe. In der Pubertät schmachtete er seine Tante regelrecht an, ohne ihr aber seine Liebe zu gestehen. Seine Tante wurde für ihn zum strahlenden Vorbild für alle zukünftigen potenziellen Partnerinnen. Er suchte sich als Erwachsener eine Freundin, die ihn erotisch/sexuell auf Abstand hielt – genau wie seine Tante – und die er nun – ohne Erfolg – in eine leidenschaftliche Geliebte zu verwandeln trachtete.

Zu der hier angesprochenen Gruppe gehören also alle diejenigen Menschen, die an ihre große, unerfüllt gebliebene Liebe aus der Kindheit fixiert sind (Kinderfrau, Lehrer/Lehrerin, Bruder oder Schwester, Cousin oder Cousine, Nachbarn usw.) und im Erwachsenenalter nach einer Traumgestalt Ausschau halten, die ihrer (oder ihrem) Angebeteten gleicht. Solange sich ihnen die endlich gefundene und nun heftig begehrte Person entzieht oder sie auf Distanz hält, bleibt ihnen die Hoffnung, sie eines Tages doch noch zu gewinnen.

b) Der Partner als Trophäe

Der spröde, widerspenstige Partner ist für »Jäger« und Gewinnertypen eine sportliche Herausforderung. Je höher der Berg, desto größer der Ehrgeiz, ihn zu bezwingen. Sie fühlen sich geradezu aufgerufen, den Beweis ihrer Großartigkeit zu erbringen, indem sie die auftretenden Hindernisse überwinden und am Ende den Triumph des Siegers genießen.

Selbstbewusste Draufgänger oder mit Allmachts- und Omnipotenzvorstellungen ausgestattete Narzissten lassen sich vom abweisenden Verhalten eines potenziellen Liebesobjekts nicht abschrecken. Sie sind von der Bedeutsamkeit und Attraktivität der eigenen Person total überzeugt und halten sich in ihrem Charme für unwiderstehlich. Ihnen geht es in erster Linie um den Akt des Eroberns und nicht so sehr darum, einen Partner fürs Leben zu finden. Unter Umständen verliert das einmal in Besitz genommene Liebesobjekt schlagartig von seinem anfänglichen Reiz und wird eines Tages wieder abgelegt.

Auch die krassen Egozentriker gehören zu diesem Personenkreis. Sie sind nicht selten von der Glaubensgewissheit durchdrungen, dass ihnen alles das zustünde, was sie sich wünschen, natürlich auch der ausgesuchte Partner. Im so genannten Liebeswahn wird diese Vorstellung auf die Spitze getrieben. Der im Wahn Gefangene kann sich einfach nicht vorstellen, dass der oder die Auserwählte ihn nicht genauso heftig liebt und begehrt, wie er es tut. »Wenn ich sie/ihn will, muss er/sie mich doch auch wollen!«, denkt er. Das abweisende Benehmen oder die unmissverständlichen Absagen des potenziellen Liebesobjekts werden als nicht-ernst-gemeinte Manöver interpretiert, mit denen sich der andere nur interessant machen will, oder sie werden total missachtet. Er bleibt am Ball und beginnt sein Wild zu jagen; mitunter mit solch penetranter Unverschämtheit, dass das jeweilige Opfer einem Nervenzusammenbruch nahe ist oder den Wohnort wechseln muss.

In den Vereinigten Staaten von Amerika rangiert diese Art von Besessenheit unter dem Namen »Stalking«. In dem Hollywood-Film »Verhängnisvolle Affäre« wurde eben behandelte Thematik eindrucksvoll dargestellt. Nicht wenige Fälle dieser »kranken« Liebe enden vor Gericht.

c) Der abweisende Partner als Mutter- bzw. Vatersubstitut

Hier wird ein widerspenstiges Liebesobjekt deshalb ausgesucht, für attraktiv gefunden und mit Sehnsucht besetzt, weil es in seinem Verhalten Vater oder Mutter ähnelt. Der Verliebte fühlt sich durch die spröden und abweisenden Gesten des potenziellen Partners an die Atmosphäre in seinem Elternhaus erinnert. Er möchte nun in einem zweiten Anlauf das fertig bringen, was er als Kind eben nicht geschafft hat: aus einem emotional kalten Eltern-Stellvertreter einen liebevoll bezogenen Menschen zu machen. Auf diese Weise könnte er sein Kinderleid überwinden und als Erwachsener jenes Beziehungsglück genießen, das ihm in frühen Jahren so gefehlt hat.

d) Abwehr aus Verlustangst

Der durch wiederholte Trennungserfahrungen traumatisierte Mensch wird dem Eingehen einer neuen, auf Dauer gegründeten Beziehung häufig eher abwehrend gegenüberstehen. Die Erinnerung an die Schmerzen und seine Verzweiflung von einst – als er verlassen wurde und allen Boden unter den Füßen verlor – ist so angstmachend, dass er es auf einen neuen Versuch erst gar nicht ankommen lassen möchte. Er wählt stattdessen den unerreichbaren Partner und »lebt« mit ihm von Anfang an im Modus der Unverbindlichkeit. »Wer nicht aufs Eis geht, kann nicht einbrechen«, sagt er sich und geht innerlich erst gar keine Bindung ein. Er belässt seine Beziehung im Vorfeld von Treuepflicht und Zusammengehörigkeits-Versprechen.

e) Reparation einer narzisstischen Beschädigung

Wenn die Liebesangebote eines Menschen – nach anfänglich hoffnungsvollen Zeichen einer sich anbahnenden Beziehung – von seinem Partner letztlich doch zurückgewiesen werden, kann das zu einer schweren Selbstwerterschütterung des Betroffenen führen. Er steht dann fassungslos vor so viel Gefühlskälte und kann es einfach nicht glauben, dass alle bisher ausgetauschten Zärtlichkeiten und sexuellen Liebesspiele keine bindungsstiftende Wirkung haben sollen, keine Spuren hinterlassen haben beim anderen. Er beginnt an seiner eigenen Attraktivität und Liebenswertheit zu zweifeln. Was muss er für eine »Nullnummer« sein, dass ein anderer es wagt, ihn so zu behandeln und abzufertigen? Das Infragestellen seines Selbstbildes durch das gleichgültige und abweisende Verhalten seines Partners löst bei ihm eine Krise aus. Er ist desorientiert und verliert die Achtung vor sich selber. Alte, aus der Kindheit stammende Inferioritätsgefühle tauchen aus der Versenkung auf und verschlimmern seinen Zustand. Als einzigen Ausweg aus der Misere erscheint ihm das Rückgängigmachen dessen, was ihm sein liebloser Partner angetan hat. Wenn es ihm gelänge, sein Liebesobjekt umzustimmen und doch noch seine Zuneigung zu gewinnen, wäre seine Schmach getilgt. Dann könnte er sich sogar vorstellen, nach erfolgreicher Zurückeroberung seines Partners seinerseits eine Trennung herbeizuführen.

Wir sehen an diesem Beispiel: Das Nichtloskommen von einem begehrten Menschen, der den Werbenden zurückweist, kann dem Versuch dienen, ein beschädigtes narzisstisches Gleichgewicht wiederherzustellen. Oft ist das Verlassenwerden durch den Partner nicht das eigentliche Unglück, sondern die Tatsache, »dass er und nicht ich Schluss gemacht habe«.

f) Die Sehnsucht und Enttäuschung der hysterischen Frau

Die Psychoanalytikerin Ute Rupprecht-Schampera (1995) hat ein Modell der Hysterie entworfen, das meines Erachtens die Besonderheiten dieser seelischen Störung am plausibelsten erklärt. Es passt mit seinen Ausführungen vorzüglich in den Rahmen der vorliegenden Arbeit und soll deshalb, soweit es unser Thema berührt, hier zur Darstellung gelangen.

Die Wahl des unerreichbaren Partners stellt für die hysterisch strukturierte Frau eine ungewollte Notwendigkeit dar. Sie sehnt sich nach einem idealen Vater als Liebesobjekt, um mit seiner Hilfe eine bisher unterbliebene Entwicklungsaufgabe nachholend zu bewältigen. Außerdem braucht sie ihn als Stütze für ihr labiles, wenig kompaktes und mangelhaft abgegrenztes Selbst. Sie kann, trotz wiederholter Reinfälle mit potenziellen Partnern und ge-

scheiterter Beziehungen oder Ehen, die Idealisierung des Vaterbildes und die Suche nach eben diesem idealen Mann nicht aufgeben, weil sie sonst die Hoffnung auf Heilung und Selbstwerdung aufgeben müsste. Es ist die Tragik ihres Lebenskonzeptes, dass sie Sexualität und verführerische Weiblichkeit anbietet und in Wirklichkeit einen Sicherheit gebenden Pappi sucht, der sie aus den ganz frühen Verstrickungen mit der Mutter – aus der Zeit ihrer Kleinkinderphase – herausholt, d. h. rettet. Die später an einer hysterischen Persönlichkeitsstörung leidende Person gerät in ihrem ganz frühen Kinderleben in eine schwierige psychische Situation, weil ihre Mutter in ihrer pflegerischen Aufgabe als primäre Bezugsperson versagt. Die Mutter versteht es nicht – will oder kann es nicht – ihrem Baby so etwas wie basale Sicherheit zu vermitteln (Kind: »Ich darf so sein und handeln, wie ich bin, trotzdem werde ich geliebt. Meine Mutter wird mich nie verlassen!«). Darüber hinaus unterlässt es die Mutter, für ihre Tochter Hilfs-Funktionen zu übernehmen (Trösten, Unterstützen, Erklären, die heftigen Emotionen des Kindes containen, seine oft frustrierenden Erfahrungen mit der Welt abfedern). Um aber dennoch aus dem Bannkreis seiner symbiotisch-klammernden, unzuverlässigen, unempathischen, das Kind vernachlässigenden Mutter herauszukommen, wird das kleine Kind sehnsüchtig Ausschau halten nach einem Dritten in der Familie, in der Regel nach dem bisher wenig in Erscheinung getretenen Vater. Es wird versuchen, »aktiv das Interesse des entfernten Vaters zu gewinnen« (Rupprecht-Schampera, 1997, S. 644). Eine nahe liegende Form, »den Vater doch noch zu gewinnen«, findet das Kind dann, wenn es bemerkt, dass es als erotisch attraktives weibliches Wesen für ihn interessant wird … (ebd., S. 644). Das Mädchen ist ja eigentlich auf der Suche nach der Lösung »aus einer konflikthaften bedrohlichen Abhängigkeitsbeziehung zur Mutter« (ebd., S. 645), wenn es sich an den Vater wendet. Dadurch aber, dass sie sich ihm als kleines verführerisches Weibchen präsentiert, verwickelt es sich in einer gewissen Prozentzahl der Fälle verfrüht in einen zweiten, nämlich einen ödipalen Triebkonflikt. Die hysterische Entwicklung »lebt ja von der – zumindest partiellen – Wirksamkeit des sexualisierten Lösungsversuchs« (ebd., S. 645).
»Reagiert der Vater aber auf eine ebenfalls erotisierte Weise auf das kleine Mädchen oder bringt er gar eigene frustrierte sexuelle Wün-

sche oder ungelöste sexuelle Konflikte in die Beziehung zur Tochter ein …« (ebd., S. 646), so kommt es zu deren erneuter Traumatisierung. Der Vater wurde als Helfer gesucht und entpuppt sich stattdessen selbst als ein bedürftiger Mensch, der das Kind zu seinen Zwecken missbraucht. Das führt zu einer schweren Desillusionierung auf Seiten der Tochter. Der Vater als Hoffnungsträger für das Mädchen versagt. Da er aber für die Konfliktbewältigung des Mädchens so dringend benötigt wird, muss das Kind seine Enttäuschung verleugnen und ihn stattdessen zu einer Idealfigur hochstilisieren, »die ständig ersehnt, aber niemals erreicht werden kann und darf« (ebd., S. 647).

»Durch verführende, Aufmerksamkeit heischende, scheinbar sexuelle Hinwendung zu Männern und durch übertriebene Affekte versucht die Hysterikerin tatsächlich, einen idealen Vater auf sich aufmerksam zu machen, ihn an sich zu binden und ihn als triangulären Partner für ihre Mutterkonflikte zu gewinnen. Ebenso braucht sie den idealisierten Vater als Stütze für ihr labiles, unsepariertes Selbst. Wenn die »Verführung« Erfolg hatte und der Mann tatsächlich mit sexuellen Gefühlen antwortet, zieht sich die Hysterikerin häufig erschrocken zurück, wobei sich, je nach Persönlichkeit, ein naives, kindlich-regressives Rückzugsverhalten oder der Umschlag in Hass und Rache ergeben kann. Der Mann wird abgewertet und augenscheinlich dafür bestraft, dass er die wirklichen Bedürfnisse der hysterischen Frau nicht verstanden hat« (ebd., S. 648–649).

Die hysterische Frau kann den immer wieder zum Misserfolg führenden Reigen, einen Mann nach dem anderen als untaugliches Liebesobjekt verwerfen zu müssen, nur durchbrechen, wenn sie mit Hilfe einer Psychoanalyse ihre verdrängten massiven Konflikte mit der Mutter erleben, bearbeiten und lösen kann; wenn sie die Enttäuschung an ihrem realen Vater zulässt und betrauert und als Konsequenz dieser beiden Prozesse die Notwendigkeit entfällt, das potenzielle Liebesobjekt so über alle Maßen idealisieren zu müssen.

8.5.2 Die zweite Gruppe: Die Beziehungsmeider

Wir kommen jetzt zum eigentlichen Kernstück dieses Kapitels, nämlich zu jenen »sonderbaren Individuen«, die in Liebe zu einem Menschen entbrennen, den sie gar nicht haben wollen. Zu ihrer Liebesbedingung gehört nämlich die Unerreichbarkeit des Partners. Nur solange er sich ihrem Zugriff entzieht, kann er der angeschwärmte Mittelpunkt ihres Lebens bleiben. Sobald er erobert ist, bricht ihr Begehren zusammen, bekommen sie es mit der Angst zu tun und laufen fort oder erweist sich ein gemeinsames Leben als undurchführbar.
Ich möchte jetzt die seelischen Hintergrundkonstellationen für dieses absurde Verhalten und Erleben vorstellen:

a) Aufrechterhaltung einer lebenswichtigen Illusion
Alle hier zu besprechenden Typvarianten geben sich einer Selbsttäuschung hin, die für die Aufrechterhaltung ihres seelischen Gleichgewichts von enormer Bedeutung ist. Sie unterliegen nämlich dem Trugschluss, dass ihnen eines Tages das lang ersehnte Liebesglück zuteil werden wird, obwohl sie selber nicht in der Lage sind, es wirklich zu praktizieren. Überspitzt könnte man sagen: Die Wahl des spröden, unerreichbaren Partners dient in erster Linie dazu, eine bestimmte Art von Hoffnung nicht aufgeben zu müssen, nämlich den Glauben an die Möglichkeit einer gelingenden Partnerschaft. Indem man ein schwieriges, weit entferntes Ziel anpeilt (das Liebesobjekt sträubt sich permanent), kann man ständig auf dem Weg dorthin sein. Es ist ähnlich wie bei manchen Religionen: Das Himmelreich bleibt den Erdenbürgern zu Lebzeiten verschlossen, aber eines Tages kann er es doch betreten. Der Besitz dieser Zuversicht hat eine große psychohygienische Funktion. Ein Mensch ohne ein Hoffnungspotenzial gibt sich auf, wird depressiv, erleidet einen verfrühten Tod. Aber solange eine Sache nicht endgültig und unwiderruflich gescheitert ist, kann man auf ihren guten Ausgang hoffen. Die so genannte »unglückliche« Liebe ist kein Schicksal, das einer Person ungewollt widerfährt, sondern sie ist (unbewusst) ein selbst gewähltes Los. Sie stellt eine Kompromissbildung dar zwischen der Unmöglichkeit, eine echte tiefe Bezie-

hung zu leben und einem totalen Verzicht auf Liebe. Was dabei herauskommt, ist ein Zwischending.
Solange sich Liebe nicht erfüllt, aber die Möglichkeit zu ihrer Erfüllung besteht, kann die Hoffnung aufrechterhalten werden, dass es »Liebe überhaupt gibt« und damit so etwas wie Sinn im Leben. Die Illusion von gelingender Partnerschaft kann die Angst des Borderline-Patienten beschwichtigen, dass sein Hass größer ist als seine Liebe »und damit die Welt der guten Objekte ein für allemal auslösche« (Rohde-Dachser, 1979, S. 180). Menschen, die weder liebes- noch beziehungsfähig sind und dieses Defizit dunkel ahnen, müssen nicht die Probe aufs Exempel machen und der vernichtenden Wahrheit ins Auge schauen, wenn sich das Objekt ihrer Begierde chronisch entzieht und ein wirkliches Zusammenleben ausbleibt. Karin Horney schreibt über den neurotischen Menschen in »Neurose und menschliches Wachstum« (1950): »Er (der Neurotiker) spürt, dass die eigene Liebesfähigkeit stark beeinträchtigt ist, dass sein Selbsthass es ihm unmöglich macht, an die eigene Liebenswürdigkeit zu glauben und letztlich, dass er mehr von der Liebe erwartet, als sie ihm jemals geben kann« (S. 336). Wenn sich die Liebe des Borderline-Patienten erfüllen würde, drohte ihr häufig ein schnelles Ende. Deshalb täte er klug daran, ein Liebesobjekt zu wählen, das sich nicht in Besitz nehmen lässt.

Rohde-Dachser (1979) schreibt:
»In den Fällen, wo dann doch eine Beziehung zustande kommt, verliert das nunmehr präsente Objekt schnell seine idealen Qualitäten und wird in bedrohlicher Weise allgegenwärtig, sodass der Patient auf tragische Weise gezwungen ist, aktiv die lebensrettende Trennung herbeizuführen, um dann dem verlorenen Objekt mit unerträglichen Verlustgefühlen anzuhängen« (S. 119).
Bestimmte, emotional stark beeinträchtigte Charaktere müssen deshalb eine halbwegs kontinuierliche Beziehung meiden, weil sie ihre eigene große Feindseligkeit nur für eine begrenzte Zeit niederhalten können. Eine Partnerschaft auf Raten, auf kurze Treffen beschränkt, dazu räumlich getrennte Wohnorte, können dieser Gefahr für eine begrenzte Dauer aus dem Wege gehen. Zu der Feindseligkeit kann sich eine pathologische Abwertungstendenz

gesellen, die voll zuschlägt, wenn das ursprünglich hoch geschätzte Liebesobjekt erste Fehler und Schwächen sichtbar werden lässt. Dann ist es plötzlich vernichtender Kritik und einem Trommelfeuer an zynisch-niederreißenden Verbalgeschossen ausgesetzt. Am Ende bleibt kein gutes Haar mehr an ihm.

Der auf eine starke Idealisierung des Partners angewiesene Beziehungsmeider, der nur dem guten, perfekten und großartigen Objekt traut und sehnsuchtsvoll zugewandt ist, kann über den Weg einer Fernliebe eine gewisse kontinuierliche Gefühlsbindung aufrechterhalten und damit die Illusion kultivieren, er wäre sehr wohl für eine Partnerschaft geeignet.

b) Beziehungsangst

Das Kapitel über »Die Leidenschaft für aussichtslose Fälle« folgt nicht zufällig auf das Kapitel über »Die Angst vor der Nähe«. Alle dort aufgeführten Gründe für Nähe-Angst können den Motor dafür abgeben, einen Partner auf Abstand zu halten bzw. sich ein Liebesobjekt zu suchen, das durch sein sprödes und abwehrendes Verhalten keine echte Nähe aufkommen lässt. Die Wahl des »flüchtigen« Partners ermöglicht in vielen Fällen zumindest eine verdünnte Beziehung und das Kleinhalten sonst sofort aufkommender Angst. Das Ausmaß und die zeitliche Erstreckung einer praktizierten Distanz kann als Maß für die Intensität und Größe der bestehenden »Berührungs«-Angst angesehen werden. Der Leser möge sich an dieser Stelle noch einmal die Motiv-Liste für Nähe-Angst aus Kapitel 7 anschauen.

c) Die Angst vor der Wiederkehr eines Traumas

Traumatische Erfahrungen erzeugen nicht nur im Augenblick ihres Auftretens Furcht, Panik, Ohnmachts- und Vernichtungsgefühle, sondern sie wirken darüber hinaus als konditionierte Angstbereitschaften weiter fort. Wer ein sehr schreckliches Erlebnis hatte oder eine ganze Reihe gleichsinniger schmerzhafter Erfahrungen machen musste, der fürchtet die Wiederkehr derartiger Ereignisse. Es sind bevorzugt drei universelle Traumata im Partnerbereich, die einen Menschen vorsichtig werden lassen im Eingehen einer möglicherweise engeren Beziehung, und zwar: die »Erfahrung und Erkenntnis des Ungeliebtseins«, das »Trauma des Verlassenwerdens«

(Trennung) und das »Trauma der erneuten Enttäuschung« durch ein Liebesobjekt.
Die Erfahrung des Ungeliebtseins kann eine Person von Kindesbeinen an begleiten und in ihr das vernichtende Gefühl von der eigenen Wertlosigkeit hinterlassen. Wenn sie als Erwachsener eine Neigungs-Ehe eingeht, aber irgendwann die Erkenntnis erlangt, nicht wirklich geliebt zu werden, so bricht für sie eine Welt zusammen. Die grässliche Erfahrung von früher wiederholt sich und kann zu der furchtbaren Gewissheit führen, eben kein liebenswertes Individuum zu sein (»keiner liebt mich!«). Sie wird fortan allen Grund haben – wenn sie diesen Schock nach Jahren leidlich überwunden hat –, der Gefahr einer erneuten Bestätigung dieses Sachverhaltes auszuweichen, indem sie keine engere Beziehung mehr eingeht.
Das »Trauma des Verlassenseins« (in der Fachsprache »Objektverlust« genannt) kann in seiner anhaltenden Nachwirkung das ganze Leben eines Menschen emotional negativ beeinflussen, weil es das Vertrauen in die Beständigkeit menschlicher Beziehungen grundlegend erschüttert. Wer als Kind Vater oder Mutter, Geschwister, Großeltern oder ein lieb gewonnenes Haustier verloren hat, einem Wechsel von Pflegepersonen ausgeliefert war, die Scheidung der Eltern miterleben musste und von Spielgefährten, Mitschülern und guten Freunden durch häufigen Ortswechsel getrennt wurde, der dürfte in Bezug auf Objektverlust spezifisch sensibilisiert sein. Wenn dann im Erwachsenenalter mehrere Liebschaften ungewollt auseinander gehen oder eine hoffnungsvoll begonnene Ehe zerbricht, dann ist der Betroffene oft so verletzt und verletzbar, dass er das Wagnis einer erneuten festen Bindung scheut. Einen unerreichbaren Partner dagegen kann er nicht verlieren, da er ihn ja niemals besessen hat.
Bei der »Angst vor erneuten Enttäuschung« geht es nicht um die Furcht vor einem Verlust des geliebten Menschen, sondern um die schmerzhafte Erfahrung, dass trotz eines hohen emotionalen Einsatzes jede neu aufgenommene Beziehung auch wieder scheitert. Hier wird die Schuld am Zerbrechen der Paarverbindung in erster Linie dem untauglichen Partner angelastet und die Ungerechtigkeit des Schicksals beklagt, das »gerade mir« immer wieder so viel Leid beschert. Die der Trennung in der Regel vorausgehenden Kämpfe

und Krisensitzungen mit ihren schlaflosen Nächten, Rettungsversuchen, Demütigungen, Versöhnungen und erneuten Zusammenbrüchen wirken – wenn sie über Monate, manchmal Jahre andauern – so zermürbend und stressig, dass man der Wiederkehr ähnlich aufreibender und erschöpfender Zerwürfnisse mit Grauen entgegensieht und deshalb einen neuen Versuch von fester Partnerschaft erst gar nicht mehr unternimmt.

d) Der nähe-übersättigte Mensch

Im Zeitalter der Ein-Kind-Familien geschieht es nicht selten, dass Sohn oder Tochter, sprich Prinz oder Prinzessin, von einem Elternteil mit einem Dauerstrom von Beziehungsangeboten bombardiert wird. Die Folge davon ist ein auf Exklusivität ausgerichteter Beziehungsclinch. Die Generationsschranken werden missachtet. Die Mutter (Vater) vertraut dem Kind ihre geheimsten Regungen an, spricht über ihre Ehe und Sexualität, beschreibt detailliert ihre Gefühle und Wünsche und fordert die gleiche Offenheit von Sohn oder Tochter. Die zelebrierte Dauer-Nähe lässt dem Einzelkind keine Luft zum Atmen. Nicht endende Austauschprozesse zwischen den beiden schaffen eine Art Treibhausatmosphäre, die dem Kind immer weniger Spielraum lassen, alleine eigene Erfahrungen zu machen. Am Ende einer solchen ungesunden Paarbildung steht der unbezwingbare Impuls des Jüngeren, der drangvollen Enge zu entfliehen und den betreffenden Elternteil abzuschütteln. Als Erwachsener wird ein derart nähe-geschädigter Mensch auch kein Verlangen nach einer intimen und sehr dichten Zweierbeziehung verspüren. Sie wird ihm im Gegenteil Angst machen, da sie die Wiederkehr des schon erlebten Schreckens wäre. Da kommt ihm der Distanz anbietende, schwer erreichbare Partner gerade recht.

e) Bindungsangst

Bevor wir über die Hintergründe für menschliche Bindungsangst sprechen, müssen wir uns in aller Kürze das Thema »Bindung« etwas näher anschauen.

Deutsche Psychologen wie P. Schröder, Ph. Lersch, A. Wellek und H. Remplein sehen im Gemüt den »eigentlichen Ort unserer Bindungen« (A. Wellek, S. 48). Das Gemüt ist der Ort im Bereich unserer Seele, wo die menschlichen tiefen Gefühle angesiedelt sind; Tiefengefühle, die sich insbesondere durch ihre emotionelle Wichtigkeit für ihren Träger auszeichnen. »Soweit unser Gemüt angesprochen ist, fühlen wir uns bleibend verbunden mit allem, was uns lieb ist …« (H. Remplein, S. 257). »Gemüt besitzen heißt, Bindungen einzugehen mit seiner Umwelt und Mitwelt« (Ph. Lersch, S. 154).

Der Ausdruck Gebundensein (Bindung aufgebaut haben) bezeichnet demnach eine bestimmte emotionale Befindlichkeit einer Person. Er meint das Existieren von unsichtbaren Fäden, mit denen ein Individuum an ein anderes angeknüpft ist. Bindungsdrang drückt die Tatsache aus, dass ein Großteil aller Menschen die Triebfeder in sich trägt, eine Gefühlsbindung zu einem Partner, zu Kindern, Lehrern, Freunden, den Eltern etc. oder Dingen seiner Umwelt eingehen zu wollen. Von Bindungsunfähigkeit sprechen wir dann, wenn es einem Menschen an Gemütskräften mangelt und er deshalb nicht in der Lage ist, dauerhafte Bindungen aufzubauen. Der Bindungsscheue besitzt in der Regel sehr wohl das Vermögen, Bindungen zu entwickeln. Er hat aber Angst vor ihren Konsequenzen. Er verzichtet nicht auf Liebe zum anderen Geschlecht, versucht aber einen Begegnungs-Modus zu finden, der ihm eine Zweierbeziehung ohne eine feste Bindung erlaubt. Der Bindungsscheue wird sich deshalb in erster Linie solche Kandidaten als Partner aussuchen, die bereits gebunden sind. Auf diese Weise kann er seine eigene Bindungsangst vor sich und anderen verschleiern. Er wird im Gegenteil nichts sehnlicher wünschen, als dass sein Liebesobjekt seine anderweitige Beziehung oder Ehe aufgeben und mit fliegenden Fahnen zu ihm überlaufen möge. Aber der Schein trügt: Die Nichterreichbarkeit des Geliebten/der Geliebten kommt ihm durchaus zupass, es ist seine Liebesbedingung. Er hat nämlich triftige Gründe, eine auf Dauer angelegte feste Verbindung zu vermeiden. Ich zähle diese Gründe jetzt auf:

– Mangelnde Erwachsenenreife

In der Regel werden feste Bindungen durch das »Band der Ehe« besiegelt. Mit diesem Schritt tut das Paar öffentlich und verbindlich kund, dass es sich vor aller Welt zu einer auf Dauer eingerichteten Gemeinschaft zusammengetan hat und bereit ist, die damit verbundenen Verantwortlichkeiten und Pflichten zu tragen. Ist ein Mensch in seiner psychischen Entwicklung zurückgeblieben, empfindet er sich innerlich noch wie ein »Kind« oder wie ein »Pubertierender«, so erschrickt er bei der Vorstellung, erwachsen sein zu müssen. Er hat Angst vor den Aufgaben, die auf ihn als Ehemann/Ehefrau zukommen. Er erlebt sich als total überfordert, mit furchterregenden Leistungsansprüchen konfrontiert und in ein Koordinatensystem hineingestellt, das ganz und gar nicht seinem augenblicklichen Reifegrad entspricht. Obwohl längst volljährig und körperlich erwachsen, fühlen sich manche Personen noch sehr unfertig, in kindlichen Erlebnis- und Verhaltensweisen verhaftet, mit unübersehbaren, noch fälligen Entwicklungsschritten im Gepäck, dass ihnen eine so definitive Weichenstellung total verfrüht erscheint. Sie wollen und müssen erst noch »wachsen« und vieles ausprobieren, eine Ehe oder eheähnliche feste Bindung ist einfach noch nicht dran.

– Das Freiheitsbedürfnis

Der Drang nach Freiheit, sprich Ungebundenheit, kann für manche Menschen ein unverzichtbares Lebenselement darstellen. Dabei fächert sich der psychologische Freiheitsbegriff in Bezug auf Partnerschaft in zwei Bereiche auf. Wir wollen erstens fragen, »wovon« und zweitens fragen »wozu« jemand frei sein möchte.
Der auf Freiheit Bedachte hat Angst, Verantwortung zu tragen, Verzichte und Einschränkungen hinzunehmen und sich an bindende Regeln zu halten, die seinen Aktionsradius begrenzen und seiner Selbstverwirklichung im Wege stehen. Er fürchtet den »point of no return«, jenen Augenblick also, wo er sich für immer festlegen soll und die Käfigtür hinter ihm geschlossen wird. Er möchte sich im Gegenteil alle Daseins-Chancen, so lange es geht, offen halten und weiterhin in der Fülle der Möglichkeiten stehen. Der feste Partner kann unter diesem Gesichtspunkt als »Klotz am Bein« erlebt werden, weil er Rücksichtnahme fordert, den anderen zeitlich in Anspruch nimmt und ihn eventuell in die kleinbürgerlich-spießige Enge einer Einkindfamilie mit Reihenhaus und Minigarten zerrt.
Der Freiheitsdürstige möchte vielleicht weiter wie ein Single leben (frei sein wozu) und nur ab und an die Wonnen einer intimen

Zweisamkeit auskosten. Er möchte vielleicht unter den Schönen des Landes weiterhin wildern, männerbündlerische Sportaktivitäten pflegen, Abenteuer unternehmen und dabei echt was riskieren. Vielleicht will er tage- oder wochenlang in einen kreativen Schaffensrausch eintauchen oder durch keine Familienbande eingeengt werden in seiner Arbeitswut als Firmenchef. Für manche Individuen ist eine Beziehung nur »die schönste Nebensache der Welt«. Sie haben andere Prioritäten.

– Negative Erfahrungen

Das gebrannte Kind scheut das Feuer. Wer schmerzliche Erfahrungen mit einer für ihn wichtigen Liebesbeziehung gemacht hat oder gar durch das Fegefeuer einer oder mehrerer Scheidungen mit all ihren Enttäuschungen und Demütigungen gegangen ist, der wird jeder möglichen neuen Verbindung erst einmal sehr skeptisch und abwehrend gegenüberstehen. Die gemachten Erfahrungen müssen noch nicht einmal aus dem Erwachsenenleben stammen und mit einem schlechten Partner gesammelt worden sein. Sie können die bösen Erinnerungen aus lieblosen und angstmachenden Kinderjahren darstellen oder aber an eine übermäßig enge Mutter-Kind-Beziehung anknüpfen. Häufig reicht auch das Miterlebenmüssen einer chronisch gestörten Elternehe mit ihren Kämpfen und entwürdigenden Auftritten aus, um dem Heranwachsenden die Lust an einer späteren festen Verbindung zu nehmen. Kinder lernen nicht nur aus eigenen schlechten Erfahrungen, sondern sie übernehmen auch Befürchtungen und negative Einstellungen gegenüber Liebe und Ehe, wenn sie ihnen von einer wichtigen Elternfigur vorgelebt werden. So können z.B. rollenspezifische Ängste – Frauen betreffend – von der Großmutter oder Mutter an die Tochter/Enkelin weitergegeben werden und hier entsprechende Hemmungen setzen (»Sobald ich einen Mann geheiratet habe und er mich sicher hat, muss ich nach seiner Pfeife tanzen!«). Klagen in den Medien über das Los geschiedener Männer, die im Geschlechterkampf um Kind und Geld auf der Strecke bleiben, tragen nicht dazu bei, Vertrauen in die Institution Ehe zu erzeugen. Es gibt viele Gründe, um vor einer festen Beziehung zurückzuschrecken.

– Chronische Zweifel

Der Entschluss, zu heiraten oder sich fest zu binden, setzt ein gewisses Maß an Zuversicht und Entschlossenheit voraus. Mann oder Frau müssen sich ihrer Rolle genügend sicher sein und eine Portion Mut mitbringen. Sie müssen hinsichtlich ihrer Gefühle Klarheit haben und ungefähr wissen, was und wen sie wollen. Zweifel an der richtigen Wahl oder an ihrer eigenen Liebe können die betreffende Person dagegen manövrierunfähig machen und ewig schwanken lassen zwischen den Polen »Ja« oder »Nein«.

Es gibt Menschen, die hinsichtlich jeder Art von Entscheidung große Probleme haben. Sie neigen zum Zaudern und Zögern, wägen das Pro und Contra so lange ab, bis sich überhaupt nichts mehr bewegt und sie wie Buridans Esel zwischen zwei Heuhaufen verhungern, weil sie sich nicht für einen von beiden entschließen können. Die Neigung zu chronischen Zweifeln stellt eine bestimmte charakterologische Eigenart dar und kann krankhafte Ausmaße annehmen. Die davon betroffenen Menschen möchten eventuell alles haben und auf nichts verzichten, sie möchten keinen Fehler machen, immer das Richtige, nein, absolut Perfekte tun und landen am Ende bei der denkbar schlechtesten Lösung: dem ewigen Alles-in-der-Schwebe-Halten.

– Die Drohung von zu großer Nähe

Bindungen werden deshalb gefürchtet, weil sie mit der Drohung von zu großer Nähe verknüpft sind. Für manche Menschen gibt es eine kritische Stelle in Bezug auf Unterschreitung der für sie so wichtigen Distanz. Eine nicht mehr erträgliche Nähe und Intimität lässt bestimmte Abwehrmechanismen zusammenbrechen und mühsam zurückgestaute Bedürfnisse und Konflikte aus ihrer bisherigen Latenz hervortreten. Durch eine Eheschließung z. B. werden die Wahl einer gemeinsamen Wohnung, tägliches Beisammensein und Präsenzverpflichtung in der Regel unvermeidlich. Zwei bisher getrennt gehaltene Intimitätsbereiche überschneiden sich plötzlich. Die Zeitspanne, währenddessen man sich täglich sieht, hört und riecht, ist gegenüber dem vorehelichen Status enorm vergrößert. Alte Tarnungen funktionieren unter den neuen Bedingungen nicht mehr. Ehemalige Rückzugsräume und Fluchtmöglichkeiten sind nun verbaut. Es schlägt die Stunde der Wahrheit und mit ihr die Furcht vor der Enthüllung des wahren Selbst. Die betreffende Person wird Gefährdungen ausgesetzt (z. B. Reinszenierungen zentraler Beziehungskonflikte), die die Integrationsfähigkeit ihrer Psyche überschreiten und zum Ausbruch von Symptomatik und seelischer Krankheit führen können. In Antizipation dieser Gefahrenmomente wird sie deshalb mit allen Mitteln versuchen, einer vom Partner angestrebten Bindung auszuweichen.

f) Das wiederholte Konstellieren von Dreiecksbeziehungen

Wenn wir an dieser Stelle über die so genannte Dreiecksbeziehung reden, schließen wir zwei Arrangements von vorneherein von unseren Überlegungen aus, nämlich: das offene und freiwillige Zusammenleben von drei Personen, die aus freiem Willensentschluss eine »Ehe zu dritt« führen, und ferner jene Situation, wo der dazukommende Dritte vorerst notgedrungen in Kauf nimmt, dass sein geliebter Partner anderweitig gebunden ist. Allerdings möchte er diesen Umstand lieber heute als morgen ändern.

Es geht uns an dieser Stelle um den psychologischen Tatbestand, dass eine Person diffus-bewusst oder unbewusst das Dreiecksmuster benötigt, d. h. zu ihrer Liebesbedingung gemacht hat und trotz gegenteiliger Beteuerungen an dem Bestand dieser Konstellation dringend interessiert ist. Wenn es einer Frau ab und an gelingt, ihren Geliebten aus dessen fester Bindung (z. B. Ehe) herauszubrechen, dann verliert sie in der Regel ihr Interesse an diesem Mann oder nimmt laut schreiend Reißaus.

Ich will nun einige Hintergründe, d. h. Motive, für das hier demonstrierte Verhalten aufzählen. Wir finden die Tendenz zur Dreiecksbeziehung bevorzugt bei folgenden seelischen Erlebnis- und Bedürfnismustern:

Erstens: Sowohl Nähe-Angst (siehe Kapitel 7) als auch Furcht vor einer Bindung können den Protagonisten zu einer Kompromissbildung zwingen. Er begnügt sich mit dem Status der Geliebten oder des Liebhabers und entgeht so der Gefahr, seine Beziehungs- und Bindungsunfähigkeit offenbar werden zu lassen.

Zweitens: Eine niemals voll gestillte Mutter- oder Vatersehnsucht veranlasst die betreffende Person, bei einer Mutter- oder Vater-Ersatzfigur jene aus der Kinderzeit überdauernden emotionalen

Mangelzustände abzutragen. Zu diesem Zweck eignen sich aber nicht ungebunden existierende Menschen, die für eine Partnerschaft frei sind, sondern solche, die in einer eheähnlichen Verbindung leben und durch ihren Status eine Mutter-Vater-Dyade repräsentieren.

Drittens: Natürlich können es auch unaufgelöste ödipale Wünsche sein, die ein Individuum veranlassen, eine Sohn-Mutter- oder Tochter-Vater-Konstellation herzustellen. Ein Dritter bricht in die Ehe eines als Eltern fungierenden Paares ein und versucht, sich ödipale Sehnsüchte aus der Kindheit zu erfüllen. Das Mädchen von einst (jetzt eine erwachsene Person) nimmt einer anderen Frau (Mutter) den Mann (Vater) weg, indem sie dessen Geliebte wird. Der kleine Junge von einst (jetzt eine erwachsene Person) nimmt einem anderen Mann (der den Vater symbolisiert) die Frau (Mutter) weg, indem er ihr Liebhaber wird.

Viertens: Die angestrebte Befriedigung von bisher latent gebliebenen homosexuellen Tendenzen kann der Motor zur Herstellung von Dreiecksbeziehungen sein. Der in eine Ehe einbrechende Dritte – in unserem Fall z. B. ein Mann – liebt dieselbe Person wie deren Ehegatte. Beide Männer haben Geschlechtsverkehr mit derselben Frau, penetrieren dieselbe Vagina, »treffen sich« mit zeitlicher Verzögerung im Geschlechtsorgan dieser Frau und stellen auf diese Weise sexuellen Kontakt zueinander her (was allerdings nur der latent Homosexuelle intendiert).

Fünftens: Ich will jetzt eine Dreieckskonstellation ansprechen, wie ich sie mehrfach (viermal) bei einigen meiner Patientinnen gefunden habe. Ich bringe dieses spezielle Beziehungsmuster auch deshalb zur Darstellung, weil ich dem Leser die ganze Komplexität eines derartigen Arrangements vor Augen führen möchte. Viele meiner bisher aufgezeigten Beispiele sind aus didaktischen Gründen vereinfacht oder beschränken sich auf die zentrale Psychodynamik des Geschehens, lassen aber diverse Nebenmotive und flankierende Persönlichkeitszüge außer Acht. In der nun folgenden Beschreibung einer Paarverbindung sollen dagegen einmal alle Bedingungsmomente zur Sprache kommen und damit einen Einblick in die vielfach verzweigte Motivlage geben, die solch eine Liebesbeziehung enthält. Auch hier wird der ausgeschlossene Dritte – dessen Vorhandensein unbewusst dringend erforderlich ist und der von der Liebesbeziehung seines Partners oft nichts weiß – auf der Bewusstseinsebene von einzelnen Protagonisten unterschiedlich behandelt: Er kann in seiner Existenz verdrängt oder beiseite geschoben oder in seiner Bedeutung heruntergespielt, d. h. kaum zur Kenntnis genommen werden, aber auch Objekt des Hasses oder Neides sein. Im dramatischsten Falle wird er mit Beseitigungswünschen bedacht. Die hier darzustellende Konstellation umfasst sieben Faktoren:

a) Liebe als zentrales Lebensthema

Partnerliebe erscheint diesen hier gemeinten Personen als die einzig lohnende Glücksverheißung in einer sonst an Sinnwerten armen Welt. Alle ihre Sehnsüchte werden zu einer Kernstrebung gebündelt und zielen auf das große Beziehungsereignis. Die Begegnung mit dem lange gesuchten und endlich gefundenen Liebesobjekt wird als die Erfüllung par excellence und als Beginn einer grandiosen Lovestory fantasiert, die höchste Glücksfülle verspricht. Dem Eros wird hier eine Retterfunktion zugewiesen. Meistens sind es Frauen, die der Liebe diesen überragenden Stellenwert einräumen und die in mehreren unglücklichen Liebesbeziehungen mit einem unerreichbaren Mann schon öfter die Erfahrung gemacht haben, dass Sexualität beängstigend schön, aufregend und überwältigend sein kann und zu einer wunderbaren Verschmelzung führt. In partnerlosen Zeiten spüren sie die tiefe, tiefe Sehnsucht nach der Wiederkehr einer solchen Verbindung und suchen verzweifelt nach einem Mann, der die Erfüllung ihres zentralen Wunsches verspricht; eines Partners, der Gefühlslawinen lostritt, Extasen beschert, Türen öffnet, Wogen von Erregung und Seligkeit schenkt und die Geliebte dahinschmelzen lässt. Ohne Liebe empfinden sie ihr Leben als schal und hohl. Es gewinnt erst wieder an Farbe, wenn sie sich auf ein Liebesobjekt beziehen können, auch wenn sie es nur von weitem anschwärmen oder ihre Gefühle vorerst unerwidert bleiben. Erst wenn sie auf eine Art Idealobjekt hinleben können, bekommt ihre Existenz ein sinnhaftes Moment und jene glücksverheißende Zeitperspektive, die sie die triste Gegenwart ertragen lässt.

b) Der Wunschmann: ein spezieller Partnerwahlmodus

Wer seinen zentralen Lebenssinn auf die Partnerliebe konzentriert, benötigt für dieses Unternehmen das ganz auserwählte und einmalige Beziehungsobjekt und nicht den ersten Besten der hergelaufenen Durchschnittstypen. Der Partner soll kostbar sein und das Beste, was der Markt hergibt. Bezeichnenderweise wird der Grad des Wertes eines solchen Mannes sehr häufig nach drei Kriterien bemessen:

- Er soll vielen Frauen gefallen und somit ein besonders begehrter Mann sein: intelligent, männlich-schön, anziehend und sexy! Interessant dabei ist, dass er sein Gütesiegel aus seinem sozialen Reizwert bezieht. Die Urteilsbildung der Protagonistin erfolgt außengesteuert. Wertvoll ist, was andere begehren. Die eigene Geschmacksbildung steht hintenan;
- Er soll schon vergeben, d. h. anderweitig gebunden sein und somit die Bildung eines Dreiecks ermöglichen bzw. notwendig machen;
- Er soll kein sonderliches Interesse an der ihn begehrenden Frau zeigen, sondern sich eher kühl, distanziert und abwartend verhalten und völlig unabhängig sein (ich brauche dich nicht).

Alle drei Eigenschaften machen diesen Mann in den Augen der begehrenden Frauen zu ihrem Wunschkandidaten. Wie erklärt sich das?

Alle Aufmerksamkeit der Ursprungsfamilie – aus der die Protagonistin stammt – richtete sich auf ein besonders attraktives Elternteil oder ein besonders beliebtes und geliebtes Geschwister. Die Restfamilie buhlte um die Gunst dieses Favoriten. Unsere Protagonistin war weder der Lieblingspartner des Familienstars, noch wurden ihr annähernd so viel Aufmerksamkeit und Liebe entgegengebracht wie ihm. Die Protagonistin hatte als Kind einen lieblosen, nicht präsenten, schwachen, unempathischen, die Tochter nicht akzeptierenden oder sie quälenden, kurz einen unzulänglichen und deshalb enttäuschenden Vater. Aber weil dieser Vater durch eingestreute kleine, aber seltene Verwöhnungsinseln gelegentlich auch »sehr lieb« sein konnte, kam sie von ihm nicht mehr los (intermittierende Verstärkung). In der Wunschfantasie des kleinen Mädchens wurde die erlebte väterliche Realität in ihr Gegenteil verwandelt. Der Vater gab die Folie ab, um sich einen Idealtyp zu konstruieren, der nur die guten, am Vater gelegentlich erlebten Anteile besaß. So mutierte der einst so unzulängliche Vater zum ersehnten Liebesobjekt. Das Fehlen eines ausreichend guten Vaters im Familiendreieck Vater–Mutter–Kind während wichtiger Abschnitte des frühen Kinderlebens hat bestimmte Entwicklungsschritte des Kindes unmöglich gemacht (z. B. sich schuldgefühlsfrei aus einer zu engen Mutterbindung zu lösen; seine Wut zu integrieren). Indem die nun erwachsene Frau wieder ein Dreieck konstelliert (sie, ihr Liebster und dessen Frau), stellt sie im Wiederholungszwang unbewusst ihre alte Kindheitssituation wieder her (Vater–Mutter–Kind) und hofft nun auf einen besseren Ausgang. Es ist, als wollte und könnte sie in einem zweiten Anlauf bisher unterbliebene Entwicklungsschritte nachholen. Tragischerweise findet und wählt sie in ihrem Liebsten aber nicht den Traummann, sondern den »realen Vater«, der sie zurückweist und letztlich enttäuscht.

c) Erhöhte Gefühlserregbarkeit

Eine besondere Eigentümlichkeit des Temperaments lässt sich bei diesem Personenkreis auffallend oft beobachten. Diese Menschen besitzen eine hohe Gefühlserregbarkeit, d. h., Gefühle – insbesondere im interpersonellen Bereich – sind schon durch relativ geringfügige Anlässe auslösbar und erreichen schnell hohe Intensitätsgrade. Diese Individuen besitzen die Begabung zu heftigen, die ganze Person aufwühlenden Gefühlen. Sie kennen und lieben den Gefühlsrausch, den ultimativen Kick der Liebe, den vor Erregung bebenden Körper. Früher hätte man diese Menschen dem hysterischen Formenkreis zugeordnet und die Echtheit ihrer Empfindungen angezweifelt. Heute wissen wir, dass die sogenannte Emotionalisierung – das Überflutetwerden von sehr intensiven Gefühlsregungen – einen erlernten Regulationsmechanismus der Seele darstellt. Starke Emotionen wirken sinnstiftend, wehren depressive Stimmungen ab, sie können vorübergehend ein wohliges Lebendigsein vermitteln und die Aktualität eines sonst eher grauen Daseins auf erregende Weise steigern. Bezogen auf diesen Personenkreis können wir sagen: »Liebe ist das leidenschaftliche Verlangen nach dem ganz großen Gefühl!«

d) Narzisstisches Defizit und Verlustangst

Ein weiteres, nie fehlendes Bedingungsmoment der hier zu beschreibenden Konstellation stellen narzisstisch bedingte Ungleichrangigkeitsängste dar. Die betreffende Frau erlebt sich als eine Person, die es nicht verdient und die es nicht wert ist, von einem solch tollen Mann geliebt zu werden. Das Gefühl, ein Mängelwesen zu sein, gründet häufig auf der dunkel gespürten angst- und schambesetzten Ahnung von der eigenen seelischen Gestörtheit. Zeigt sich ihr Halbgott endlich doch interessiert oder spricht er gar von Liebe, so kann sie es schier nicht fassen. Wie kann er einen Menschen lieben, der so ungenügend mit attraktiven Attributen ausgestattet ist wie sie? Dieses Insuffizienzgefühl lässt sie ständig darüber nachgrübeln, wie sie auf Männer wirkt und ob ihr Angebeteter sie mag. »Liebt er mich?« ist die permanent gestellte große lebensentscheidende Frage an das Schicksal.

In der vermeintlichen Höherrangigkeit des potenziellen Liebesobjekts liegt aber nicht nur der Anlass für Scham über die eigene Insuffizienz, sondern auch eine Glücksverheißung. Der Partner hat nämlich Eigenschaften, die die Protagonistin bei sich selber schmerzlich vermisst und die bei einer Verschmelzung mit dem begehrten Wesen im Liebesakt auf sie übertragen werden können. Dieser Vorgang ähnelt einer Bluttransfusion. In dem Moment, wo sein Penis in sie eindringt, fühlt sie sich komplett, werden ihr die fehlenden Strukturanteile, derentwegen sie ihn ja auch so heiß begehrt, injiziert. Im Bunde mit ihm ist sie – dank Sexualität – zu einem vollständigen Menschen geworden, narzisstisch bereichert.

Aus dem eben angesprochenen Gefühl ihrer Ungleichrangigkeit gegenüber dem so dringend benötigten Partner resultiert aber auch eine quälende Verlustangst. Da ihr Lebensmittelpunkt auf den Geliebten zentriert ist, erhält er für sie eine übermäßig große Bedeutung. Sein Verlust wäre eine Katastrophe ersten Ranges für sie und käme deshalb fast einer emotionalen Vernichtung ihrer Person gleich, weil er sie erneut an die Leere eines sinnlos gewordenen Daseins auslieferte.

e) Strategien gegen den befürchteten Verlust

Die mehrfach erwähnte Ungleichrangigkeitsangst veranlasst die Protagonistin zu dem Versuch, ihre eigene Attraktivität zu erhöhen und sowohl an ihrem Erscheinungsbild, als auch an ihrem Charakter und ihren Fähigkeiten zu arbeiten. Für ihn möchte sie schön und gepflegt sein, einen makellosen und schlanken Körper haben, glänzende Haare, wohlgeformte Lippen besitzen und Augen, die unter sorgfältig gezupften Brauen Feuer sprühen. Sie wird eventuell Gymnastik betreiben, eine Abmagerungskur machen, den Teint zu verbessern suchen, sich perfekt schminken, dauernd zum Frisör gehen, sich geschmackvoll und modisch kleiden und mit Bedacht ein besonders erregendes Parfum auswählen. Der Spiegel ist ab sofort ihr ständiger Wegbegleiter und ihr kritisches Echo. Die betreffende Person wird aber auch ihre Persönlichkeit und persönliche Ausstrahlung in Arbeit nehmen und perfektionieren wollen, eingedenk der Devise, dass Liebe verdient und erkämpft werden muss. Sie wird versuchen, ihrem eigenen Ideal-Bild zu entsprechen, sich weiterbilden, Kunstausstellungen besuchen, an ihrer Stimme feilen, anspruchsvolle Zeitungen und Bücher lesen, unter Umständen sogar eine Charme-Schule frequentieren und die Kunst erlernen, wie man Menschen beeindruckt und für sich einnimmt. Im Gespräch brillieren, kluge Dinge sagen und witzig sein – auch das ist eventuell ein Programmpunkt auf ihrer Weiterbildungsliste.

Die unhinterfragte – scheinbare – Höherwertigkeit des Geliebten veranlasst die Protagonistin, sehr ängstlich die eigenen Schwächen zu vertuschen. Sie muss ihr wahres Ich unkenntlich machen, sich tarnen und die Fassade der klugen, erfolgreichen, Witze sprühenden, lebendigen und charmanten Powerfrau aufrichten, um die vermuteten Erwartungen ihres Partners nicht zu enttäuschen. Das kostet Energie und eine permanente Anspannung all ihrer Kräfte. Dieser ständige Leistungsdruck erschöpft und bringt sie manchmal an den Rand eines Zusammenbruchs. Es gibt aber noch eine ganze Reihe weiterer Verbiegungen, die beim flüchtigen Hinblicken fast grotesk erscheinen, aber dennoch gelebte Realität sind und der Betroffenen Selbstschutz und ein spärliches Quantum an Befriedigungsglück einbringen.

Die Horrorvorstellung der hier beschriebenen Frauen ist es oft, »selber mehr zu lieben als geliebt zu werden«. Sie fühlen sich in einer derartigen Situation in einer Weise abhängig und an die wechselnden Launen und Intentionen des verehrten Mannes ausgeliefert, wie es ihr seelisches Standvermögen weit überschreitet. Aus diesem Grund machen sie ihre Liebe von der des Geliebten abhängig. Erst wenn er glaubhafte Zuneigungsschwüre tätigt, ist sie bereit, ihre bisher niedergehaltene Liebesbereitschaft aufblühen zu lassen.

Eine noch unbefriedigendere Version des Selbstschutzes besteht darin, die eigenen Liebesgefühle rigoros zu unterdrücken, obwohl das potenzielle Objekt der Begierde äußerst besitzenswert ist. Nun geht es nicht mehr um die Stillung eigener Sehnsüchte, sondern um den narzisstischen Triumph, einen schönen und allseits begehrten Mann für sich in Liebe zu entflammen, ohne ihn selber zu lieben und auf seine Zuneigung angewiesen zu sein. Die Krönung der ganzen Prozedur stellt sich dann ein, wenn es gelingt, ihn eifersüchtig zu machen. Die Protagonistin bringt einen zweiten Mann ins Spiel und stellt damit ihre eigene Verlustangst auf den Kopf. Nun muss nicht sie Furcht haben, ihn zu verlieren, sondern er muss um ihren »Besitz« bangen. Die manchmal zwanghafte Neigung, zu flirten oder ständig noch einen anderen Freund und Anwärter in Reserve zu halten, erwächst auf eben diesem geschilderten Hintergrund.

Alle bisher mitgeteilten Strategien und Mühen, einen angebeteten Geliebten dauerhaft zu halten, beschwichtigen letzten Endes die stets sprungbereiten diversen Ängste dieser Frauen nicht. Deshalb erscheint es logisch, dass fast alle von einem »riesigen Schreck« berichten, den sie angesichts einer ernst gemeinten Bindungszusage ihres Freundes bekommen oder bekommen würden. Wäre ihr Traummann frei und komplett zu haben und ergäbe sich daraus eine feste Beziehung – dann drohte eine Katastrophe aus mehreren Richtungen:

- Die Angst, ihn wieder zu verlieren und damit einer großen Lebenshoffnung verlustig zu gehen, käme einem riesigen Trauma gleich.
- Die Tatsache, geliebt zu werden oder gar mehr geliebt zu werden, als frau es selber tut, trüge die Gefahr in sich, die Achtung vor diesem Mann zu verlieren. Er verlöre schlagartig an Attraktivität, weil er die Liebesbedingungen der Protagonistin, kühl und wenig interessiert zu sein, nicht mehr erfüllen würde.

- Die betroffene Frau kann weiterhin befürchten: Meine in der Anbetungsphase so stürmischen Gefühle kühlen schnell ab und erweisen sich als Strohfeuer. Ich bin zu der erträumten großen Liebe gar nicht in der Lage. Oder mein Halbgott entpuppt sich als ein normaler Durchschnittsmensch und kann mich deshalb bald nicht mehr faszinieren.

f) Das Liebe-Macht-Dilemma

Leider ist die eben geschilderte Beziehungssituation in Wirklichkeit noch komplizierter, und zwar deshalb, weil es auch noch wirkmächtige unbewusste Anteile dieser komplexen Konfliktlage gibt. Alle bisher aufgezählten Bedingungsmomente sind dem Bewusstsein der hier beschriebenen Frauen mehr oder weniger zugänglich, wenn auch nicht so klar und geordnet, wie ich sie vorgestellt habe. Aber in der Regel täuschen sich diese Frauen in der edlen Qualität ihres Liebesverlangens. Sie haben ein wichtiges Motiv ihrer Partnersehnsucht verdrängt. Sie können es nicht zulassen, weil es so ganz und gar nicht zu ihrem romantischen Liebesentwurf passt (Liebe als zentrale Lebensthematik). Es kommt der Protagonistin in Wahrheit darauf an, den Mann zu bezwingen: Sie möchte für ihn das Wichtigste im Leben sein und vorgeführt bekommen, wie er sich ihretwegen emotional total verwickelt und alles andere stehen und liegen lässt. Lieben bedeutet für sie abhängig zu sein und damit vom Partner bestimmt werden zu können. Sie will über den Mann bestimmen und in dem Maße, wie er von ihr abhängig ist, die eigene Unabhängigkeit genießen. Geliebtwerden dagegen bedeutet Macht haben, unabhängig sein und über den anderen triumphieren. Aber in dem Moment, in dem sie ihren Triumph erringt, bringt sie sich um die Frucht ihrer Bestrebungen: Der Mann, der sich für sie ein Bein ausreißt, wird Gegenstand ihrer Verachtung und verliert damit seine Tauglichkeit als Liebesobjekt. Sie ist den lange Gesuchten wieder los.
Hinter dieser Dynamik stehen in der Regel ein tief verdrängter (oder in diesem Ausmaß tief verdrängter) Hass auf das andere Geschlecht und der Wunsch nach Vergeltung für erfahrene Demütigungen und Zurücksetzungen. Diese Wut resultiert aus der biografischen Erfahrung, dass Männer im besonderen Maße privilegiert waren, das Sagen hatten, mehr geliebt wurden, der strahlende

Mittelpunkt der Familie waren oder das Mädchen tief enttäuschten (verachteten, herabsetzten, quälten). Sich den unbewussten Anteil ihres Beziehungsdramas bewusst zu machen, würde bei diesen Frauen zu einer erheblichen Erschütterung ihres bisherigen Selbstverständnisses als Mensch, als Frau und als Partnerin führen. Der Traum von der großen Liebe und dem idealen Liebesobjekt hat ja eine Schutzfunktion. Eigentlich müssten die betreffenden Frauen wegen ihrer Wut jeder Paarverbindung skeptisch gegenüberstehen und konfliktbedingte Vorbehalte geltend machen. Indem sie aber die Liebe zur »großen« Liebe und den Mann zum Traumpartner hochstilisieren, entziehen sie die beiden den schnöden Niederungen alltäglicher Beziehungskalamitäten. Aber das funktioniert nur aus der Entfernung zum Liebesobjekt. Sobald sie sich auf eine Teilbeziehung einlassen und die Realität ihnen hautnah entgegenschlägt, bekommen sie es mit der Angst zu tun. Kurzum: Die Protagonistin ahnt, dass ihr Traum von der ganz großen, total erfüllenden Liebe ein neurotischer Wunschtraum ist und in dem Moment zerplatzt, wenn die Probe aufs Exempel gemacht wird. Als Ausweg aus diesem Dilemma bietet sich die Dreiecksbeziehung an.

g) Die Dreiecksbeziehung als »Vermeidung des Ernstfalls«

Große leidenschaftliche Gefühle sind auf Dauer nur in einer offenen, d. h. gefährdeten, Beziehung möglich, wo Leiden und kurzes Erfüllungsglück sich in einem unberechenbaren Reigen abwechseln und wo die fortgesetzte Hoffnung genährt werden kann, doch noch an das ersehnte Ziel zu gelangen. Hier ergeht es der Protagonistin wie dem gläubigen Christen: Das Himmelreich winkt, wenn man sich nur genügend Mühe gibt, aber es ist nicht von dieser Welt.

Die Vermeidung des Ernstfalls verhindert die gefürchtete Bewusstmachung der Rolle des Geliebten u. a. als Hassobjekt und hält den Glauben an die Möglichkeit von Liebe – als dem Erleben von ganz großen Gefühlen – aufrecht. Insofern stellt das Beharren auf dem Status quo (die Unerreichbarkeit des Geliebten) eine unbewusst erwünschte Notwendigkeit dar.

8.6 Chronischer Liebeskummer im Umfeld von Masochismus

Der psychologische Terminus »Masochismus« ist ein problematischer und vieldeutiger Begriff. Ich will an dieser Stelle seine vielen möglichen Bedeutungen nicht erneut diskutieren, sondern im Zusammenhang mit obigem Thema lediglich von »masochistischem Verhalten« sprechen und dabei offen lassen, ob es in jedem der dargestellten Fälle tatsächlich um den »Genuss von Leiden« geht.

a) Der vertraute Schrecken

Eine unbefriedigende und leidschaffende Liebesbeziehung kann von einem – durch lieblose Beziehungserfahrungen in der Kindheit vorgeprägten – »Individuum« als das Normalste von der Welt angesehen werden. Der Betreffende ist schlicht und einfach daran gewöhnt, »dass Liebe wehtut«! Leiden ist gewissermaßen die Eintrittskarte, besser, das Opfer, das man erbringen muss, um ein bisschen Zuneigung und Akzeptanz zu erfahren. Der an Kummer und Schmerz adaptierte Mensch wählt den »vertrauten Schrecken«, da er sich in solchen Situationen heimisch fühlt und entsprechend orientieren kann. Er findet sich mit dem Schrecken ab, hofft aber im Geheimen, dass er durch eigene Anstrengungen seinen Partner und damit auch die Beziehung zum Positiven verändern kann.

Susan Forward (1986) hat in ihrem umfangreichen Werk »Liebe als Leid« unter anderem die häuslichen Situationen und das Erziehungsklima von Kindern beschrieben, die als spätere Erwachsene oben genannte Überzeugung verinnerlicht haben. Ich will, mit eigenen Worten, nun sechs dieser psychopathogen wirkenden elterlichen Milieus beschreiben:

- Der Protagonist (»Liebe ist – wenn es wehtut«) hat als Kind die zerrüttete Ehe seiner Eltern hautnah miterlebt und am Schicksal seiner unglücklichen, oft in Tränen aufgelösten Mutter mitleidend teilgenommen. Die Mutter hat ihrer Tochter suggeriert, dass Männer ihre Frauen unterjochen und als Sexualobjekt benutzen. Ehe und Sexualität wurden als Jammertal dargestellt.

- Die Mutter hat einerseits sehr überschwänglich von ihrer großen Liebe zu ihrem Kind gesprochen, sich aber gleichzeitig uneinfühlsam, lieblos, selbstbezogen und desinteressiert ihm gegenüber verhalten. Das Kind fühlte sich an der Seite dieser Frau recht einsam, unglücklich und unverstanden, und das trotz der viel gepriesenen Liebe, von der es so wenig spürte. In wesentlich verschärfter Form finden wir diese Konstellation bei Müttern, die ihr Kind ablehnen oder gar hassen und die ihren Hass aber – im Sinne einer Reaktionsbildung – hinter Liebesbeteuerungen verstecken. Das Kind spürt die Ablehnung der Mutter, wird aber durch deren gegenteilige Schwüre in seiner Orientierung total verwirrt.
- Wenn das Kind Vater und Mutter gegenüber die Elternrolle übernehmen musste (sie stützen, pflegen, bemuttern, ihnen Trost spenden, für gute Laune sorgen), dann war es ihm nicht möglich, sein »wahres Selbst« zu entwickeln. Es war gezwungen, die eigenen Bedürfnisse und Interessen zu verleugnen. Es musste sich für Vater und Mutter abschuften. Das bisschen Zuwendung, das es dafür bekam, war entsprechend teuer erkauft. Für dieses Kind ist Liebe: »wenn man sich im Dienst für andere aufreibt, sich selbst aufgibt und sich ausbeuten lässt«.
- Sohn oder Tochter wurden als Kinder verletzt, geschlagen oder gedemütigt. Das erzeugte Schuldgefühle bei ihren Eltern. Als Wiedergutmachungsleistung erhielten sie dann von ihnen grobe Zärtlichkeiten, oder sie wurden sporadisch mit Geschenken überschüttet. In eine insgesamt harte und lieblose Kindheit waren kleine Inseln der Verwöhnung eingestreut.
- Das Kind war unberechenbaren Stimmungsschwankungen von Seiten seiner Mutter oder seines Vaters ausgeliefert. Es wurde je nach Laune mal geschlagen, mal geküsst, mal zusammengebrüllt und genauso unvorhersehbar gestreichelt und liebkost.
- Das Kind war Opfer von sadistischen Spielen: Es wurde geärgert, bis es weinte; ausgelacht, bis es sich vor Scham in ein Mauseloch verkriechen wollte; ihm wurde Angst gemacht, bis es Panik bekam – und dann wurde es in den Arm genommen, getröstet oder mit Zärtlichkeiten überschüttet. Es war einem Wechselbad von Gefühlen ausgesetzt.

Alle eben beschriebenen familiären Umwelten lassen einen Zusammenhang zwischen Elternliebe und Leidenserfahrungen erkennen. Für die betroffenen Kinder bleibt beides assoziativ verknüpft, und sie wundern sich später nicht, dass »Liebe wehtut!« Sie haben es ja nie anders erlebt.
Ein schwer erreichbares oder abweisendes Liebesobjekt liefert durch seine Unberechenbarkeit, karge Emotionalität und seine aggressiven Attacken ein altbekanntes Beziehungsmuster und bietet sich von daher gesehen als Partner geradezu an. Ein bestimmtes Leidensquantum ist unter diesen Voraussetzungen sicher, der »vertraute Schrecken« im Wiederholungszwang garantiert.

b) Das Glücksverbot

Obwohl ihr Verhalten gegen das Lustprinzip verstößt – dem angeblich alle Menschen nachstreben –, benehmen sich manche Individuen so, als dürfe es für sie keine Lust und keine tief empfundene Freude geben. Sobald sie in die Gefahr geraten, glücklich zu sein, lustvolle starke sexuelle Erregung zu spüren, Karriere zu machen oder eine gute Ehe zu führen, ziehen sie die Notbremse und beginnen damit, ihr Glück zu sabotieren.
Das Glücksstreben wurde als universales Menschenrecht bereits in der amerikanischen Verfassung ausdrücklich festgeschrieben und damit als eine »moralisch gute« Zielvorstellung anerkannt. Trotzdem tragen einige Personen eine »eingebaute Lustbremse« mit sich herum und finden es z. B. moralisch verwerflich und bestrafungswürdig, wenn sie in der Liebe Glück und Erfüllung finden. Natürlich hat diese auffällige und allen Prinzipien menschlichen Lebens und Zusammenlebens widersprechende Einstellung eine biografische Vorgeschichte. Das verinnerlichte Glücksverbot wurde in der Kindheit erworben und erwuchs auf dem Boden bestimmter elterlicher Verbote und Erziehungshaltungen.

- Ein ganz wichtiger Faktor stellt der Neid eines Elternteils dar. Eine vom Leben stiefmütterlich behandelte oder kranke oder depressive Mutter (Vater) kann es nicht ertragen, dass es ihrem Kind, bevorzugt ihrer Tochter, besser geht als ihr selber. Wenn sie niedergeschlagen ist, neidet sie ihrem Kind die Fröhlichkeit; wenn sie keine Erfüllung in der Sexualität findet, neidet sie ihrer

Tochter das unbekümmerte Experimentieren mit sexuellen Kontakten. Das Märchen von Schneewittchen und ihrer Stiefmutter thematisiert die Neidproblematik in hervorragender Weise. Aus Neid über die Schönheit ihrer Stieftochter will die böse Stiefmutter Schneewittchen vergiften. Sie versucht es mit Hilfe eines vorher präparierten Apfels, denn sie möchte »die Schönste im ganzen Lande sein«.

Wenn ein Mädchen eine sehr neidische Mutter (Vater) hat, muss sie sich auf diese bedrohliche Haltung besonders einstellen. »Um der Mutter, die man braucht, nicht wehzutun und um nicht ihren Zorn heraufzubeschwören, bekämpft man die eigenen Erfolge und versagt sich Vergnügen und Wohlbefinden« (Betsy Cohen, 1986, S. 20).

Das Lustverbot bezieht sich häufig auf die Sexualität und die Liebe. Lust, Erfolg, Glück und Freude sind verboten. Werden sie dennoch erlebt, so werden postwendend Angst, Scham und Schuldgefühle ausgelöst in Reaktion auf jahrelang erlebte Strafmaßnahmen durch einen Elternteil.

»Was ich nicht habe, darfst du auch nicht haben!« (H. S. Kaplan, 1979, S. 132) ist das dazugehörige Motto.

Unbewusste Rivalitätsgefühle gegenüber dem gleichgeschlechtlichen Elternteil oder einem Geschwister können ebenfalls ein Glücksverbot auslösen. Glück in der Liebe im Erwachsenenalter wird dann mit einem späten »Sieg über den Rivalen von einst« gleichgesetzt und bedeutet für das Unbewusste symbolisch so viel wie die Zerstörung dieser Person (H. S. Kaplan, 1979, S. 132–137). Das erweckt schwere Schuldgefühle und verbietet dem Protagonisten, Erfolg zu haben und glücklich zu sein. Aber nicht nur Kinder, sondern auch Eltern haben gegenüber Sohn oder Tochter Konkurrenzgefühle und rivalisieren auf pathologische Weise mit ihnen. Das spüren die Kinder. Sie wissen dann: »Wenn ich Erfolg habe, es mir gut geht und ich mich besonders wohl befinde, dann werden Mutter/Vater sehr böse auf mich und entziehen mir ihre Liebe.«

- Ein Glücksverbot kann Teil eines familiären Glaubenssystems sein. Oft sind es religiös motivierte Vorstellungen, die ein Dasein in Freudlosigkeit, Askese und demütiger Leisetreterei empfehlen. Die Erde wird als ein Jammertal angesehen; das Leben als eine Prüfung, der man sich mit Anstand zu unterwerfen habe. Leiden adelt, und Spaßhaben ist per definitionem böse. Hierher gehört auch der vielerorts missbrauchte Sündenbegriff mit der Verteufelung der sexuellen Lust.

– »Wenn es dem Esel zu wohl wird, geht er aufs Eis.« Die Übermütigen bestrafen die Götter, weil sie ihren Zorn erregen. Den Vogel, der morgens singt, holt am Mittag die Katz. Spruchweißheiten dieses Genres lassen sich überraschend häufig finden und vernehmen. Sie beschreiben die angebliche Gefahr, die jeder Form von Überschwang, Glück und fröhlicher Unbekümmertheit innewohnt. Als zöge eine Reihe guter Tage automatisch ihr Gegenteil, nämlich Kummer und Leid, nach sich. In einer Art magischem Gegenzauber versuchen deshalb manche Individuen, der unweigerlich drohenden Katastrophe vorzubeugen, indem sie aufkommendes Glück sofort wieder sabotieren und zunichte machen. »Wenn ich Lust meide, kann ich auch nicht bestraft werden«, lautet die Devise.

Chronischer Liebeskummer im Rahmen einer leidvollen Partnerschaft mit einem Beziehungsmeider passt nun allerdings ausgezeichnet in das hier beschriebene Koordinatensystem. Leid wird zwar nicht genossen, aber zur Ermöglichung einer Liebesbedingung, die unter einem Glücksverbot steht, dringend benötigt. Insofern stellt das abweisende Liebesobjekt für diesen Personenkreis den idealen Wunschpartner dar.

c) Der Selbsthass

Karin Horney hat eindrücklich vor Augen geführt, dass es kaum eine neurotische Störung gibt, bei der der daran Erkrankte nicht an einer irgendwie gearteten Form von Selbsthass leidet (Karin Horney, 1950, Neurose und menschliches Wachstum). Die Wut auf die eigene Person ist unter anderem deshalb so ausgeprägt, weil Ich-Ideal und Real-Ich des Trägers so weit auseinander klaffen oder weil der Betreffende ein sadistisches Über-Ich aufgebaut hat, welches nun unerbittlich gegen die restliche Person wütet und kein gutes Haar an ihr bestehen lässt. Menschen mit ausgeprägtem Selbsthass kommen sich häufig völlig bedeutungslos und ablehnenswert vor. Sie erleben sich als ein Nichts oder als ein verabscheuungswürdiges Monster, dem es recht geschieht, wenn es schlecht behandelt oder mit Füßen getreten wird. Diese negative Einstellung gegenüber der eigenen Person hat in Bezug auf eine mögliche Partnerschaft fatale Konsequenzen. Der Selbsthasser kann die Liebe einer anderen Person nicht schätzen, weil sie ihm, d. h. einem Unwürdigen, gilt. Er kommt sich aufgrund seiner eigenen missratenen Beschaffenheit so wenig liebenswert vor, dass die Liebe eines anderen Menschen auch nichts wert sein kann, wenn sie an eine Kreatur, wie er eine ist, verschwendet wird. Indem ihn der andere liebt und begehrt, entwertet er sich selber (»Nur wer blöd ist, kann mich lieben!«). Die Zuneigung des anderen bleibt für den Selbsthasser ohne Bedeutung und nährende Kraft, weil er nur jemanden achten und gutheißen kann, der ihn ablehnt. Aus diesem Dilemma versucht sich der Betreffende durch die Wahl eines »aussichtslosen Falles« zu befreien. Er rechnet mit seinem Abgelehntwerden, ja, findet die Zurückweisung seiner Person geradezu notwendig für seine Art des Begehrens. Denn nur, wer ihn nicht o.k. findet, ist selber attraktiv. Aber ganz so geradlinig, wie bisher beschrieben, ist seine eigene Gefühlssituation nun doch wieder nicht. Wenn er einem abweisenden Partner hinterherläuft, dann tut er es dennoch mit einem Hoffnungsschimmer auf Erfolg. Seine Situation ist mit der eines Gratgängers vergleichbar, der einen schwierigen Balanceakt ausführt. Er benötigt für seine Art von Beziehung nämlich jene Situation, wo sich Geliebtwerden und Ablehnung durch den Partner die Waage halten. Wo »Ja« und »Nein« hin- und heroszillieren und jene aufregende Ungewissheit entstehen lassen, die beide Möglichkeiten einschließt, aber keine bestätigt (»Ich werde geliebt – ich werde nicht geliebt!«). So kann er wenigstens im Konjunktiv lieben und muss sein Liebesobjekt logischerweise just in dem Moment entwerten, wenn es ihm seine Zuneigung zeigt.

d) Genuss von Selbstmitleid

Selbstmitleid ist ein verpöntes Gefühl. Es hat im Katalog der Untugenden seinen festen Platz. Im Bewusstsein unserer Gesellschaft wird Selbstmitleid mit Verweichlichung, Larmoyanz, Sich-gehen-Lassen, Wehleidigkeit und übertriebener Nachsicht gegenüber den eigenen Nöten in Verbindung gebracht. Jemandem diese Schwäche vorzuwerfen, bedeutet in der Regel auch, ihn zu kränken und einen heftigen Protest auszulösen. Der selbstmitleidige Mensch hat das Gefühl, ein bedauernswürdiger Tropf zu sein, der arm dran ist, vom Schicksal benachteiligt, von den Wechselfällen des Lebens zu Unrecht und über die Maßen gebeutelt und bestraft zu sein. Er ist Opfer unglücklicher Umstände, in seinen Anstrengungen verkannt, unverschuldeten Leiden ausgesetzt und in seinen berechtigten Erwartungen und Ansprüchen enttäuscht. Im Akt des Selbstmitleides wendet sich der Träger dieses Affekts seiner eigenen Person zu, um sie tröstend und selbstverliebt zu streicheln. Er schwelgt in sentimentaler Weise in bitter-süßen Gefühlen und überlässt sich ganz diesem tränenreichen Gefühlssog. Irgendwie genießt er seine Situation auch. Ein wesentlicher Aspekt von Selbstmitleid stellt seine mehr oder weniger versteckt geäußerte Vorwurfshaltung gegenüber einem Menschen, einer Personengruppe oder dem bösen Schicksal dar. Selbstmitleid enthält immer auch eine Anklage. Es ist eine sublime Form, Aggressionen auszudrücken. Was dieses Selbstmitleid außerdem noch so verpönt macht, ist seine Unproduktivität. Sein Träger verschanzt sich im eigenen Elend, zieht sich auf sich selbst zurück, spinnt sich in den eigenen Kokon ein und unterlässt jede Form der produktiven Auseinandersetzung mit seiner Mitwelt. Eine unglückliche Liebe kann – trotz eigener Anstrengung, sie zu verbessern – geradezu ein Dauerfutter sein für die Neigung, Selbstmitleid zu genießen.

8.7 Liebeskummer als ständiges Erregungsmoment

Es gibt meines Wissens keinen emotionalen Status, der so melodramatisch, bewegend, abwechslungsreich und intensiv ist und gleichzeitig eine solch umfangreiche Palette an unterschiedlichsten Gefühlsregungen hochbranden lässt, wie es beim Liebeskummer der Fall ist. Die Aktualität des menschlichen Daseins wird durch die geballte Kraft der Emotionen – die im wechselnden Reigen losgetreten werden – auf erregende Weise gesteigert. Die betroffene Person befindet sich in einer Art Ausnahmezustand. Sie leidet, sie liebt, sie hasst, sie bangt und ist verzweifelt. Die Wippschaukel aus Hoffen und »Einsicht in die Vergeblichkeit ihres Werbens« trägt sie in einer Woge nach oben und lässt sie wenig später gleich wieder abstürzen. Nicht aufhörende Grübeleien (»Wie hat er/sie das gemeint? Was hab ich falsch gemacht?«) halten den Gehirnstoffwechsel auf vollen Touren. In Rückblenden tauchen die miteinander verlebten glückseligen Momente der Liebe immer wieder auf und heizen den Kampf um die Erhaltung dieser einmaligen Beziehung wieder an. Es ist die Sehnsucht nach dem ganz großen Gefühl im Sinne eines Kontrastprogramms zu der früher häufig erlebten inneren Eiswüste. Das monomane Erfülltsein von einem einzigen Thema (der Geliebten, dem Geliebten) stellt ein hervorragendes Gegengewicht gegen ein graues, langweiliges und bedeutungs- und sinnarmes Leben dar. Lieber in einem Ozean von Leid und Kummer dahintreiben als gar nichts fühlen. Das süße Gift »Liebeskummer« ist für alle diejenigen Menschen eine notwendige Stimulanz, die von ihrer psychischen Struktur her zu Leeregefühlen, innerer Ereignislosigkeit und einem Mangel an Lebendigkeit neigt. Liebeskummer garantiert ein bestimmtes Erregungsniveau, und das wiederum gibt seinem Träger die Gewissheit, überhaupt am Leben zu sein.

8.8 Partnerbezogene Konflikte

Es gibt eine ganze Reihe von Konflikten, die speziell um die Frage kreisen, ob der Konfliktträger einen Partner möchte oder nicht. Auf der einen Seite dieser Konfliktlage stehen Liebessehnsüchte und Objektbedürftigkeit, auf der anderen misstrauische Skepsis, diverse Kontakt- und Berührungsängste bis hin zur Beziehungsablehnung. Je nachdem, wie stark der Einzelne zum Pol der Wunschseite oder zum Pol der Abwehrseite neigt, wird sein Verhalten gegenüber einem potenziellen Liebesobjekt unterschiedlich ausfallen.
Im ersteren Fall kann eine länger dauernde, teilbefriedigende Beziehung aufgebaut werden (z. B. Geliebte eines verheirateten Mannes sein), im zweiten dagegen sind eventuell nur Streifkontakte oder völlig substanzlose Fernlieben ohne reale Begegnungen möglich.

Träger chronischer Konflikte in Bezug auf Partnerschaft lösen ihre Beziehungsprobleme nicht selten durch die Wahl eines abweisenden oder schwer erreichbaren Partners. Ihre eigene zwiespältige Einstellung zum Thema Liebe – mal möchten sie, mal möchten sie nicht; mal sagen sie »Ja«, mal sagen sie »Nein«; mal gehen sie mutig auf ihr Ziel zu, mal fürchten sie sich vor ihm – kommt der abwartenden, wankelmütigen und oft auf Distanz gehenden Eigenart des potenziellen Partners entgegen. Sie wollen keine normale Zweierbeziehung, aber sie wollen auch nicht ganz auf das Bezogensein auf einen anderen Menschen verzichten.
Die Psychologie der Geschlechter, insbesondere die Psychoanalyse, beschreibt diese speziellen Konfliktlagen unter den Bezeichnungen:

- Abhängigkeits- versus Unabhängigkeitsdilemma
- Nähe versus Distanzkonflikt
- Objektbedürftigkeit versus Feindseligkeit
- Trennungskonflikt: Trennungswunsch versus Objektverlustangst
- Liebessehnsucht versus Neidwut auf das andere Geschlecht
- Objektbedürftigkeit versus Beziehungsangst

Die Liste der möglichen Konflikte ließe sich unschwer noch wesentlich verlängern, würde aber den Rahmen dieses Werkes sprengen. Ich habe vor, der Konfliktpsychologie ein eigenes Werk zu widmen und hier speziell auf die partnerbezogenen intrapsychischen und interpersonellen Konflikte einzugehen.

8.9 Liebe als Hoffnung

Ich will am Ende dieses Kapitels ein konkretes Fallbeispiel anführen und eine weniger neurotische Variante der »Liebe zu einem unerreichbaren Partner« schildern.
Imogen F. hatte eine Mutter und einen Vater, die in ihrer Elternrolle gegenüber dem Baby und Kleinkind emotional teilweise versagt haben. Infolge ihrer daraus resultierenden Gestörtheit blieb in Imogen eine lebenslange Sehnsucht nach symbiotischer Ver-

schmelzung, nach intensivem Körperkontakt, Geborgenheit und fraglosem Einvernehmen mit einem geliebten Wesen bestehen. Sie wünschte sich als junge Frau »anzukommen« und ein »warmes Nest« zu haben, das ihr Heimat und sicherheitsgebender Hafen sein sollte. Innerpsychisch erlebte sie ihren chronischen Mangel als ein Gefühl des In-der-Welt-verloren-Seins. Sie übertrug ihre quälende und aus der Kindheit stammende Sehnsucht auf einen Mann namens Robert, der für sie eine besondere Verzauberung und Anziehungskraft besaß, weil er ihrem Traum-Partner sehr nahe kam. In ihren Wunschfantasien versprach dieses Liebesobjekt, ihre lebenslange Sehnsucht nach dem »Aufgehobensein in Liebe« zu stillen. »Mit diesem Menschen könnte ich endlich glücklich sein!« war ihre feste Überzeugung.

Leider besaß Robert eine Form der emotionalen Unerreichbarkeit, die Imogen in dieser Ausprägung aus ihrer Kindheit schmerzlich kannte und die sie nun zum zweiten Mal zur Verzweiflung brachte. Aber genau wie bei ihren Eltern gab es auch hier eingestreute »Inseln des Glücks«, die in ihr die Zuversicht stärkten, dass es prinzipiell möglich sein müsste, ihren Partner in einen Liebenden zu verwandeln. Das Tragische daran war nun aber, dass gerade Roberts emotionales Defizit ihn zum Elternersatz prädestinierte und tauglich machte. Gerade weil er so war, wie er war, weckte er in der jungen Frau die Hoffnung, ihn anstelle einer ehemals untauglichen Elternfigur doch noch zum lang ersehnten Liebesobjekt erziehen zu können und damit den Schaden aus der eigenen Kindheit zu reparieren.

Die Beziehung ging auseinander. Robert gab deutliche Signale, dass Imogen für ihn als Freundin oder zukünftige Lebensgefährtin nicht infrage kam. Er distanzierte sich und zeigte kein Interesse mehr an ihr. Imogen aber blieb ihm emotional verbunden und gestaltete ihr Gefühlsleben so, als ob Robert weiterhin ihr zukünftiger Partner sein würde.

Die Gründe, warum sie ihn als Liebesobjekt nicht aufgeben konnte, waren folgende:

a) Die Existenz eines Liebesobjekts hat ausfüllende Kraft. Es dient in Form eines »inneren Objekts« dazu, eine immer schon vorhandene seelische Leere abzuwehren. Damit bewahrt es die Person davor, der »Verlorenheit in der Welt« anheim zu fallen.

b) Die gelegentlich stattgefundene Erfüllung ihrer tiefsten Sehnsüchte (z. B. eng aneinander kuscheln beim gemeinsamen Einschlafen) verführt zu der Illusion, der betreffende Partner könnte auf der ganzen Linie doch noch in den Richtigen verwandelt werden.
c) Solange das Liebesobjekt nicht aufgegeben wird (obwohl es real längst verloren ist), gibt es auch die Hoffnung auf »Erlösung«. Nichts ist für das Weiterleben eines Menschen katastrophaler als der Verlust eben dieser Hoffnung.

Nachwort

Der Leser ist mit einer Fülle beziehungs-erschwerender und -sprengender Paarprobleme bekannt gemacht worden. Sie reflektieren in bevorzugter Weise das Erleben und Verhalten des *seelisch gestörten* Menschen und seinen verzweifelten Versuch, trotz innerseelischer Barrieren doch noch mit einer anderen Person liebend verbunden zu sein. Meine Erfahrungen resultieren aus dem Umgang und der Behandlung emotional beeinträchtigter Individuen, die wegen diverser Symptome eine Psychotherapie aufgesucht und durchgeführt haben. Sie sind auf den »Otto Normalverbraucher« deshalb nicht ohne weiteres übertragbar.
Allerdings darf man sich an dieser Stelle die Frage stellen, ob die Beziehungsmisere der Gegenwart (in den westeuropäischen Großstädten wird inzwischen jede zweite Ehe geschieden) nicht ihrerseits Ausdruck einer zeittypischen Krankheit ist. Hierüber gibt es ja bereits diverse soziologische Betrachtungen und Untersuchungen. Mitunter habe ich den Eindruck, dass diese zeittypischen Gründe für das Scheitern von Beziehungen bereits auch schon ins leicht Pathologische hineinragen, sich »meine« Neurotiker von der Durchschnittsbevölkerung – was den Schweregrad anbelangt – nur graduell unterscheiden.

Ich will einige Ursachen für zeittypische Partnerprobleme aufzählen:
Da ist einmal der »Anspruch auf Glück« – allseits propagiert durch die Medien –, der im Bewusstein des Einzelnen oft ausgedehnte Riesenerwartungen erweckt hat. Oftmals werden diese Schlaraffenlandvorstellungen auf den Partner projiziert. Von ihm wird dann die Einlösung dieses Versprechens eingefordert, ohne zu bedenken, dass er diese Aufgabe nicht erfüllen kann und zwangsläufig enttäuschen muss.
Unsere Gesellschaft produziert immer häufiger Ein-Kind-Familien. Oft wird dieses Einzelkind dann nicht nur verwöhnt und in dem Glauben erzogen, etwas ganz Besonderes zu sein (mir steht ein Prinz/eine Prinzessin zu), sondern auch von Mutter/Vater emotional ausgebeutet und in einen heftigen emotionalen Clinch

verstrickt. Heraus kommen dabei beziehungsübersättigte Menschen, die als spätere potenzielle Partner den Abstand suchen oder eine erneute Bindung scheuen.

Die allseits verbreitete Konsummentalität hat auch auf das Partnerleben übergegriffen. Der Partner wird als Ware angesehen und entsprechend schnell »verbraucht«.

Die Frauen sind selbstbewusster und weniger leidensbereiter geworden. Sie mahnen ihr Recht auf Verstandenwerden und auf die Berücksichtigung ihrer Wünsche deutlicher an als früher. Sie lassen sich scheiden, wenn ihre Männer hier keine Lernfähigkeit zeigen.

Der zunehmende Stress des modernen Lebens und die kräftemäßige Überforderung der Energiereserven berufstätiger Personen und »Mütter in Doppelrollen« (Beruf plus Familie) haben dazu geführt, dass die sexuelle Lust aufeinander in oft erheblichem Maße zurückgegangen ist. Der Paargemeinschaft wird so ein nicht zu unterschätzender Lust- und Glücksbringer entzogen.

Die immer knapper werdende Zeit reduziert die Dauer der täglichen Kommunikation zwischen Mann und Frau auf ein Minimum. Wer wenig mit dem anderen spricht, entfernt sich von dessen Erlebniswelt und steht ihm eines Tages als Fremder gegenüber.

Die Scheidungskinder sind inzwischen erwachsen geworden. Sie haben gelernt, dass Eltern sich nicht verstehen und dieses Problem durch Auseinandergehen lösen. Deshalb sind auch sie schneller bereit – falls sie in einer Paarverbindung leben –, es ihren Eltern gleichzutun und sich von ihrem Partner zu trennen.

Das Recht auf freie Entfaltung der eigenen Persönlichkeit hat auch – neben anderen Faktoren – zum Entstehen einer »Ego-Gesellschaft« beigetragen. Jeder ist sich selbst der Nächste und überlegt sich sehr genau, ob er eine Familie gründen, Kinder ernähren und großziehen soll, wenn Sex und Liebe auch außerhalb fester Bindungen zu haben sind.

Das Abflauen von Verliebtheit, Liebe und sexueller Attraktivität innerhalb einer Paargemeinschaft wird von nicht wenigen als Indikator für das Scheitern einer Beziehung angesehen. Und auf diesem Hintergrund berechtigt es Mann oder Frau, aus der Verbindung auszubrechen oder sie ganz aufzukündigen (statt die Krise durchzustehen).

Die häufige Untreue der Leitfiguren unserer Gesellschaft (Schauspieler, Politiker, Playboys, Personen aus Adelsfamilien oder Königshäusern) – breitgetreten in den Klatschspalten der Yellowpress – hat Vorbildfunktion. Die Treue-Moral früherer Zeiten existiert nicht mehr.

Ich will mit der – bei weitem unvollständigen – Aufzählung zeittypischer Beziehungsprobleme Schluss machen und darauf hinweisen, dass sie von den in diesem Buch dargestellten »pathologischen Phänomenen« gar nicht so weit entfernt sind. Oft greifen beide Problemkreise (individuelle Störung – zeittypisches Symptom) ineinander und ergeben erst dann das vollständige Bild der jeweiligen gestörten Partnersituation.

Am Ende meiner Ausführungen sei mir ein kurzer Rückblick auf das vorliegende Werk erlaubt. Ich habe deutlich zu machen versucht:

- wie komplex und vielschichtig Beziehungsprobleme sind. Sie lassen sich auf keine einfache Formel bringen, sondern sind »unendlich« vielgestaltig;
- wie tief Beziehungsprobleme in der jeweiligen Biografie des Betreffenden verankert sind und seine Lern- und Leidensgeschichte widerspiegeln;
- wie deutlich sie von einem bestimmten Schweregrad an Symptomwert haben und keine Schönheitsfehler sind, sondern Indizien für das Vorliegen einer seelischen Gestörtheit;
- wie wenig sie durch »Eheberatung« lösbar sind. Beziehungsstörungen können auf Dauer nur behoben werden, wenn es zu einer Veränderung der Persönlichkeitsstruktur des Protagonisten kommt. Das ist in der Regel nur mit Hilfe einer Psychotherapie möglich. Das Erkennen, emotionale Begreifen und Durcharbeiten des gestörten Beziehungsmusters ist der erste Schritt zu einer Gesundung. Deshalb stellt die Identifizierung des eigentlichen Krankheitsherdes und seiner spezifischen Struktur eine wesentliche Voraussetzung dar, um den seelischen Schaden wieder zu beheben.

Es ist die Tragik unserer Existenz als homo sapiens, dass wir erst durch Beziehungen (mit den Eltern) zu Menschen werden, dass aber dieselben Prozesse, die uns zum Menschen machen sollen, entgleisen können oder nicht ausreichend gut sind und uns in einer

Weise deformieren, dass wir unsere zentralste Kernstrebung, nämlich zu lieben und uns zu binden, nicht auszuleben in der Lage sind.

Noch ein Hinweis: Ich möchte an dieser Stelle auf mein bereits früher erschienenes Buch über gestörte Zweierbeziehungen (»Was die Liebe scheitern lässt«) aufmerksam machen, in dem wichtige andere Aspekte desselben Themas behandelt wurden.

Literatur

Arentewicz G., Schmidt G. (Hrsg.) (1980): Sexuell gestörte Beziehungen. Springer Verlag, Berlin, Heidelberg, New York

Benjamin J. (1985): Herrschaft – Knechtschaft: Die Fantasie von der erotischen Unterwerfung. In: Suitow A. et al. (Hrsg.): Die Politik des Begehrens. Berlin, Rotbuch

Ciompi L. (1982): Affektlogik. Klett-Cotta Verlag, Stuttgart

Cohen B. (1986): Der ganz normale Neid. Kreuz Verlag, Zürich

Elhard S. (1974): Aggression als Krankheitsfaktor. Verlag Vandenhoeck und Ruprecht, Göttingen

Fischer H. (1993): Anatomie der Liebe. Fischer Verlag, Frankfurt

Forward S. (1986): Liebe als Leid. Bertelsmann Verlag, München

Fromm E. (1956): Die Kunst des Liebens. Ullstein-Verlag, Frankfurt a. M.

Grüber, I. (2000): Das Geheimnis Ihrer Ausstrahlung. Walter Verlag, Düsseldorf

Hartmann U. (1990): Fantastischer Sex. Psychologie heute 6/90

Heigl-Evers A., Heigl F. (1969): Lieben und Geliebtwerden in der Ehe. Verlag für Angewandte Psychologie, Stuttgart

Heigl-Evers A., Heigl F. (1963): Gelten und Geltenlassen in der Ehe. Verlag für Angewandte Psychologie, Stuttgart

Heisterkamp G. (1999[2]): Heilsame Berührungen. Pfeiffer bei Klett-Cotta, Stuttgart

Horney K. (1950): Neurose und menschliches Wachstum. In: Geist und Psyche. Kindler Verlag, München 1975

Horney K. (1945): Unsere inneren Konflikte. In: Geist und Psyche. Kindler Verlag, München 1973

Jellouscheck H. (1992): Wenn der Partner zur Religion wird. Psychologie heute 3/92

Kaplan H. S. (1979): Hemmungen der Lust. Enke Verlag, Stuttgart

Karpel M. (1977): Individuation: Von der Verschmelzung zum Dialog in der Partnerbeziehung. In: Familiendynamik 1977/2

Kebir S. (1998): Ein akzeptabler Mann? Bertolt Brecht und die Frauen. Aufbau Verlag, Berlin

Kernberg O. (1975): Borderline-Störungen und pathologischer Narzissmus. Suhrkamp Verlag, Frankfurt a. M. 1978

König K. (1981): Angst und Persönlichkeit. Verlag Vandenhoeck und Ruprecht, Göttingen

Kreische G. (1994): Paare in Krisen. Rowohlt Verlag, Reinbek

Kuiper P. C. (1968): Die seelischen Krankheiten des Menschen. Huber/Klett Verlag, Bern und Stuttgart

Le Clézio J. M. G. (1995): Diego und Frida. Carl Hanser Verlag, München

Lehr U. (1975): Familie – eine partnerschaftliche Aufgabe. Psychologie heute 5/1975

Lersch P. (1938): Aufbau des Charakters (später: Aufbau der Person). Ambrosius Barth, München 1956

Lermer St., H. C. Meiser (1994): Lebensabschnittspartner. Krüger Verlag, Dortmund

Mentzos S. (1984): Neurotische Konfliktbewältigung. Fischer Verlag, Frankfurt a. M.

Möller U. L. (1989): Die große Einsamkeit zu zweit. In: Psychologie heute 7/89

Napier A. Y. (1990): Ich dachte immer, meine Ehe sei gut, bis meine Frau mir sagte, wie sie sich fühlt. Kreuz Verlag, Stuttgart

Norwood R. (1985): Wenn Frauen zu sehr lieben. Rowohlt Verlag, Reinbek

Rauchfleisch U. (1981): Dissozial. Vandenhoeck und Ruprecht, Göttingen

Reich G. (1987): Partnerwahl und Ehekrisen. Eschhorn Verlag

Remplein H. (1954): Psychologie der Persönlichkeit. Ernst Reinhard Verlag, München, Basel

Reiter L. (1983): Gestörte Paarbeziehungen. Verlag Vandenhoeck und Ruprecht, Göttingen

Richter H. E. (1970): Patient Familie. Rowohlt Verlag, Reinbek

Rohde-Dachser Ch. (1979): Das Borderline-Syndrom. Verlag Hans Huber, Bern, Stuttgart, Wien

Rohde-Dachser Ch. (1986): Ringen um Empathie. Ein Interpretationsversuch masochistischer Inszenierungen. Forum der Psychoanalyse, 2

Rupprecht-Schampera U. (1995): Frühe Triangulierung in der Hysterie. Psyche, 7/1997

Schindler, L., Hahlweg, K., Revenstorf, D. (1999): Partnerschaftsprobleme. Möglichkeiten zur Bewältigung: Ein Handbuch für Paare. Springer Verlag, Berlin, Heidelberg, New York

Schmidt M. G. (1994): Zum psychoanalytischen Verständnis schizoider Verfassungen. In: U. Streck, K. Bell (Hrsg.) (1994). Die Psychoanalyse schwerer psychischer Erkrankungen. Pfeiffer Verlag, München

Watzlawick, P. (1988): Anleitung zum Unglücklichsein. Piper Verlag, München

Wurmser L. (1993): Das Rätsel des Masochismus. Springer Verlag, Berlin, Heidelberg, New York

Wellek A. (1950): Die Polarität im Aufbau des Charakters. A. Francke Verlag, Bern

Willi J. (1975): Die Zweierbeziehung. Rowohlt Verlag, Reinbek

Dietmar Stiemerling:

Was die Liebe scheitern läßt

Die Psychologie der chronisch gestörten Zweierbeziehung

2000. 295 Seiten, broschiert, ISBN 3-608-89687-2

Leben lernen 139

Häufig beeinträchtigen eine neurotische Charakterstruktur oder Defizite der frühen Kindheit die Fähigkeit, eine dauerhafte und befriedigende Liebesbeziehung einzugehen. Den »chronisch Beziehungskranken« ist diese differenzierte Analyse ständig wiederkehrender Probleme in und mit Partnerschaften gewidmet.

Dietmar Stiemerling:

Zehn Wege aus der Depression

Tiefenpsychologische Erklärungsmodelle und Behandlungskonzepte der neurotischen Depression

1995. 194 Seiten, broschiert, ISBN 3-608-89649-X

Leben lernen 100

Aus seiner langjährigen Erfahrung mit depressiven Patienten entwickelte der Autor zehn Erklärungsmodelle und Therapieansätze aus dem Bereich der neurotischen Depression, also Formen der Depression, die durch Schädigung in der Kindheit hervorgerufen wurden. Beschrieben werden jeweils die tiefenpsychologischen Grundkonflikte, Störungen und Mangelzustände, die den »Regulationsmechanismus Depression« auslösen.